抗日战争时期
细菌战与防疫战
文献集

张宪文 吕晶 —— 主编

国家出版基金项目
NATIONAL PUBLICATION FOUNDATION

［新加坡］林少彬 王选 编著

日军冈字
第九四二〇部队

江苏人民出版社

图书在版编目(CIP)数据

日军冈字第九四二〇部队 / (新加坡) 林少彬, 王选
编著. -- 南京 : 江苏人民出版社, 2025. 3. -- (抗日
战争时期细菌战与防疫战文献集 / 张宪文, 吕晶主编).
ISBN 978 - 7 - 214 - 29609 - 2

Ⅰ. K265.606

中国国家版本馆 CIP 数据核字第 2024D51R54 号

抗日战争时期细菌战与防疫战文献集
主　　编　张宪文　吕　晶

书　　　名	日军冈字第九四二〇部队
编　　　著	[新加坡]林少彬　王　选
责 任 编 辑	史雪莲
装 帧 设 计	刘葶葶
责 任 监 制	王　娟
出 版 发 行	江苏人民出版社
地　　　址	南京市湖南路 1 号 A 楼,邮编:210009
照　　　排	江苏凤凰制版有限公司
印　　　刷	苏州市越洋印刷有限公司
开　　　本	718 毫米×1000 毫米　1/16
印　　　张	17　插页 4
字　　　数	260 千字
版　　　次	2025 年 3 月第 1 版
印　　　次	2025 年 3 月第 1 次印刷
标 准 书 号	ISBN 978 - 7 - 214 - 29609 - 2
定　　　价	98.00 元

(江苏人民出版社图书凡印装错误可向承印厂调换)

国家社会科学基金抗日战争研究专项工程项目
2021年度国家出版基金资助项目
"十四五"国家重点出版物出版专项规划项目

学术委员会

王建朗　张连红　张　生　马振犊　夏　蓓

编纂委员会

主　编

张宪文　吕　晶

编　委（按姓氏笔画）

王　萌　王　选　皮国立　吕　晶　许峰源　李尔广　杨善尧

杨渝东　肖如平　张宪文　林少彬　贺晓星　谭学超

总　序

　　人类使用生物武器的历史由来已久,古代战场上"疫病与战争"的关系对现代战争产生了深远的影响。20 世纪以来,随着微生物学和医学等学科的长足发展,通过生物技术人为制造病菌,在军事上削弱并战胜敌军成为重要的战争手段。第二次世界大战时,德、日、美等国均开始研制和使用生物战剂。当时,主要以细菌、老鼠和昆虫为传播媒介。30 年代起,日本违背国际公约,在中国东北等地组建细菌部队,针对我国平民实施大规模细菌战。为真实记录这段历史,南京大学牵头组织 20 余位海内外学者,承担了国家社科基金抗日战争研究专项工程之"日军细菌战海内外史料整理与研究"项目,经过多年艰苦工作,先期推出 11 卷"抗日战争时期细菌战与防疫战文献集"(简称"文献集")。

　　关于抗日战争时期的细菌战与防疫战,既有的研究基本以收集七三一等细菌部队的罪证为主,以之批判侵华日军细菌战暴行的残虐与反人类。在此基础之上,部分学者分别从社会学、心理学、医学、军事学等角度开展跨学科研究,有力地推动了该领域研究的发展。而日本对华细菌战的推行者,并不仅限于臭名昭著的七三一,还包括荣一六四四、甲一八五五、波八六〇四和冈九四二〇等细菌部队,形成了一个完整严密的研究与实战体系。

　　"文献集"以日本在二战期间发动细菌战为中心,全面发掘梳理战前、战时与战后各阶段所涉及的细菌战战略与战术思想、人体实验、细菌武器攻击,以及战后调查与审判的相关史料。"文献集"以中日两国史料为主,兼及苏联等相关国家或地区的史料,对已发现的重要史料尽可能完整地收录,辅以必要的简介和点评,最大程度地保持史料的原始面貌和可利用性。

"文献集"将细菌战研究置于全球视野之下,从多方视角进行实证分析探讨。一方面追踪七三一等细菌部队隐秘开展的活体实验,深入挖掘其所从事的日常业务,深刻理解军国主义时代日本医学的"双刃剑"性质;另一方面关注国民政府战时在卫生防疫方面的应对策略,以及中日双方开展的攻防战。同时,不能忽视战后美苏两国因各自利益所需,对战时日军在华细菌战罪行的隐匿与揭露,包括1949年末苏联组织军事法庭,针对日军在战争期间准备和使用细菌武器罪行的审判材料,以及美国基于对日军细菌战参与人员长达四年的问讯记录而形成的《桑德斯报告》《汤普森报告》《费尔报告》和《希尔报告》等第三方史料。

"文献集"立足于对日军在华细菌战核心部队、重要事件和关键问题等史实的具体呈现。此次出版的11卷由史料丛编和调研报告组成,其中史料丛编为"文献集"的主体部分,包括几个方面:(1) 日本防卫省防卫研究所、国立公文书馆和战伤病者史料馆等机构所藏档案,亚洲历史资料中心的数字资料,以及各类非卖品文献、旧报刊、细菌部队老兵证言等资料;(2) 受害国中国当时医疗卫生、传染病调查,以及受到细菌武器攻击后的应对情况方面的资料,考察选收中国大陆重要省份和台北"国史馆"、台北档案管理局的相关史料;(3) 苏联时期及部分当代俄罗斯出版的关于细菌战、细菌武器、生化战历史和科学史专题的俄文史料及文献著作;(4) 英国、澳大利亚等国家档案馆馆藏有关日本战争罪行的档案。

具体而言,中方史料主要包括日渐被学界关注的国民政府针对日军细菌武器攻击的调查与应对,涉及战时防疫联合办事处、中央卫生署、省卫生处、防疫委员会、医疗防疫队和军方防疫大队等一系列国民政府防疫机构以及中国红十字会总会的相关档案,还有60余种近代报刊中关于抗战前后细菌战与传染病知识的科普与传播、日军具体投放细菌行为的报道,以及战时各地疫情与防疫信息等方面的内容;此外,20世纪50年代新中国审判日本战犯,获得日军甲一八五五部队等部官兵回忆投放细菌及从事人体实验罪行的供词,这些战犯口述笔供中的细菌战相关情报,具有较高的史料价值。

日方史料围绕日本细菌战作战指挥系统、细菌战战略思想、在中国相关地区的细菌武器攻击、以往研究较少涉及的两支重要的细菌部队(荣一六四部队和冈九四二〇部队)等核心问题,吸纳小川透、近食秀大、山内忠重等细菌部队军医发表的研究报告和学术论文,重新整理、翻译内海寿子、镰田信雄、三尾丰、千田英男、天野良治、沟渊俊美、鹤田兼敏、丸山茂等多名细菌部队老兵证言。其中细菌部队卫生防疫研究报告不仅揭示战时中国地区疫情传播的实相,也反映这些细菌部队的研究课题之侧重所在。尤其是从军事医学、微生物学角度去看,这几支细菌部队依据所在地区特点,"因地制宜"地开展相应研究,为后期作战做了较为充足的准备,由此不难窥见日军细菌战战略的意图和布局。

第三方史料,主要系统地介绍和引进苏联和俄罗斯有关生化战和细菌战的文献资料,包括苏联早期引进的细菌战研究著作、伯力审判材料、《真理报》所刊登关于伯力审判的内容、朝鲜战争中美军生化战报告及其与日本侵华生化战有关的材料、苏联和俄罗斯关于生化战的研究与引进成果、俄安全局档案分局2021年解密的日军生化战档案、俄国内对于解密材料的新闻报道等。这些资料呈现了苏联和俄罗斯在历史上与生化战和细菌战之间的关系,以及苏、俄军方及科学界对其认知、研究、防范的变化过程,为中国史学界提供了生化战和细菌战研究的另一视角。

"文献集"另一组成部分是课题组当下采集到的口述资料,即2018年前后在浙江衢州江山等县村对当地"烂脚老人"进行田野调查,形成的"日军细菌战创伤记忆口述调研实录"。依据老人证言和地方史志的对照,从时间序列和空间分布上分析,不难发现"烂脚病"的出现与日军细菌战之间有密切关联。在日军实施细菌战之前,衢州等地从未有过此病及相关记载,而在细菌战之后,此病在这些地区频繁出现,且出现病例最多的村落与日军曾经控制的浙赣铁路线高度重合。课题组保存了日本在华细菌战的底层受害者的声音,将受害者的个人记忆与文本文献有机结合,从而在证据链上达到最大程度的充分性、多样性和丰富性。

　　"文献集"得以顺利出版，首先感谢国家社科基金抗日战争研究专项工程和国家出版基金的支持，在编写和出版过程中得到抗日战争研究专项工程学术委员会各位专家的悉心指导，也感谢中央档案馆、中国第二历史档案馆和台北"国史馆"等合作单位的支持与帮助。课题组相信本系列图书的出版，或将有利于提升抗战时期细菌战与防疫战研究的深度与广度。

　　"文献集"全面揭露日本发动细菌战的罪行，并非为了渲染仇恨，而是为了维护人类尊严和世界和平，助力中华民族伟大复兴和人类命运共同体建设，以史为鉴，面向未来。兹值"文献集"出版前夕，爰申数语，敬以为序。

目　录

引　言

　　日本陆军启动细菌战的推手是当时的陆军三等军医石井四郎。据说此人对于这种武器的兴趣来自于 1925 年在日内瓦签订的国际条约，该条约禁止细菌武器的使用，但没有禁止开发、生产和储藏。1926 年起，参谋本部办公室里，就时见石井的身影，游说日军进行细菌战准备的必要性。

　　1930 年，石井赴欧美 24 国考察两年归来后，继续向陆军高层进言，声称列强都在进行细菌战的准备，对于资源贫乏的日本来说，细菌武器是最为合适的。所谓"贫者的核武器"。

　　1931 年九一八事变发生，日军侵华战争扩大，此后，日军的细菌战项目开始步步推进。

　　1932 年 3 月，日本扶植起"满洲国"傀儡政权；

　　同月，"满洲"开始暴发霍乱，并迅速蔓延全域；

　　4 月，日本陆军军医学校设置了防疫研究室；

　　6 月，开始修建铁路拉滨线，并于夏天，在该线五常站附近的背阴河筹建秘密细菌战研究基地。该基地实施人体实验，代号"东乡部队"，为第七三一部队的前身；

　　8 月，石井以陆军军医学校教官身份，带领其得力手下增田知贞等组成的调查班赴东北各地调查霍乱一个月，收集 500 种以上的霍乱菌株，调查包括霍乱流行的原因和条件，以及是否人为引起流行的可能性。

　　1936 年，在哈尔滨正式建立"满洲"第七三一部队，后称关东军防疫给水部;在长春建立第一〇〇部队,即关东军军马防疫厂。后者主要从事用于动物、植物的细菌武器研究,也实施人体实验,并大规模生产细菌武器。

1937 年,卢沟桥事变爆发,日本侵华战争全面扩大化。

1938 年,于北京设立甲第一八五五部队,即北支那派遣军防疫给水部;于广州设立波第八六〇四部队,即南支那派遣军防疫给水部。①

1939 年 4 月,于南京设立荣第一六四四部队,后又称"登""多摩",即中支那派遣军防疫给水部,当时由石井四郎兼任部队长。

第一八五五、八六〇四、一六四四部队均实施人体实验,并大规模生产细菌武器。

以上日军陆军各专业细菌部队,或称防疫给水部队,以及日军细菌战相关研究机构——陆军军医学校防疫研究室等,在日本陆军中统称为"石井机关",各细菌部队有时统称为"石井部队"。

同年 7 月,七三一部队派遣小分队深入中蒙边境的日苏诺门罕战役战场,往河流中撒播伤寒菌,试图攻击苏军。

1940 年 6 月,七三一部队将研发成功的鼠疫跳蚤作为细菌武器两次地面散布于吉林省农安及大赉;10 月,在南京一六四四部队的协同下又分别向浙江省衢州、宁波空中投放。

1941 年 11 月,向湖南省常德空中投放。

1942 年 8 月,向江西省广信(上饶)、广丰、玉山实施一系列的地面投放。

以上六次鼠疫跳蚤撒播,均成功引发了当地鼠疫的暴发流行。鼠疫跳蚤已经成为日军细菌战技术上最为成熟的武器。

1942 年浙赣会战期间,在日军参谋本部的命令下,七三一部队与一六四四部队还在浙赣铁路沿线一带、中国方面机场周围等区域,大量投放了多种细菌,其中包括鼠疫跳蚤。石井四郎曾亲自到场指挥。

---

① 注:本书是关于日本南方军防疫给水部史料的整理与分析研究。史料均为原文照录,考虑到读者的阅读方便,在解读时延用有关"支那"等说法,不代表作者立场,使用时须甄别。

第一章 设立部队

第一节 编队的军令

1941 年 12 月 1 日，日本大本营御前会议作出决断：基于 11 月 5 日决定的《帝国国策实施要领》的日美谈判失败，帝国向美、英、荷开战。此前，大本营已经作出了作战准备，于 11 月 6 日下令组编南方军战斗系列，并同时给各军下达了准备应付开战的指令。12 月 8 日，日本向美英正式宣战，袭击珍珠港，发动太平洋战争。

随着对英美荷的开战，石井机关的主要战略目标从原来的对苏向对英美荷转变，从向北到向南转变，为太平洋战场新组建的南方军配备一支专业的防疫给水部队登上议事日程。日军南方军防疫给水部是根据什么军令设立的，什么时候发出的军令，这支部队又是怎样组建而成的呢？本章主要回答以上问题。

根据日本亚洲历史资料中心史料，这支部队的组建是在 1942 年 2 月上旬之后"匆忙"作出的决定。本研究将在此介绍几份有关组建这支部队的军令和执行军令时所出现的问题。

日军决定正式组建"南方军防疫给水部"所发出的军令为《昭和十七年三月三十日军令陆甲第二五号　陆亚机密第一一〇号》，目前虽然还未找到该文献原件，但是在其他执行组建的相关军令之中，"军令陆甲第二五号陆亚机密第一一〇号"被作为上级军令多次引用。本章在此列举与该军令相关的六封机密电报(表1-1),以此证明该军令即为设立南方军防疫给水部(简称"南防给")的军令。

表1-1　编组南方军防疫给水部期间(1942年4—5月),日本陆军省(东京)和支那派遣军(南京)之间六封援引"军令陆甲第二五号"的机密电报

图	机密电报日期	发电者	收电者	电报要点	电报中所援引上级军令号	注释
1-1	4月17日	陆军省副官	支那派遣军总参谋长	提供卫生材料给南防给	3月30日陆亚机密第110号	①
1-2	4月21日	支那派遣军总参谋长	陆军省副官	收到要组建南防给的机密军令	3月30日军令陆甲第25号陆亚机密第101号	②
1-3	4月23日	支那派遣军总司令官畑俊六	陆军大臣东条英机	(南京)医疗物资不足以支援南防给	3月30日军令陆甲第25号,陆亚机密第110号	③
1-4	4月28日	第15师团长酒井直次	步兵第60联队长仓桥尚	抽调人员给南防给	昭和17年军令陆甲第25号陆亚机密第110号	④
1-5	5月2日	支那派遣军总司令官畑俊六	陆军大臣东条英机	交付机密文件给南防给	昭和17年军令陆甲第25号	⑤

---

① 日本亚洲历史资料中心,编码C01000225500,件名:「南方軍防疫給水部不足衛生材料の件」。该文献只有3页,图1-1为编号第0379页,是该文献的第2页。
② 日本亚洲历史资料中心,编码C01000234300,件名:「総参一電　第863号　編成要領に関する件」。该文献只有两页,图1-2为编号第0778页,是该文献的第2页。
③ 日本亚洲历史资料中心,编码C04123781600,件名:「臨時編成部隊不足衛生材料交付の件」。全文献共有7页,图1-3为编号第1180页,是该文献的最后一页。
④ 日本防卫省防卫研究所,申请番号:中央一军事行政动员编成-172,件名:「南方軍防疫給水部臨時編成に関する件達」。全文献共有11页,图1-4为编号第0437页,是该文献之首页。
⑤ 日本亚洲历史资料中心,编码C04123779200,件名:「軍事極秘書類交付相成度件申請」。全文献共有9页,图1-5为编号第0920页,是该文献之首页。

续表

图	机密电报日期	发电者	收电者	电报要点	电报中所援引上级军令号	注释
1-6	5月12日	支那派遣军总司令官畑俊六	陆军大臣东条英机	南防给编成完结报告	昭和17年军令陆甲第25号	①

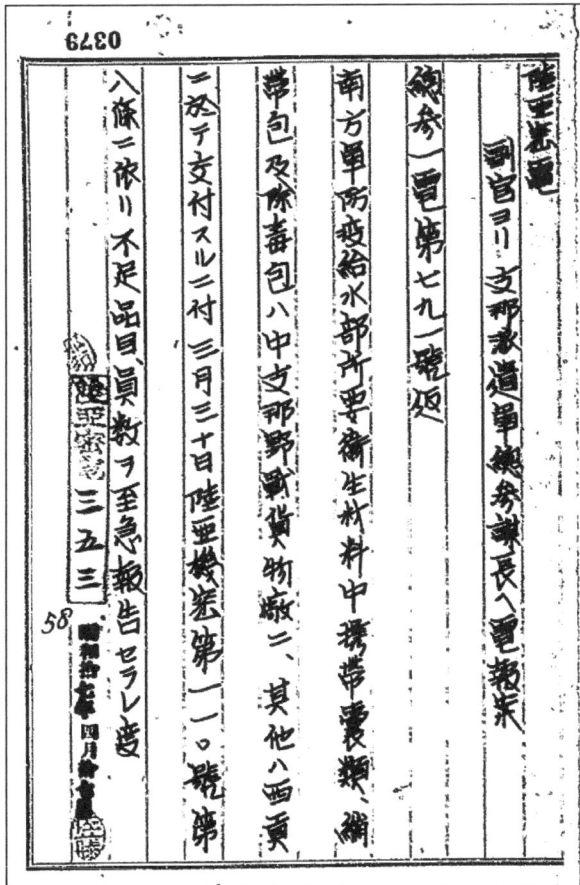

图 1-1　昭和十七年四月十七日密电之第 2 页。日本陆军省副官指示支那派遣军总参谋长,提供卫生材料给组建中的南方军防疫给水部。左起第三行写着所援引的上级军令为"三月三十日陆亚机密第一一〇号",编号第 0379 页

———————————

① 日本亚洲历史资料中心,编码 C01000534700,件名:「编成完结の件」。该文献共有 26 页,图 1-6 为编号第 0025 页。

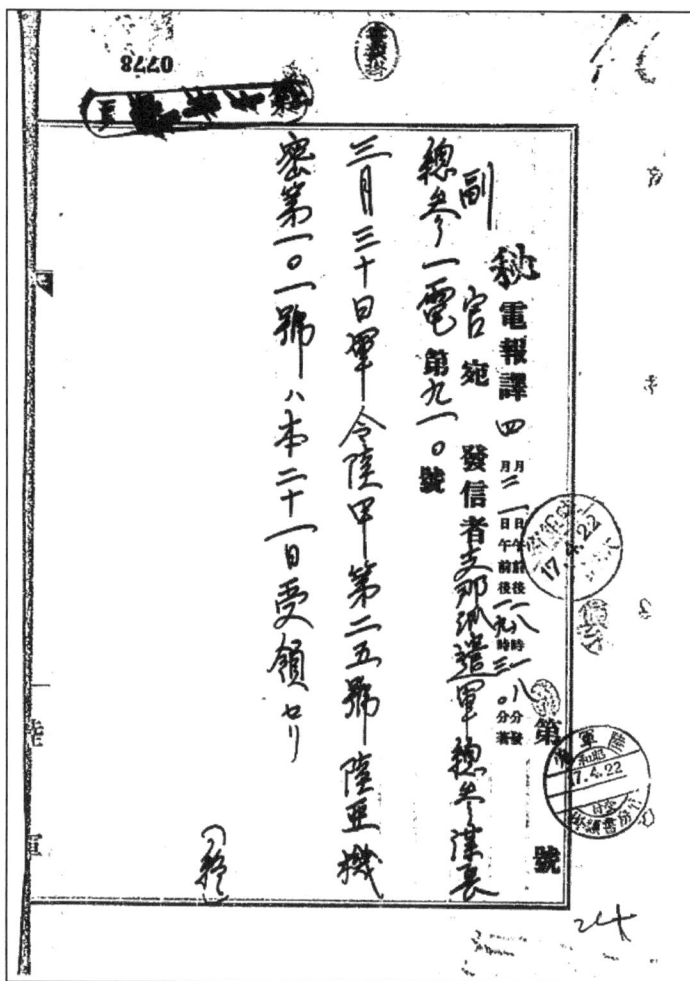

图 1-2　昭和十七年四月二十一日密电。支那派遣军总参谋长上报陆军省副官，收到组建南方军防疫给水部的"三月三十日军令陆甲第二五号陆亚机密第一〇一号"，编号第 0778 页

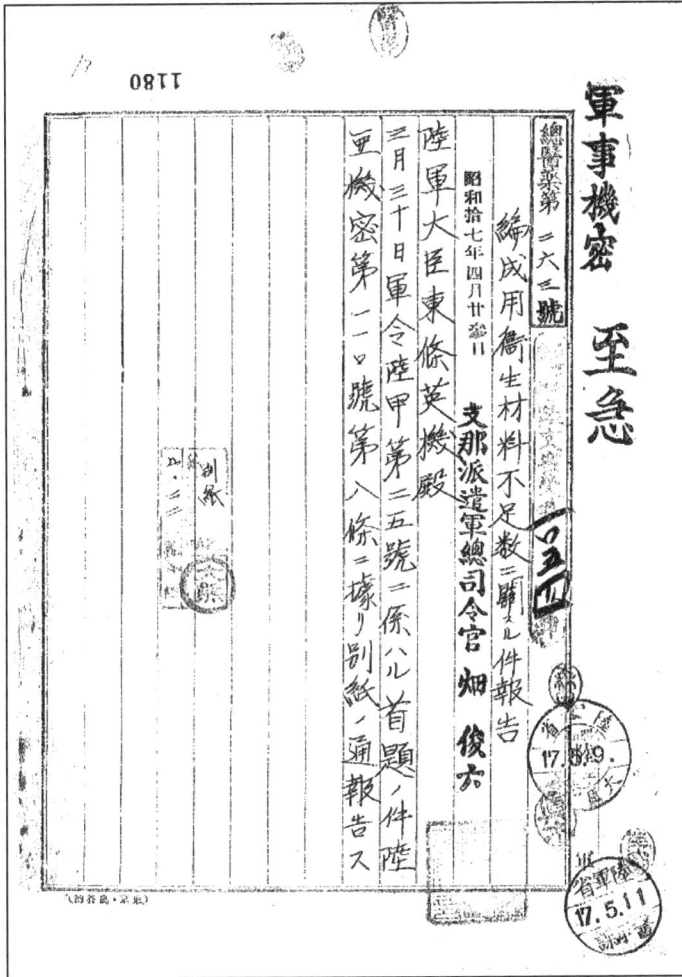

图 1-3　昭和十七年四月二十三日密电。支那派遣军总司令官畑俊六上报陆军大臣东条英机，（南京）医疗物资不足以支援临时编队的南方军防疫给水部。援引上级军令"三月三十日军令陆甲第二五号陆亚机密第一一〇号"，编号第 1180 页

軍事機密

諜師參乙第二〇五號

南方軍防疫給水部臨時編成ニ關スル件達

昭和十七年四月二十八日第十五師團長　酒井直次

步兵第六十聯隊長　倉橋　尚殿

左　記

昭和十七年軍令陸甲第二十五號同年陸亞機密第一一〇號ニ基ク首題ノ件ニ關シ一三軍參謀第八八號ニ據リ左記ノ通定ム

記

一　臨時編成スル部隊編成擔任官,編成地左ノ如シ

0437

図 1‑4　昭和十七年四月二十八日密电。支那派遣军第十五师团长酒井直次对所辖步兵第六十联队长仓桥尚发出的《南方军防疫给水部临时编成关系之件》,吩咐仓桥抽出兵员给临时编组的南防给。中央部分援引上级军令"昭和十七年军令陆甲第二十五号同年陆亚机密第一一〇号",此命令编号 0437 页以后内容,参见图 1‑9～图 1‑11

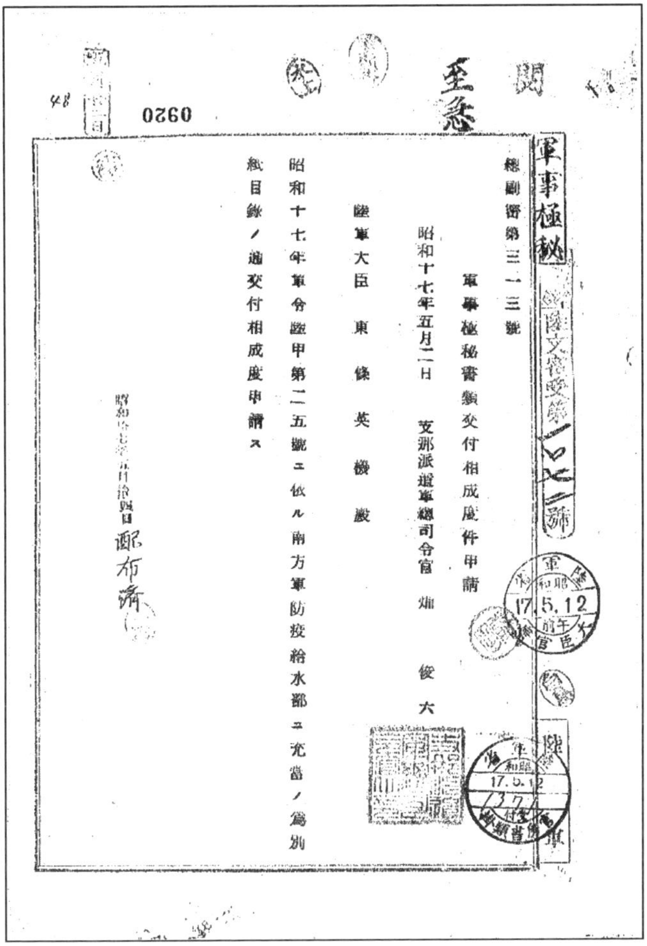

至急

軍事極秘

0920

總副參第三一三號

軍事極秘書類交付相成度件申請

昭和十七年五月二日　支那派遣軍總司令官　畑　俊六

陸軍大臣　東條英機殿

昭和十七年軍令陸甲第二五號ニ依ル南方軍防疫給水部ニ充當ノ爲別紙目錄ノ通交付相成度申請ス

昭和十七年五月拾貳日　配布濟

图 1－5　昭和十七年五月二日密电。支那派遣军总司令官畑俊六上报陆军大臣东条英机：已将一组机密文件转发组建中的南方军防疫给水部予以申请用。援引的上级军令是“昭和十七年军令陆甲第二五号”，编号第 0920 页

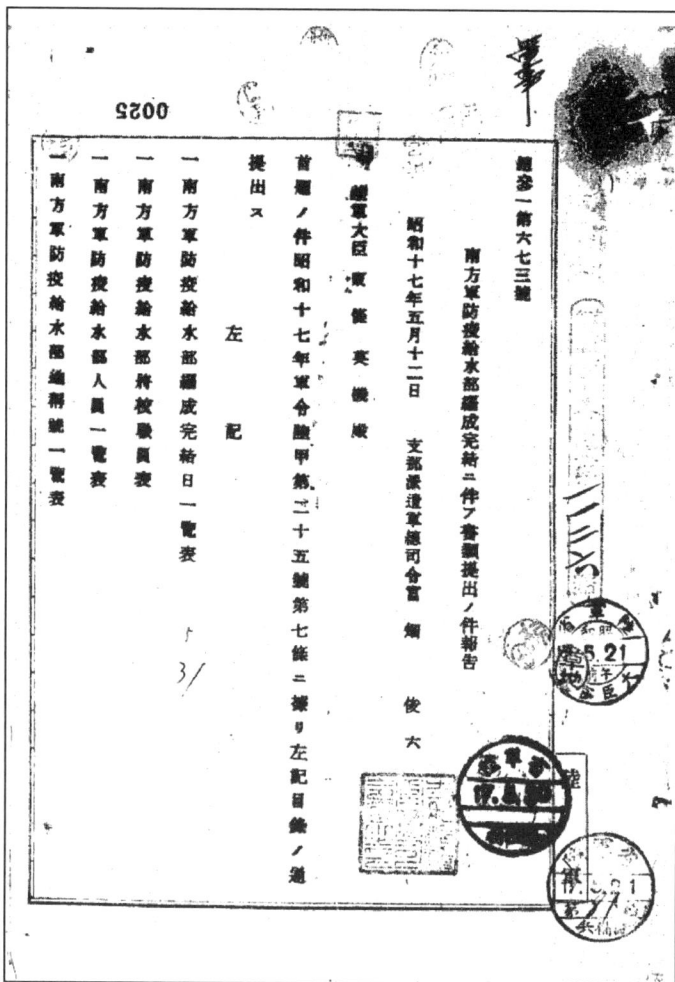

図 1-6　昭和十七年五月十二日密电。支那派遣军总司令官畑俊六上报陆军大臣东条英机（南方军防疫给水部编成完结伴随书类提出之件报告）。中央部分写着所根据的上级军令为"昭和十七年军令陆甲第二十五号"，编号第 0025 页

从表 1-1 的前三条军令中,可以得知组建南方军防疫给水部军令的发布日期为昭和 17 年 3 月 30 日。在 1942 年 3 月 30 日当时,如以上引言中介绍,日军已经在中国大陆占领区域,关东、北支、中支和南支分别设置了固定性的防疫给水部队:关东军防疫给水部,位于平房,又称"满洲"第七三一部队;北支那派遣军防疫给水部,位于北京,又称甲第一八五五部队;中支那派遣军防疫给水部,位于南京,又称荣第一六四四部队;南支那派遣军防疫给水部,位于广州,又称波第八六〇四部队。

而当时在东南亚战场上,英属马来亚(包括新加坡)和缅甸,以及荷属印度尼西亚刚刚陷入日军手里,一旁的菲律宾则还在日美两军的攻防战之中。那么,在这个时候要组建第五个防疫给水部队,日军最高层会把这个机密任务交给谁去办呢?

首先简略介绍南方军的组建。南方军是日本决定发动太平洋战争之后,才在 1941 年 10 月开始编组而成的军队,主要是从支那派遣军和日本国内的防卫部队抽调各路人马拼凑而成。图 1-7 是 1941 年 11 月 6 日的日军体制图。[①] 南方军位于图中央偏左。从右到左排列着日军大本营指挥下的五大军:关东军、支那派遣军、南方军、防卫总军和船舶输送司令部。

在南方军旗下,从右到左排列着:第二十五军(攻打英属新马),第十四军(攻打美属菲律宾),第十五军(攻打英属缅甸),第十六军(攻打荷属爪哇)和两个飞行集团。

1941 年 12 月 8 日,日本发动太平洋战争,在日军内部,陆军和海军为争功暗斗,陆军的南方军所开出的第一炮,落在马来亚东北的哥打巴鲁(Kota Bharu)海滩,时间上比海军投入珍珠港的第一颗鱼雷还早一个多小时。而且,陆军此前已经在南方军前线各师团里配置有野战防疫给水部队。

东南亚各个殖民地的军队抵挡不住势如破竹的日军,相继沦陷。1942 年 3 月,日军决定在新加坡设立七三一部队的另一支兄弟部队,东条英机把

---

① 日本亚洲历史资料中心,编码 C12121148000,件名:「旧陆军作战军编合概见表　昭和十六年」。该文献单独一页,编号第 0789 页。

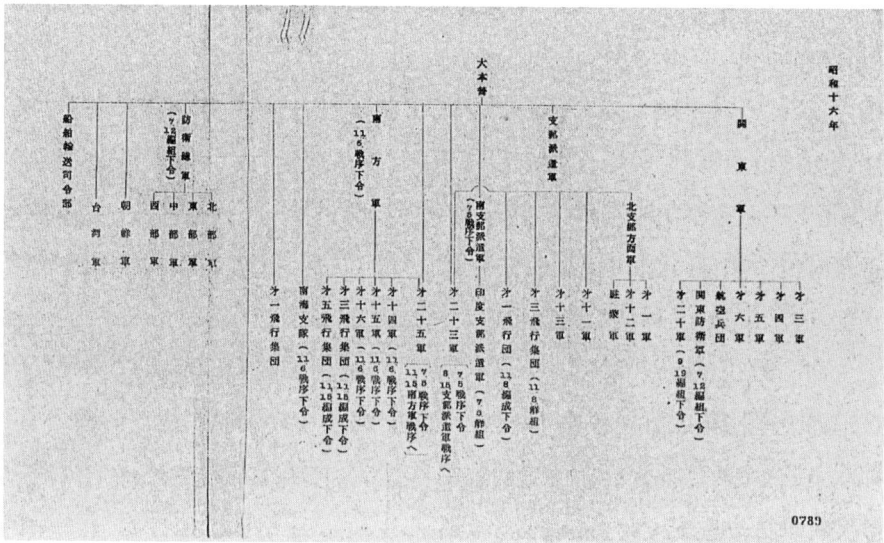

图 1-7　昭和十六年（1941 年）十一月六日的日军战斗序列，编号第 0789 页

这项任务交给了驻扎在南京的支那派遣军总司令官畑俊六。按照惯例，在接到军令之后，必须回复及承诺完成预定日期，4 月 22 日畑俊六给陆军大臣东条英机发出机密电报，题为《南方军防疫给水部编成地及编成预定完结日之件报告》（图 1-8）。①

这是一份只有单页的电报，编号第 0906 页，右上角盖有"军事机密"的印章，其左下方紧接着盖有"陆军省受领/陆支密受第一二九八号"字样，当中的"陆支密"三个字是"陆军支那派遣军秘密文件"之意。"陆亚密"是"陆军亚细亚军秘密文件"之意。"总参一第五五二号"是发电报部门（即支那派遣军总司令）的管理编号。

电报左侧竖立的表格一共只有三个栏目，首先是"编成部队（名）：南方军防疫给水部"，接着是"编成预定完结日：昭和十七年五月五日"，以及"编成地：南京"。

---

① 日本亚洲历史资料中心，编码 C04123796300，件名：「南方軍防疫給水部編成地並編成予定完結日の件報告」。该文献只有单独一页，编号第 0906 页（图 1-8）。

从这份电报，可以确定南方军防疫给水部的计划编成日期和所在地点。

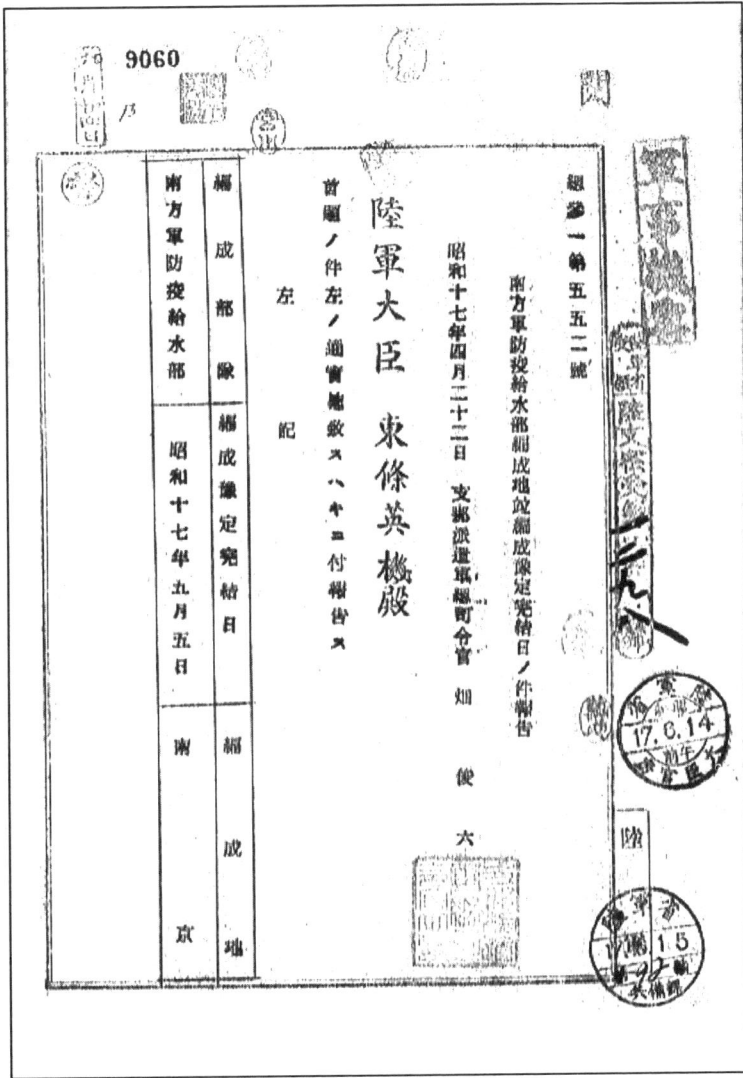

图 1 - 8　昭和十七年（1942 年）四月二十二日军事机密报告。支那派遣军总司令官畑俊六上报陆军大臣东条英机「南方軍防疫給水部編成地並編成予定完結日の件報告」，编号第 0906 页

支那派遣军总司令官畑俊六又任命哪个下属部门来落实这项任务的呢？畑俊六下属部队的一份军令给出了答案。

1942 年 4 月 28 日,支那派遣军属下的第十五师团长酒井直次发给步兵第六十联队长仓桥尚的"军事机密"军令《南方军防疫给水部临时编成关系之件》。图 1－4 是该军令之首页,其主要内容是酒井师团长要求仓桥联队长抽调两名卫生上等兵给南方军防疫给水部。

该军令第 2 页(编号第 0438 页)最右侧的表格中段里写着:"编成担任官:中支那防疫给水部长"(图 1－9),即荣一六四四部队的部队长。荣一六四四部队设立起初部队长由石井四郎兼任,增田知贞为代理部队长,因石井人不在,增田实际掌权。1941 年 1 月增田正式接任后半年,返回陆军军医学校,其间继续参与关东军防疫给水部相关业务。1941 年 7 月 2 日,由七三一部队二部,即实战研究部部长大田澄正式接任。[①] 1942 年 4 月 28 日,奉命组建南方军防疫给水部队的荣一六四四部队,已于 1940、1941 年协同七三一部队,实施了多次细菌武器攻击。增田作为实施部队指挥官,参与了参谋本部细菌武器攻击的计划和筹备。

另据以上引言:早于 1932 年 8 月,增田即跟随石井四郎,作为日本陆军军医学校防疫研究室人员赴"满洲"调查霍乱流行。陆军军医学校防疫研究室其后成为"石井机关"中枢,这次的霍乱调查也是其第一次出动,对于此后的细菌战研究和开发具有重要意义。关于增田其人还将在本章第三节详细介绍。

在这一页(即军令第 2 页,图 1－9)里还有一个要点,就是写明了编成完成日期为 5 月 5 日,即上述支那派遣军总司令畑俊六提交东条英机报告中的编成完成日期(图 1－8)。因此在第四项的"四之 1"里要求被调动的人员必须在 5 月 3 日赶到编成地,并且被纳入"编成担任官"的指挥之下。

编号第 0439 页另一个重点是"四之 3"的个人装备用战备用诸品里,写明了只需"夏季对应物"。也就是说这支部队有可能要南下到热带地区。

---

① 张连红:《侵华日军南京一六四四部队与七三一部队之关系》,收入全国政协文化文史和学习委员会编《侵华日军细菌战文史资料选编》,中国文史出版社,2020 年,第 212 页;井本熊男、森松俊夫、外山操『帝國陸軍編制總覽』,芙蓉書房,1987 年、659 頁。

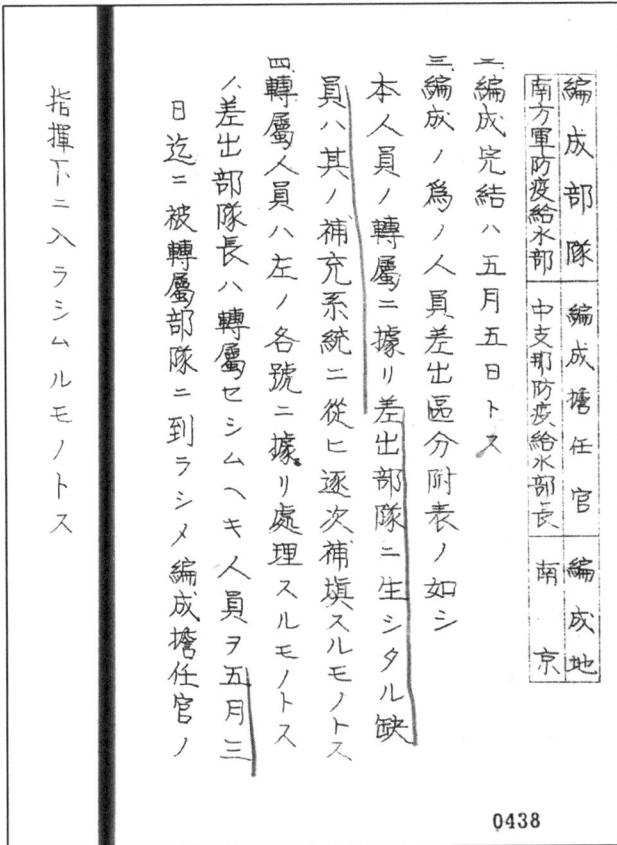

図 1－9　酒井直次军令的第 2 页（编号第 0438 页）有两个重点：第一点，编成担任官为中支那防疫给水部长；第二点，指示抽调人员必须最迟在 5 月 3 日到达转属部队报到

编号第 0440 页（图 1－10 的右半页）是日本军令中少有笔误的一页，一共写了两项"5"（实际上应该是"四之 5"和"四之 6"）。第一个"5"是命令派出人员的部队长要呈交名簿、科考和战功等记录。第二个"5"是宣布南方军防疫给水部的兵团文字为"荣"，一连编号为"九四二〇"（图 1－10 的左半页，编号第 0441 页）。也就是说，编成当时，南方军防疫给水部九四二〇部队的代号文字采用的是受命组编部队中支防疫给水部一六四四部队的代号"荣"字①。

_____

① 一六四四部队此后又称为："登""多摩"部队。

最重要的一点，作为一个将被派往海外（日军称"外地"）的部队，要让官兵们能够安心打仗不必有后顾之忧的，就是日军里称为"留守业务"的后方支援事务（如紧急联络、薪水、养老金、保健等）部门。图 1-10 的第 6 点正式宣布，丰桥陆军医院（位于日本爱知县丰桥市）将负责南方军防疫给水部的留守业务。

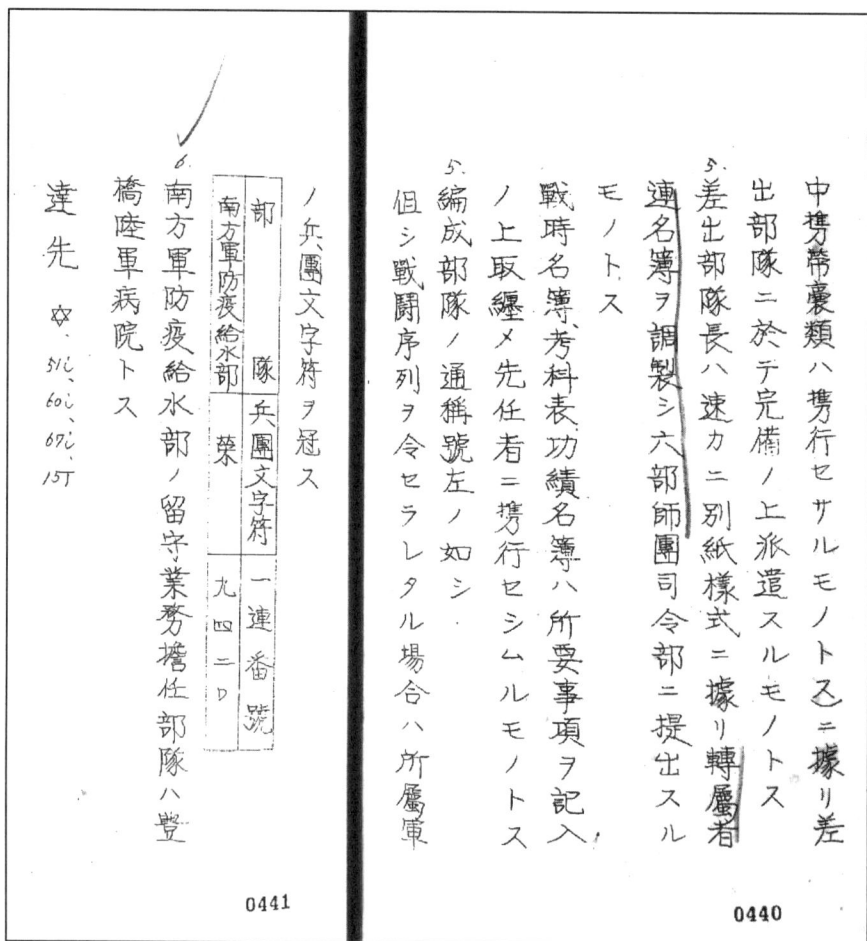

図 1-10　酒井直次军令中原文笔误，出现两个第四之 5 项。第一个 5 项是命令提供卫生兵的部队长要根据所附的格式，制作被转属的人员名簿一式六份提交师团司令部。第二个 5 项佐证了南方军防疫给水部的兵团符号为荣，一连番号为九四二〇。值得注意的是，兵团符号与编成承办一六四四部队相同。（第四之）第 6 项证实了南方军防疫给水部的留守业务担当部队为丰桥陆军医院，编号第 0440 和 0441 页

日军第十五师团师团长酒井直次的这份军令的尾部还提供了一份附录(编号第 0442 页,图 1 - 11),名为《南方军防疫给水部编成要员差出区分表》,从这张表中可以得知,除了仓桥尚的步兵第六十联队,酒井直次还命令另外 3 支部队,即步兵第五十一联队派出 1 人,步兵第六十七联队派出 2 人,辎重第十五联队派出 1 人,共从 4 个部队抽调出 6 人至南方军防疫给水部。

1942 年 4 月 28 日酒井发布以上命令一个月后,即在日军为报复美国空军杜立特中队突袭日本而发动的浙赣战役中,于浙江省兰溪,坐骑触雷后重

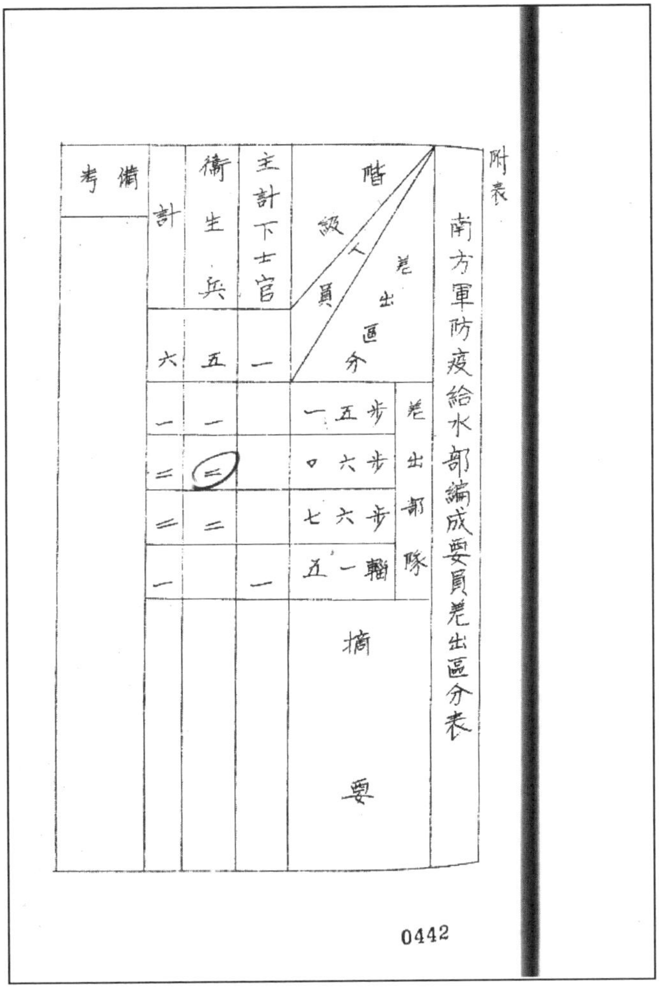
附表

南方軍防疫給水部編成要員差出區分表

差出部隊 \ 階級人員 / 差出區分	主計下士官	衛生兵	計	備考
	一	五	六	
歩五一		一	一	
歩六〇		二	二	
歩六七		二	二	
輜一五	一		一	
摘要				

0442

图 1 - 11 酒井直次军令的附表「南方軍防疫給水部編成要員差出区分表」,编号第 0442 页

伤不治,身亡。此为中国国民党军队第21军146师独立工兵第8营所埋设的地雷。

从以上文献可见,支那派遣军奉命组成南方军防疫给水部,抽调了其他部队的人力资源。日军各部队人员的转属记录也可作为参考,用以分析七三一部队以及其他细菌部队的人员编成,包括支部和支部之间在人力资源分配、研究科目设置上与医学专家的关系。

1942年5月5日,是畑俊六承诺东条英机"编成完结"的日子,目前所发现的文件,为畑俊六于5月12日,连同寺内寿一①等人一起联合提交东条英机的一份报告,称为《编成完结之件》,共有26页。该报告的第2页(编号0004页)右侧写着"上奏案"三个字(见图1-12),这是日本军事文献中上奏昭和天皇的军事行动方案的标注。文件由三份报告组成(见表1-2),首先是南方军总司令官寺内寿一呈报南方燃料厂的临时编队完成。这个日方所谓的"南方燃料厂"②实质上是日军统管东南亚油田的庞大组织,控制着原荷属印度尼西亚和英属缅甸的各大油田,其中最主要的油田位于苏门答腊南部的巨港(Pa-lembang)和婆罗洲的米里(Miri)等。南方燃料厂以巨港为总部,另设有六个支厂,北苏门答腊、婆罗洲、爪哇、缅甸以及昭南(储油),计划人员总规模超过8 000人。图1-13为著者林少彬所藏1941年的巨港油田档案照片。

南方燃料厂是日本"大东亚共荣圈"的重要战略资源。因此排列在三份报告之首。第二份是东部军(日本本土东部)司令中村孝太郎报告第十一野战宪兵队的编队完成,第三份是由畑俊六提呈南方军防疫给水部的编队完成报告。

这份文件的内容一方面是有关南方军对石油资源的掌控,另一方面是南方军具备兼有细菌战能力的防疫给水部的编成,具有非常重要的战略意义。

---

① 寺内寿一(Hisaichi TERAUCHI, 1879—1946),日军元帅陆军大将,伯爵(继承父位)。卢沟桥事变后任日军北支那派遣军司令,1941年任南方军总司令官。作为甲级战犯嫌疑人,在被押往远东国际军事法庭受审之前,病死于马来亚柔佛州(Johore State)的令金(Simpang Rengam)战俘营。

② 南方燃料厂:日军控制和管理原荷属印度尼西亚油田的庞大机构的名称,兵团编号为"冈九八〇〇"。巨港(Palembang)油田为其总部,其下还设有六个支厂,即北苏门答腊、婆罗洲、爪哇、缅甸和昭南。计划人员规模超过8 000人。各厂的编制人数计划明细可参见日本亚洲历史资料中心,编码C01000534700,件名:「编成完结の件」,第6页,编号第0009页(人员一览表)。

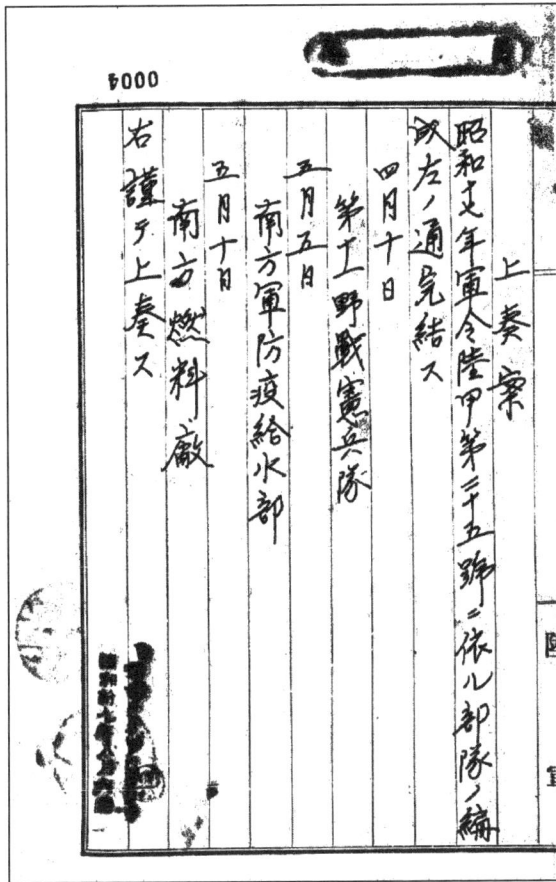

图 1 - 12 「編成完結の件」第二页最右端的"上奏案"三字，是证明其为上奏昭和天皇，得到首肯的军事行动，编号第 0004 页

表 1 - 2 《编成完结之件》的文献构成

报告顺序	报告者	文献/报告名称	4 位数编号
		封面	0003
		《上奏案》目录	0004
第一份	寺内寿一	《南方燃料厂临时编成关系书类提出之件》	0005—0016
第二份	中村孝太郎	《编成要报》 第十一野战宪兵队	0017—0024
第三份	畑俊六	《南方军防疫给水部编成完结所随书类提出之件报告》	0025—0028

　　表1-2中三份报告的顺序按照日本亚洲历史资料中心文献内容排列,也符合4位数编号的顺序。在文献中的第2页(图1-12)里,即在其最右端写着"上奏案"的第0004页列举了以下三支部队编成完结日期及部队名称:

编队完成日期	编成部队名称
4月10日	第十一野战宪兵队
5月5日	南方军防疫给水部
5月10日	南方燃烧厂

图1-13　1941年的巨港油田

　　按照上述图1-6(编号第0025页)中的记述,报告书中应该包含四份重要文件,从右到左,文件译名如下:

　　一、南方军防疫给水部编成完结日一览表　　　　(编号0026页)

　　一、南方军防疫给水部将校职员表　　　　　　　"散失"

　　一、南方军防疫给水部人员一览表　　　　　　　(编号0027页)

　　一、南方军防疫给水部通称号一览表　　　　　　(编号0028页)

在目前公开的这份文献中，并没有以上列于第二的《南方军防疫给水部将校职员表》，不知这一页到底是在战时遗失，还是战后未曾提交给驻日美军。三个连续4位数号码（0026、0027、0028）的印章，说明这一页在文献管理者盖页码印章时就不在该文件中。希望在不久的将来能够找到这失去的一页，了解当时部队重要成员将校职员的组成。

排在第三的《南方军防疫给水部人员一览表》（图1-14），由于原件的文字太小，笔者林少彬根据内容整理成表1-3。

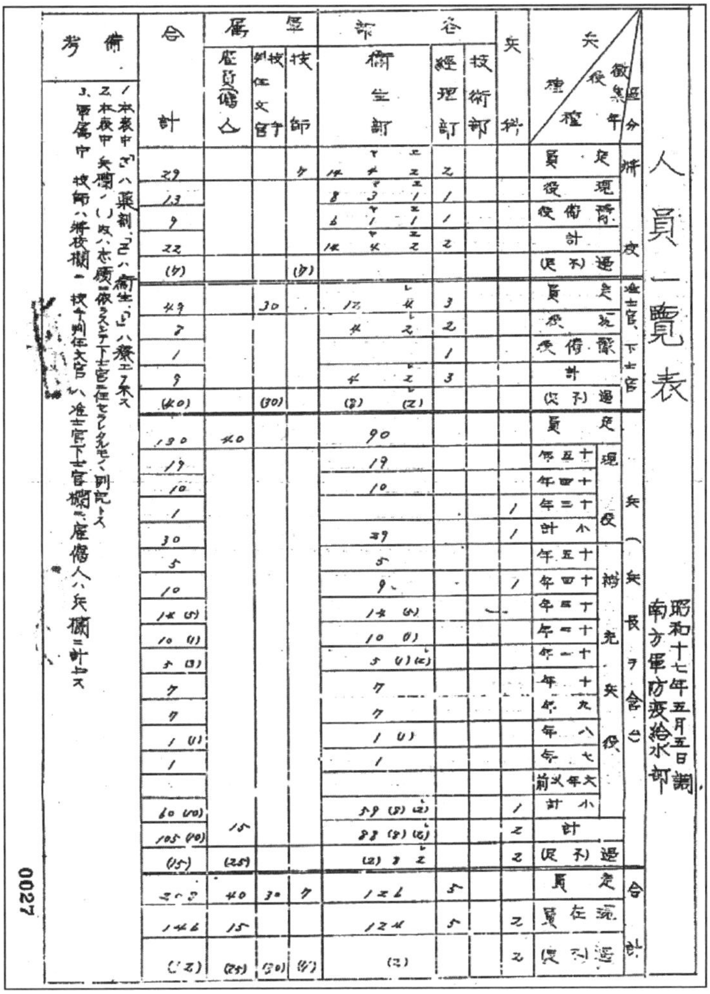

图1-14　南方军防疫给水部的第一份人员记录档案，编号第0027页

表1-3中排列在第一行的将校人员编制计划人数中,一共要有20名卫生将校和7名将校级技师。这27人应该是南方军防疫给水部这支细菌部队的核心干部。

表1-3　昭和十七年五月五日调,南方军防疫给水部简化的人员一览表

兵种		兵科	技术部	经理部	卫生部	技师	技手判任文官	雇员(佣人)	合计
将校	计划人数			2	20	7			29
	实际人数			2	20				22
	超过(不足)					(7)			(7)
准士官 下士官	计划人数			3	16		30		49
	实际人数			3	6				9
	超过(不足)				(10)		(30)		
兵 (包括兵长)	计划人数				90			40	130
	实际人数	2			98			15	115
	超过(不足)	2			8			(25)	(15)
合计	计划人数			5	126	7	30	40	208
	实际人数	2		5	124			15	146
	超过(不足)	2			(2)	(7)	(30)	(25)	(62)

从表1-3可以看出,招募的卫生兵(包括兵长)来自两大兵种:现役卫生兵和补充兵。现役卫生兵共有29名,分别为昭和十四年兵10名和昭和十五年兵19名,补充兵役59名。

从表1-3最下段"合计"还可以清楚地看到,卫生部门(左起第4栏)所需要的人员基本都顺利筹集到了。另外,细菌战部队"半边天"之一的卫生将校20人也全都被抽调到了南京。但至关重要的另一个"半边天"——技师(将校级别,需要7人)和技手等(士官级别,需要30人)却是一个都没募集到,换句话说,就是召集到了医生,但是还没找到助手。

荣一六四四部队花了一个月时间为南方军防疫给水部筹集到的人数只

达原定目标的 7 成，还缺 62 人（见表 1－3 右下角），可是编队任务完成预定日期为 5 月 5 日，期限一到，部队长必须如实呈报畑俊六。

畑俊六报告里的第四份文件《南方军防疫给水部通称号一览表》（编号第 0028 页）（见图 1－15）里，为兵团文字符的“荣”字特地标记了片假名（相当于注音符号），读音是“sakae”，与荣一六四四部队的“荣”字发音相同。有书籍和论文写为“ei”的，“荣”字在日语里这两个发音都能读。

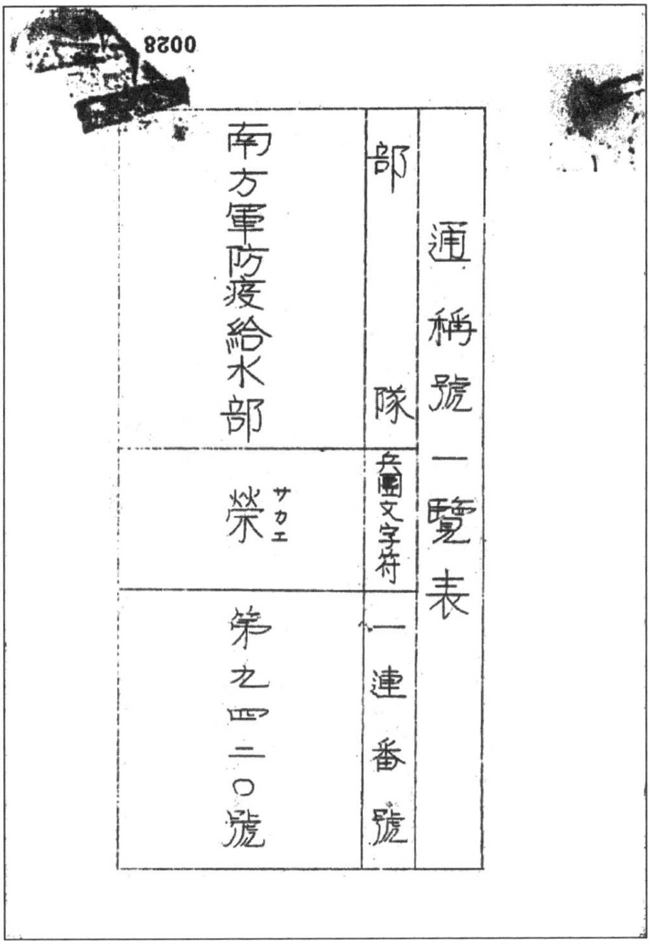
0028

通稱號一覽表

部隊	兵團文字符	一連番號
南方軍防疫給水部	榮 サカエ	第九四二〇號

图 1－15　畑俊六报告里，为南方军防疫给水部的兵团文字符“荣”字（日本汉字）的读音，注上了片假名，发音“sakae”，编号第 0028 页

第二节　卫生材料

接下来,看一下日本陆军省和石井部队是如何向在南京建制中的南方军防疫给水部提供医疗器械和药物的。

一开始,东京(陆军省)和南京(支那派遣军)之间就发生了一件"意外事故",3月30日的组建军令发出之后,由陆军省向负责组建的支那派遣军司令部发出《南方军防疫给水部编成要领》。这个属于"极密"级别的军事文件按理是走得最快的,是部队的重要文件,一支部队该做什么,不该做什么,都列得清清楚楚。可是陆军省在4月4日通过东京的大本营邮政局寄出这份命令之后,南京的支那派遣军参谋长迟迟没有收到,于是在4月11日向陆军省副官发出急电追问:"是否已经寄出?"①(见图1-16)。几天之后的4月17日又再度密电该副官:"编成上有困难,请再查。"②(见图1-17)终于在4月21日收到该件,途中花费了17天(见图1-18)。

畑俊六按照程序规则,按部就班地受领《南方军防疫给水部编成要领》,确认其内容,按其要求预估编队所需时间,在24小时之后的4月22日回复东条英机"预定编成完成日"(见图1-18)。

可是,要组建一支防疫给水部队,还必须配备先进的医疗器械和足够数量的药品及卫生材料。南京的支那派遣军总参谋长在4月7日向陆军省副官发密电说"欠缺卫生材料"(见图1-19)③。10天之后,南京得到回复:"部分(卫生材料)将会从中支那野战货物厂和西贡(日军占领下的法属印支)调

---

① 日本亚洲历史资料中心,编码C04123786600,件名:「電報総参一電第817号」,昭和17年4月11日,编号第1689页最后一行「送付済ナリや否や」,意即是否已经寄出?(图1-16,陆军省大臣官房办公室收到该电报的日期是4月12日)。

② 日本亚洲历史资料中心,编码C01000234300,件名:「総参一電　第八六三号　編成要領に関する件」。文献由两个部分组成:(甲:图1-17)编号第0777页,昭和17年4月17日,"编成上可能遭遇困难,请再查"。(乙:图1-18)编号第0778页,昭和17年4月21日,"收到"。

③ 日本亚洲历史资料中心,编码C01000225500,件名:「南方軍防疫給水部不足衛生材料の件」。文献有两个部分:(甲:图1-19)编号第0380页,1942年4月7日,"卫生材料不足"。(乙:图1-20)编号第0379页,1942年4月17日,"赶快上报"。

拨。还缺什么，尽快上报。"(见图 1 - 20)当时的西贡是南方军总司令部所在地之一，另一处是新加坡。

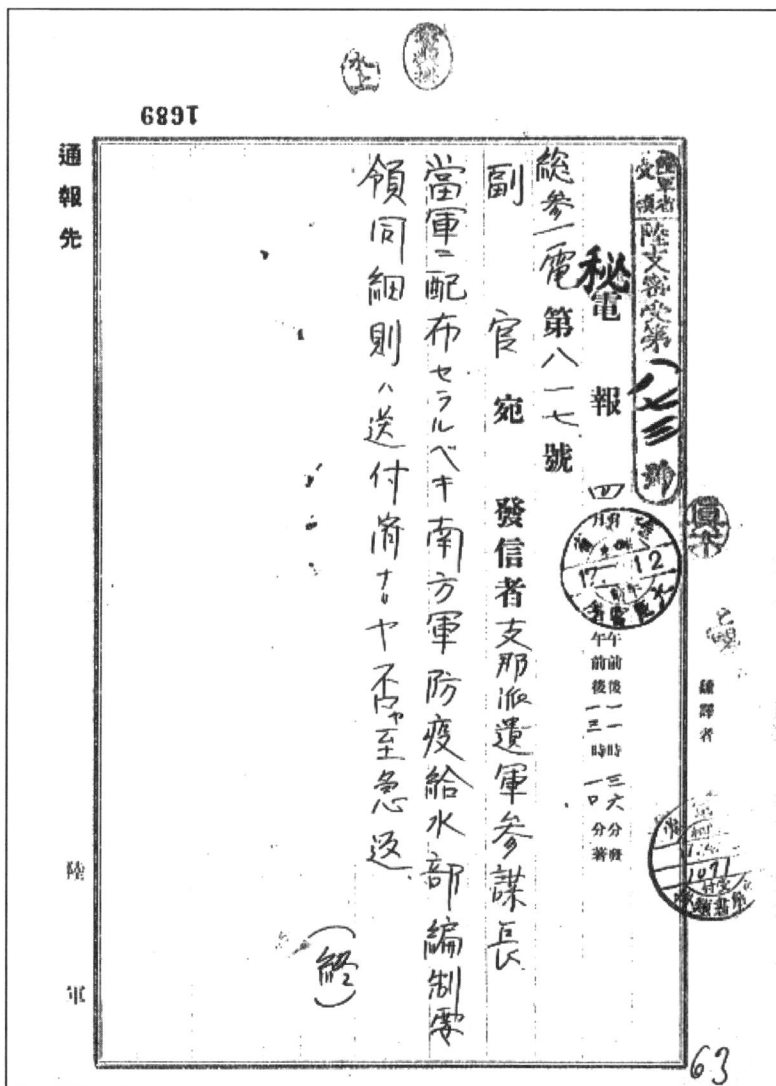

图 1 - 16　1942 年 4 月 11 日，支那派遣军参谋长请求陆军省副官紧急回复是否已经把《南方军防疫给水部编制要领》及细则从东京寄往南京，编号第 1689 页

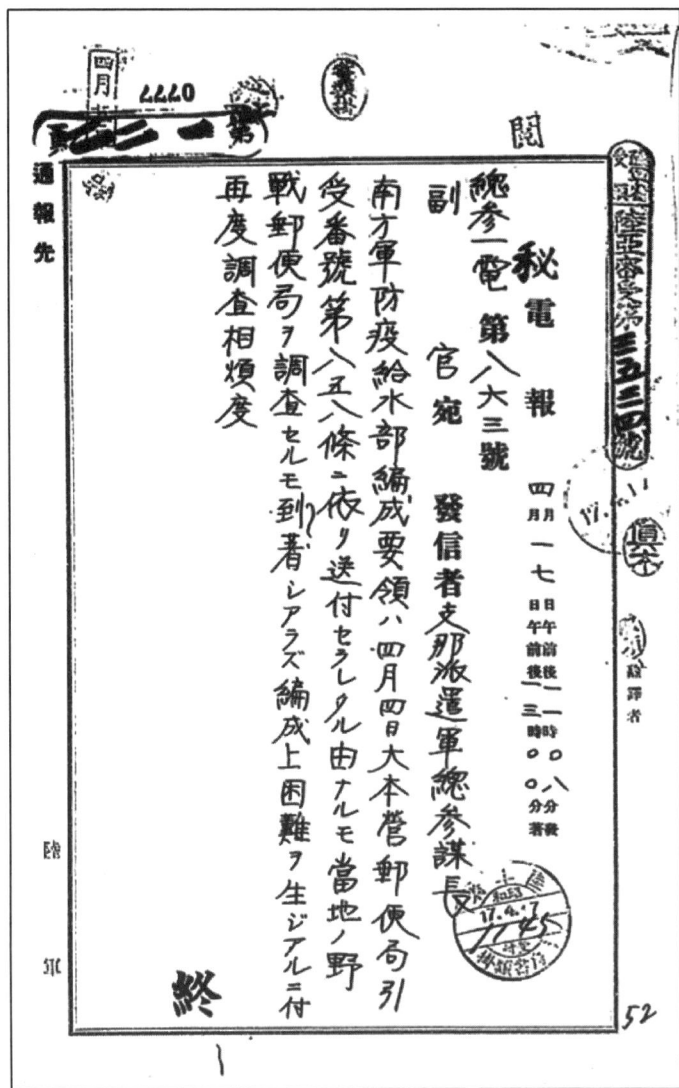

图 1-17　1942 年 4 月 17 日南京的支那派遣军总参谋长密电陆军省副官：大本营邮政局在 4 月 4 日寄出的《南方军防疫给水部编成要领》未收到，编成上产生困难，请再调查，编号第 0777 页

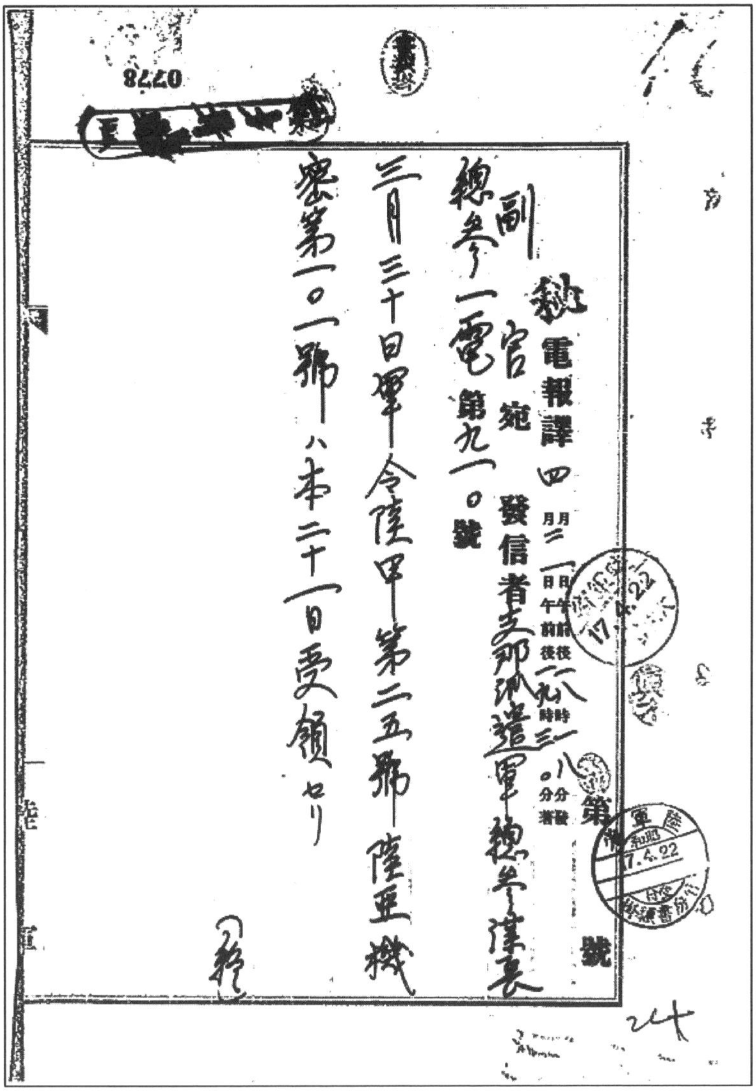
秘 電報譯 第 號
副官宛
發信者 支那派遣軍總參謀長
總參一電第九一〇號
三月三十日軍令陸甲第二五號陸亞機密第一〇一號ハ本二十一日受領セリ

图 1－18　昭和十七年四月二十一日，失联 17 天的《南方军防疫给水部编成要领》终于抵达南京，支那派遣军总参谋长向陆军省副官报告“本二十一日受领”的密电，编号第 0778 页

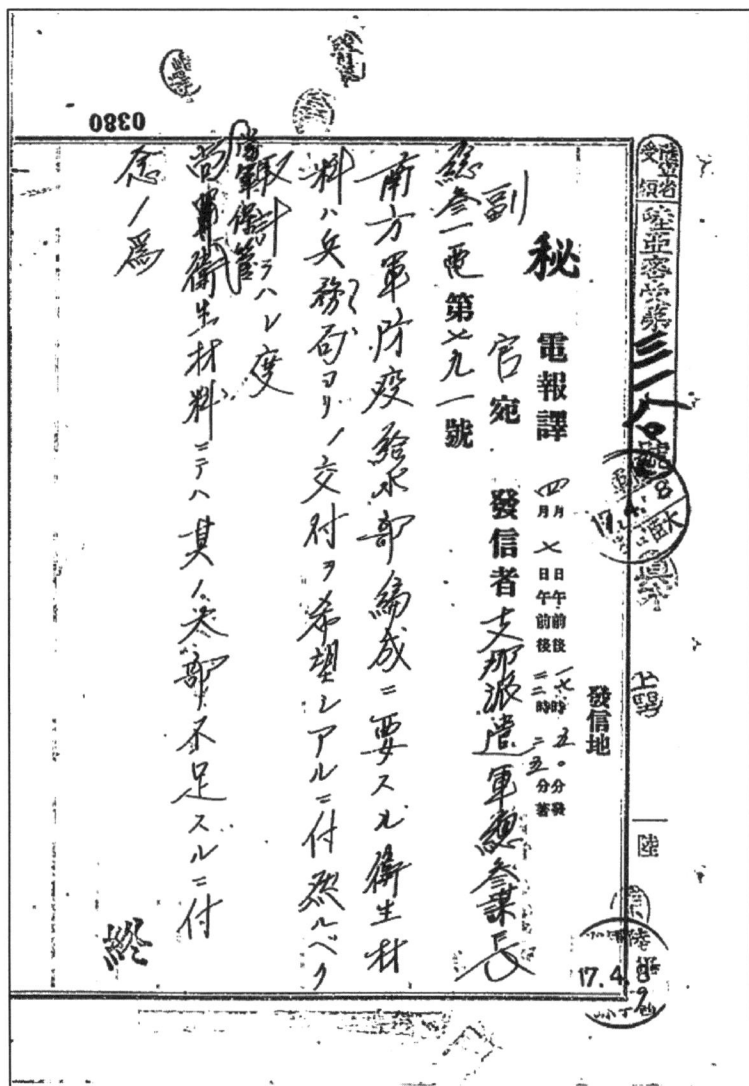

图 1-19　南京的支那派遣军总参谋长在 4 月 7 日向日本陆军省副官发密电说
"南方军防疫给水部编成所需，但军保管卫生材料，大部不足"，编号第 0380 页

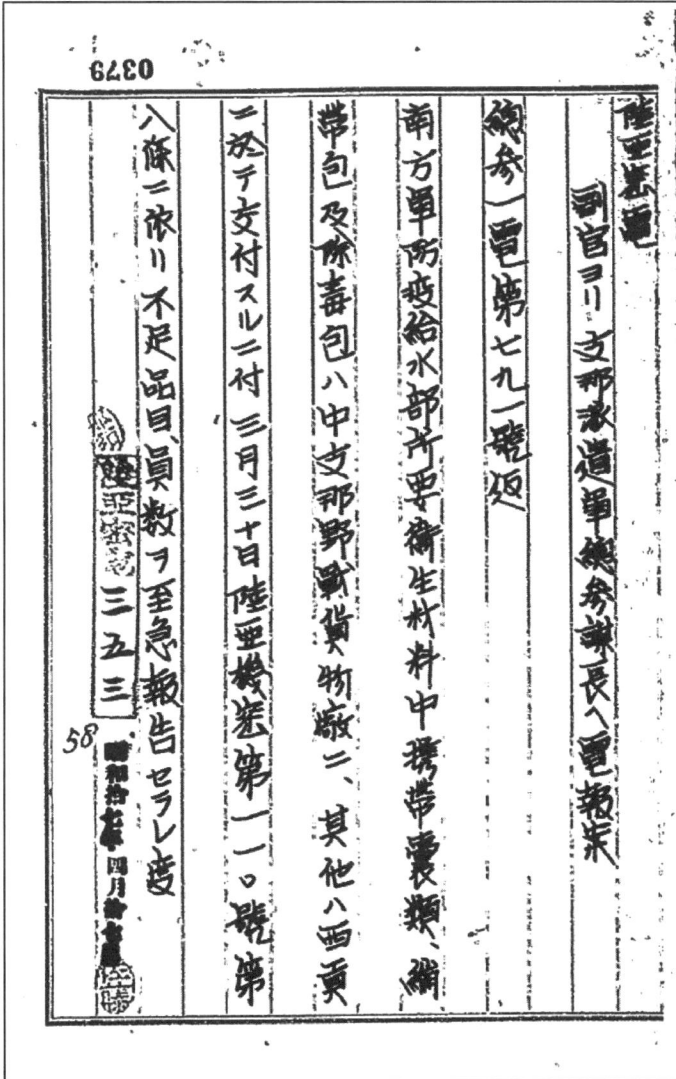

図 1 - 20　昭和十七年四月十七日，日本陆军省副官回复支那派遣军总参谋长："部分卫生材料将由中支那野战货物厂和西贡提供。还缺什么，尽快上报"，编号第 0379 页

除图 1-20 以外,还有另外两份有关调配卫生材料给南方军防疫给水部的密电,这里把三份文件内容整理成表 1-4 如下。

表 1-4　1942 年南方军防疫给水部组建初期"卫生材料"的调配军令三例

文件	时间	军令(名称)	日本陆军省副官指示的重点
1	4 月 7 日—17 日	《南方军防疫给水部不足卫生材料之件》	副官给支那派遣军总参谋长电报: • 南防给所需携带囊类、绷带包和除毒包由中支那野战货物厂提供 • 其他物品由西贡的南方军总部提供 • 不足物品及数量,紧急报告
2	4 月 23 日—5 月 21 日	《临时编成部队不足卫生材料交付之件》	副官给陆军卫生材料本厂长通牒: • 要求提供 13 种卫生材料,交付地点为昭南 • 要求派遣 1 名判任官给昭南
3	4 月 13 日—6 月 3 日	《南方补给用及防疫用卫生材料(第五次)交付之件》	副官给陆军卫生材料本厂长通牒: • 要求提供医疗机器 242 种以及卫生材料 817 种(含 638 种药品),6 个月的使用量 • 要求派出判任官给西贡和昭南各 1 名,马尼拉 2 名

文件 1 是从日军占领下的华中和西贡调派药物资源。文件 2 和文件 3 都是从日本陆军卫生材料本厂领取资源。

文件 2 和文件 3 的另一个内容是,除要求派送物资之外,还要求派遣判任官(军属等级之中排行第 2。第 1 为高等官,第 3 和第 4 为雇员和佣人)。合计昭南、马尼拉各要求派出 2 名判任官。图 1-22 是文件 2 的派遣人员实例,编号第 1175 页。

文件 2 的日期是 4 月 23 日,也就是畑俊六于 4 月 22 日回复了东条英机"预定编成完结日"的第二天。畑俊六即刻报告东条英机"卫生材料不足"这一"军事机密"[①](图 1-21,编号 1180 页)。但是即便日后东条英机答应调

---

① 日本亚洲历史资料中心,编码 C04123781600,件名:「臨時編成部隊不足衛生材料交付の件」。文献共有两个部分又三个重点:(甲:图 1-21)1942 年 4 月 23 日畑俊六上报东条英机"卫生材料不足",编号 1180 页;(乙:图 1-22)1942 年 5 月 21 日,编号第 1175 页,陆军省副官指示日本陆军卫生材料本厂长,提供南方军防疫给水部所缺卫生材料(13 种)给支那派遣军然后转交登陆地(昭南)。同时还要求派遣一名判任官给昭南;(丙:同图 1-22)同编号第 1175 页,陆军省副官指示使用临时军事费。

配,日本陆军卫生材料本厂仍用了将近一个月的时间才从中支那野战货物厂和第23野战货物厂筹集到一共13种器材交付南方军防疫给水部,副官指示本件所发生的经费,算在"临时军事费"里(图1-22,编号第1175页,右起第5行)。

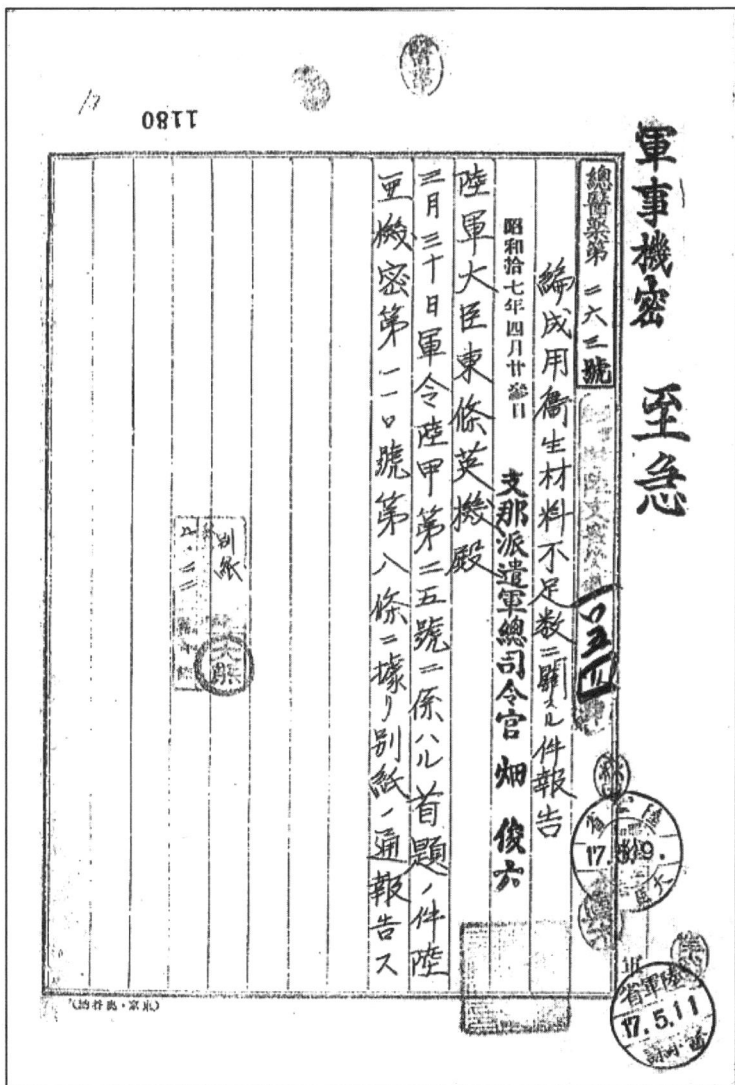

图1-21　1942年4月23日畑俊六呈报给东条英机"卫生材料不足"的机密报告盖上"军事机密"四个大字,编号第1180页

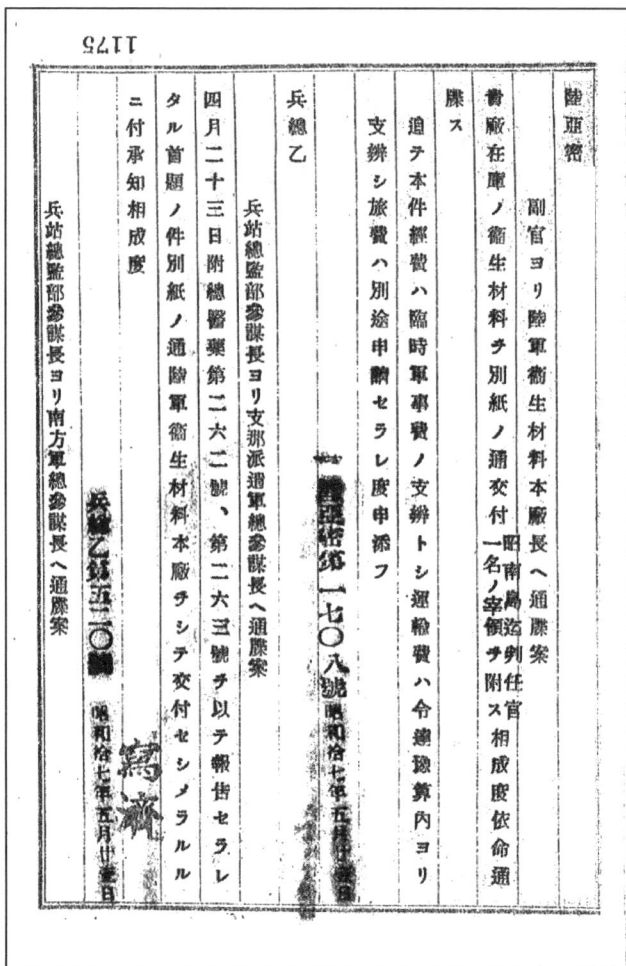

图1-22　日本陆军省副官指示陆军卫生材料本厂提供物资和判任官一
名给昭南（右起第3行），以及使用临时军事费（右起第5行），编号第
1175页

　　根据表1-4中文件3《南方补给用及防疫用卫生材料（第五次）交付之
件》（图1-23为其封面）①的军令，日本陆军卫生材料本厂一共运出了817

---

① 日本亚洲历史资料中心，编码C01000346400，件名:「南方補給用並防疫用衛生材料（第五次）交付の
件」。此军令交付给南方的品目共有三大类:
　　• 编号第0867页＝防疫给水材料之首页；
　　• 编号第0880页＝药物（编号第0922页＝6个月份所要量）之首页；
　　• 编号第0926页＝防疫用卫生材料（编号第0927页＝6个月份所要量）之首页。

种防疫给水材料,其中包括638种药品,个别药品为6个月平均使用量。这份长达170多页的医疗药品清单将是研究和分析南方军防疫给水部业务,包括细菌战准备的原始资料,需要细心分辨文件中的"卫生材料"的具体用途。图1-25是防疫给水材料清单的首页(编号第0867页)。

《南方补给用及防疫用卫生材料(第五次)交付之件》名称里明确地写着"(第五次)交付",但是到目前为止,第一、第二、第三、第四次交付的文献尚未发现。可以肯定的是,还有不少相关文献有待当局公诸于世。

上述医疗器具和药品的大量采购和转移,会产生各种费用。值得注意的是,陆军省副官的指示是把所产生的经费都算在"临时军事费"里。这里将表1-4中有关经费处理的两条军令《临时编成部队不足卫生材料交付之件》《南方补给用及防疫用卫生材料(第五次)交付之件》的相关内容整理成表1-5以便参考和对比。

表1-5　陆军省副官对两份提供卫生材料给南方军防疫给水部军令中的经费处理指示

军令(名称)	陆军省副官的指示			
	预算	临时军事费	别途申报(1)	别途申报(2)
《临时编成部队 不足卫生材料交付之件》	运输费	经费	旅费	(无)
《南方补给用及防疫用 卫生材料(第五次)交付之件》	(无)	经费 (见图1-24)	旅费	患者费50万 杂费27万

从表1-5可以看出,移动物品是预算里的运输费,而人员的移动(旅费)是别途申报(1)。药品和机器费用全都算在临时军事费的"经费"项目中。

重要的是,临时军事费由哪个部门管理负责,金额规模有多大,使用许可的标准,南方军防疫给水部队组编一共使用经费多少,其他的防疫给水部队的经费支出是否也走"临时军事费"等问题的解答,还有待相关资料的公开。

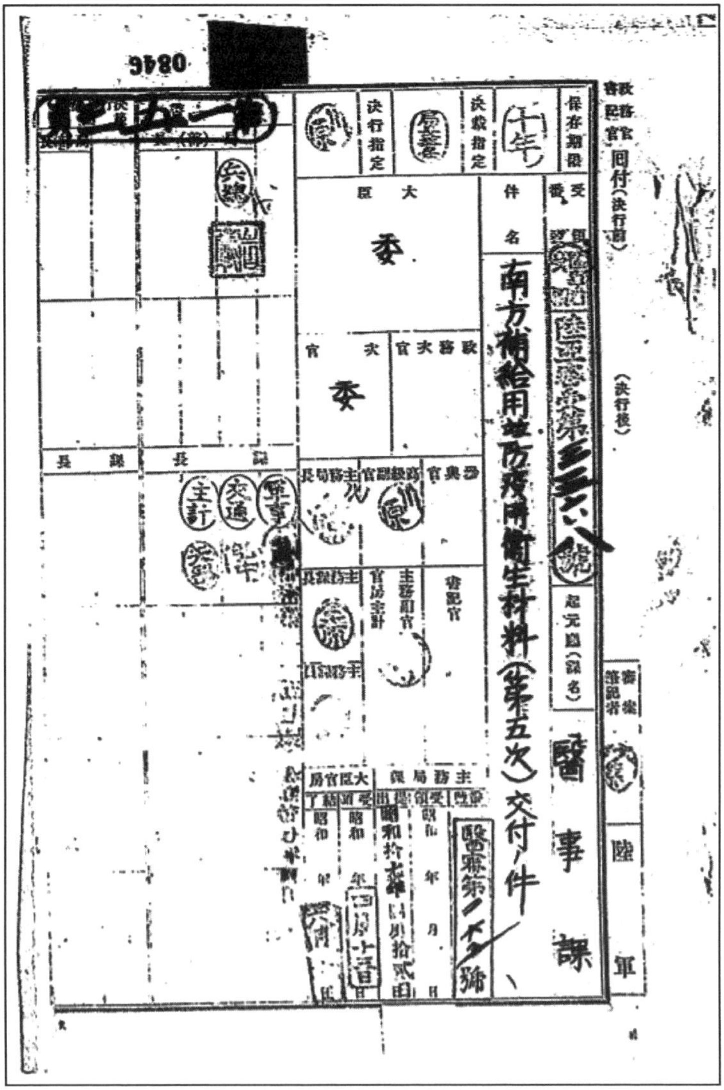

图 1-23　「南方補給用並防疫用衛生材料（第五次）交付の件」军令的封面，
编号第 0846 页

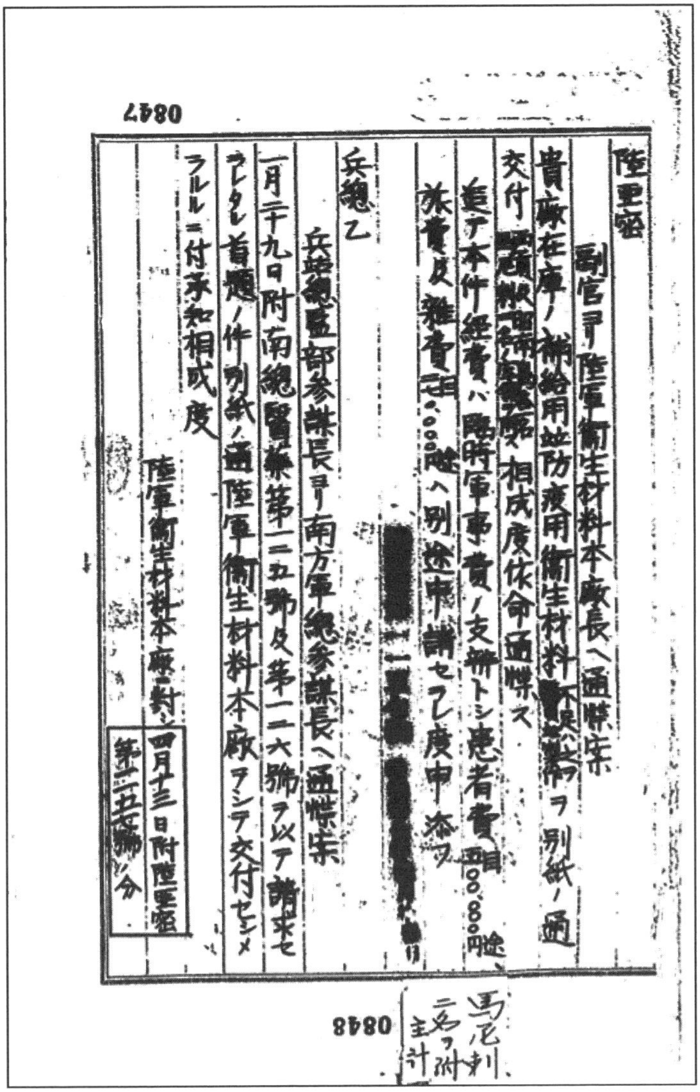

图 1‑24　军令「南方補給用並防疫用衛生材料（第五次）交付の件」，编号
0847 页，日本陆军省副官指示"本件的经费，使用临时军事费"（右起第
5 行）

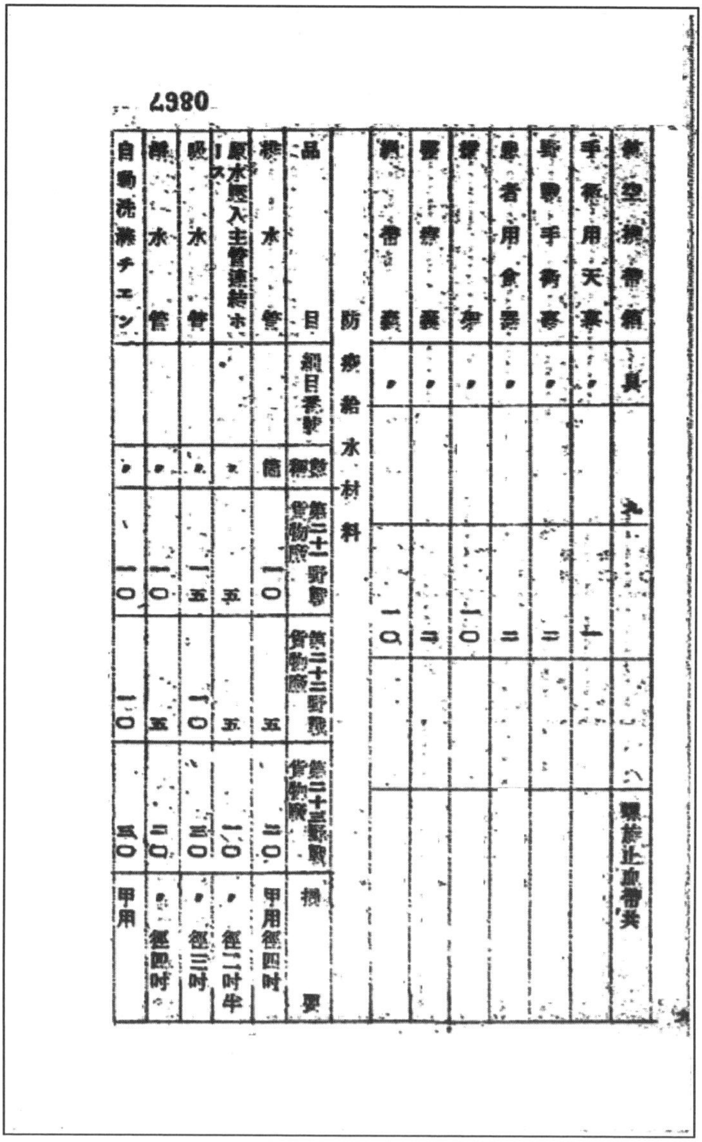

0867

[illegible]空携帯箱	具	九		八	縛於止血帯共
手術用天幕	〃		一		
騎兵手術嚢	〃		二		
患者用食器	〃		二		
[illegible]	〃		一〇		
[illegible]嚢	〃		三		
繃帯嚢	〃		一〇		

防疫給水材料

品目	細目番號	數稱	第二十一野戰貨物廠	第二十二野戰貨物廠	第二十三野戰貨物廠	摘要
排水管		箇	一〇	五	二〇	甲用徑四吋
原水壓入主管連結ホース		〃	五	五	一〇	〃 徑二吋半
吸水管		〃	一五	一〇	三〇	〃 徑三吋
[illegible]水管		〃	一〇	五	二〇	〃 徑四吋
自動洗滌チエン		〃	一〇	一〇	四〇	甲用

图 1－25　军令「南方補給用並防疫用衛生材料（第五次）交付の件」，提供防疫给水材料清单的首页（编号 0867 页，顺序是从右到左），可以看到排列在此页左侧的五种品目名称

第三节　增田知贞与日军"ホ号作战"

以下根据大本营作战参谋、支那派遣军总司令部参谋井本熊男作战日志记载的有关日军"ホ号作战"（细菌作战秘密代号，日语发音为 ho）的内容[①]，梳理原一六四四部队长增田知贞在日本陆军决策层——参谋本部的指挥层面上，对于日军细菌战的参与。

一、1942 年浙赣作战细菌战

《昭和十七年三月三十日军令陆甲第二五号　陆亚机密第——○号》命令发布，组建起步进入程序后，太平洋战场上发生了一场令日本意想不到的军事行动，4 月 18 日，美国空军杜立特中队 16 架 B25 重型轰炸机为避开日军的监控，从中途岛附近的航空母舰上起飞，突袭了日本本土的各大城市作为威慑，但并未造成很大的破坏。因为受到当时 B25 轰炸机航程距离的限制，杜立特中队完成袭击后，飞往降落目标地中国东南沿海浙江省衢州机场。由于这是盟军空军第一次轰炸日本本土，大本营极为震动，立即发动浙赣作战（1942 年 5 月—9 月末），计划摧毁浙赣铁路沿线中国军用机场，为了阻止盟军飞机再度袭击日本本土，同时重创中国军队的有生力量。为阻止中国方面修复机场，计划在机场一带制造无人区。据《井本日志》：参谋本部采用了石井四郎在该作战中部署细菌武器攻击的计划，1942 年 5 月 27 日于参谋本部召开"ホ号作战"碰头会，[②]参加会议的防疫给水部队成员有石井四

[①] 1992 年，日本历史学者吉见义明、伊香俊哉于日本防卫厅资料室发现井本熊男战时日志中有关日军"ホ号作战"（细菌作战秘密代号的记载，抄录整理后，发表于日本学术杂志『季刊　戦争責任研究』，93 年冬季号：「日本軍の細菌戦：明らかになった陸軍総がかりの実相」）。中文版刊载于李海军等编译《侵华日军细菌战重要外文资料译介》，中国社会科学出版社，2018 年，第 44—66 页。井本熊男『支那事変作戦日誌』，芙蓉书房，1998 年。

　　井本熊男：1935 年，参谋本部作战课；昭和 1939 年 9 月，支那派遣军总司令部参谋；1940 年 10 月，参谋本部作战课作战参谋；昭和 1941 年 12 月，拉包尔（巴布亚·新几内亚）第八方面军司令部参谋；昭和 1942 年 10 月—1943 年 7 月末，陆军大臣秘书官；昭和 1943 年 9 月—1944 年 4 月，支那派遣军第十一军、十三军参谋；昭和 1944 年 4 月，广岛第二总军参谋。

[②] 吉見義明、伊香俊哉「日本軍の細菌戦：明らかになつた陸軍総がかりの実相」，『季刊 戦争責任研究』，93 年冬季号，17 頁。

郎为首的七三一、一六四四部队人员,其中包括1940年协同七三一部队对浙江省实施细菌攻击的时任一六四四部队长增田知贞中佐。这次会议上提出注意保密,决定了细菌撒播用飞机型号、使用菌种,其中包括鼠疫跳蚤等细菌攻击的相关具体事项。石井则对于整个日军细菌战的战略性实施提出了意见,其中最充满狂气的主张是:"国际联盟"不去管它。

据《井本日志》5月30日记载:参谋本部召集石井四郎(七三一部队)、村上隆中佐(七三一部队)、增田知贞中佐、小野寺义男中佐(一六四四部队)、增田美保少佐(七三一部队),由第一部长田中新一向他们传达大本营陆军部有关细菌战实施的指示和注意事项。显然,浙赣作战中部署细菌战的实施为七三一、一六四四两支部队的任务。①

1942年10月5日,浙赣作战结束后,此时,石井已经调任北支那派遣军第一军军医部部长,由增田作为实施作战指挥官向大本营作战参谋井本报告浙赣作战中地面撒播细菌的情况:判断鼠疫菌的散布、衢县水井中伤寒菌投入基本取得成功。②

二、石井四郎的左右臂

早于1932年8月,东京的日本陆军军医学校设立防疫研究室,"石井机关"起步4个月,增田知贞即作为防疫研究室人员,跟随石井四郎,作为调查班成员赴"满洲"调查霍乱大流行,收集500多种霍乱菌株,作为防疫研究室最初的研究——发现通过动物体内循环,可以保持具有强感染力细菌的感染强度。这成为石井机关此后不断扩展的细菌战工程的"原点"。③

据《井本日志》记载,增田知贞也是最早跟随石井参与日军参谋本部细菌武器攻击计划的相关核心人员,1939年3月26日,参谋本部与关东军防

---

① 吉見義明、伊香俊哉「日本軍の細菌戦:明らかになつた陸軍総がかりの実相」、『季刊 戦争責任研究』、93年冬季号、18頁。

② 吉見義明、伊香俊哉「日本軍の細菌戦:明らかになつた陸軍総がかりの実相」、『季刊 戦争責任研究』、93年冬季号、19頁。

③ 常石敬一『731部隊全史:石井機関と軍学官共同体』、高文研、2022年、137頁;陸軍軍医学校防疫研究学教室　発行『陸軍軍医学校防疫研究報告』2部、不二出版、2005年。

疫部（后扩编改称为关东军防疫给水部）召开会议，出席者为，作战课课长稻田正纯大佐，课员井本熊男少佐、荒尾兴功少佐，防疫部方面为石井四郎军医大佐、北条圆了军医少佐，以及增田知贞军医中佐，还有七三一部队航空班班长增田美保药剂大尉等。

　　该次会议是参谋本部方面听取石井部队关于细菌作战研究结果的报告。井本在日志中写道，"通过更进一步的深入研究获得信心，此后实地试验乃是关键"[1]。此后5月发生诺门罕战役，关东军防疫部派遣"敢死队"对苏军实施了细菌攻击，目前效果不详。

三、1940年浙江省细菌攻击

　　1940年5月末，日军大本营参谋本部决定对浙江省实施"ホ号作战"的"实地试验"性攻击。6月5日，井本与中支那防疫给水部时任代理部长增田知贞中佐、参谋本部作战课荒尾兴功中佐等召开会议商量对浙江省细菌攻击的具体实施。值得注意的是这次重要会议石井本人并未参加，防疫给水部队方面由增田代表。[2]

　　这次南下作战，七三一部队派出分队——"奈良部队"，由大田澄中佐（次年接任增田为一六四四部队部队长）率领，携带作战器材和弹药于8月5日到达浦口，与一六四四部队人员合流，8月6日到达杭州笕桥——中国空军的中央航空学校，以利用该设施作为基地。这次南下作战细菌攻击主要是利用飞机实施空中撒播。据《井本日志》：8月30日，井本就"奈良部队经费""奈良部队编成表呈出"，与中支那防疫给水部增田中佐联络。[3] 可见增田是这次对浙江省"ホ号作战"的主要指挥官。10月8日，井本调任参谋本部第一部作战课，离任前，听取了奈良部队的情况报告后，与增田知贞，以及

---

[1] 吉見義明、伊香俊哉『七三一部隊と天皇・陸軍中央』、岩波書店（岩波ブックレット）、1995年、15頁。

[2] 吉見義明、伊香俊哉『七三一部隊と天皇・陸軍中央』、岩波書店（岩波ブックレット）、1995年、17、18頁。

[3] 吉見義明、伊香俊哉「日本軍の細菌戦：明らかになった陸軍総がかりの実相」、『季刊　戦争責任研究』、93年冬季号、10頁。

接替井本的后任中支那派遣军作战参谋吉桥戒三商量如下：实验攻击结束；此次攻击中使用的霍乱菌未见效果，鼠疫菌可能有希望。有意思的是，谈话中还提出：以南进为前提，在南方热带气候和地理环境中设立长久性设施的话，可以考虑台湾。① 这可能是目前最早的参谋本部作战课关于设立"南方军防疫给水部"设想的记载，当时南方军尚未组建。

四、1941 年湖南常德细菌攻击

据《井本日志》，1941 年日军在 1940 年细菌攻击的基础上，开始各方面的改善，2 月 5 日，就"ホ号作战"进行研究，日本陆军省医务局医事课、卫生课各负责人同石井部队石井四郎、大田澄、山本参谋、福森、碇常重、金子顺一、野崎，中支那防疫给水部，即一六四四部队增田知贞、小野寺义男，北支那防疫给水部，即一八五五部队西村英二、板仓等，召开会议，就"作战经过""将来的运用方法""预想作战方针""对于来自外国的谴责，由谁出面承担责任"等进行了讨论。②

据《井本日志》第 13 卷：1941 年 9 月 1 日，增田即联络井本，要求 9 月内能够实施细菌攻击。这里值得注意的是，两个月前，增田已经将一六四四部队部队长的接力棒交到了原七三一部队第二部，即实战研究部部长大田澄手中。9 月 16 日，大本营陆军部即下达了作战命令（"大陆指"）。11 月 4 日清晨，由七三一部队和一六四四部队共同实施了对于常德的细菌攻击，从空中投放鼠疫跳蚤。增田在东京军医学校防疫研究室教官的位置上，直接向大本营作战参谋本部提出如此建议，并且很快得到采纳，说明他在日军"ホ号作战"中具有非同小可的核心地位。

《井本日志》11 月 25 日记载了由支那派遣军参谋长尾正夫报告的该次作战的经过和取得的战绩。这明确说明，当时日军陆军常规部队指挥层也

① 吉見義明、伊香俊哉「日本軍の細菌戦：明らかになった陸軍総がかりの実相」、『季刊　戦争責任研究』、93 年冬季号、11 頁。
② 吉見義明、伊香俊哉「日本軍の細菌戦：明らかになった陸軍総がかりの実相」、『季刊　戦争責任研究』、93 年冬季号、14 頁。

参与了防疫给水部队的"ホ号作战"。①

五、亚洲太平洋战场

1941 年 12 月 8 日,日本正式开始对美英荷的战争,1942 年 2 月,日军南方军在菲律宾战场巴丹半岛受阻,井本熊男前往马尼拉了解战况。根据其 3 月 18 日日记,3 月 11 日井本联络了南方军参谋部第一课课长石井正美,事项包括"ホ号作战";②3 月 18 日的日记内容显示,当时打算投放 10 次"鼠疫",每次 1 000 公斤。次日,在东京的陆军军医学校担任教官的增田知贞军医中佐手持地图向参谋本部的井本中佐说明攻击实施方案。增田的说明具体而且专业,按照地图上所标示的攻击目标,"主攻将使用每发装填 30 公斤毒菌液体的宇治弹,连续攻击一个月,需要人员 100 名。陆军军医学校的毒菌液生产能力是每天 30 公斤,因此每隔三天经由台湾中间站(配置 100 名人员中的 10 名)运输。命令下来后,人员和器材在大连集中。航海需要 10 天时间,宇治弹(壳)在哈尔滨约有 2 000 发。老鼠③由埼玉、茨城、栃木、千叶饲育。20 万只老鼠一月的饲料/碎米 90 吨,由西贡、仰光、曼谷运往。制造血清所需马匹的管理人员需要大约 200 名,利用战俘"。

以上 19 日增田的计划在日志上被打了个大叉,并且写着"命令取消"。④ 事实上,日军在 4 月上旬攻占巴丹半岛。以上细菌攻击用武器还在准备阶段,美菲军队已投降。根据以上《井本日志》记载,说明在南方军防疫给水部尚未组编之前,增田就已经参与了太平洋战场的细菌战。

《井本日志》中另有一处关于增田参与太平洋战场细菌战的记载,1942 年 6 月 29 日,浙赣作战期间,南方军防疫给水部开始组建后,井本联络增田

---

① 吉見義明、伊香俊哉「日本軍の細菌戦:明らかになった陸軍総がかりの実相」、『季刊 戦争責任研究』、93 年冬季号、14 頁。

② 吉見義明、伊香俊哉「日本軍の細菌戦:明らかになった陸軍総がかりの実相」、『季刊 戦争責任研究』、93 年冬季号、16 頁。

③ 培育鼠疫跳蚤所用。

④ 吉見義明、伊香俊哉「日本軍の細菌戦:明らかになった陸軍総がかりの実相」、『季刊 戦争責任研究』、93 年冬季号、16 頁。

中佐,具体如下:关于"ふ号"(ふ为气球炸弹代号,日语发音为 fu),证据隐蔽概率70%,设立部队,50 公斤以下的话精准度相当大,人事需解决。①

据美军首任赴日细菌战调查官桑德斯调查报告:1945 年 10 月 9 日增田接受其讯问时,提供了他的履历:1939—1941 年在中支那;1941—1943 年于陆军军医学校担任细菌学教授;1943 年 3 月—1944 年 12 月,在缅甸实施疟疾防控;1945 年 3 月在西贡(南方军)司令部;4 月返回平房。②

六、陆军军医学校细菌战理论家

美国犹他州美军达格威(Dugway)试验场资料室藏有增田知贞于 1942 年 12 月 15 日发表的《细菌战》一文,卷宗号 013,③当时其任陆军军医学校教官。从文体和内容来看,像是对一些日本科学和军事人员所做的关于细菌战的系统介绍的讲稿。这是其作为日军"ホ号作战"的主要实施者之一,在指挥其部队实施了中国战场上,1940 年对浙江省衢县、宁波、金华,1941 年对湖南省常德,1942 年浙赣会战中的细菌武器攻击之后的发表。战后该讲稿被美军没收,并翻译成英文。见本章附录 1。

　　讲稿目录如下:

　　1. 介绍

　　2. 细菌战的定义

　　3. 细菌战的特性

　　4. 细菌战武器类型

　　5. 细菌战武器的运用

　　6. 既往细菌战例

　　7. 结论

---

① 吉見義明、伊香俊哉「日本軍の細菌戦:明らかになった陸軍総がかりの実相」、『季刊　戦争責任研究』、93 年冬季号、18 頁。

② [日]近藤昭二、王选主编《日本生物武器作战调查资料》第三册,社会科学文献出版社,2019 年,第 984 页。

③ 近藤昭二「日本の国家意志による細菌戦の隠蔽」(2001 年 2 月 5 日)、731・細菌戦裁判キャンペーン委員會『裁かれる細菌戦』資料集シリーズNo. 6、2001 年、145 頁。

增田在既往细菌武器攻击的实战经验基础上,力图系统化细菌战的理论。在细菌武器运用(参考附录1英文版第7页)的有关章节中,富有经验的增田对于细菌武器攻击的相关战术、方法可谓驾轻就熟,节选如下:

A. 攻击

1. 秘密破坏(参考附录1英文版第8页)

适合目标地:a. 集中的军事区域;b. 重要的军事、政治人物;c. 敌方最可能集结其部队的城市;d. 交通沿线的城市、乡镇、村庄;e. 首府和其他重要城市;f. 兵工厂;g. 船舶和运输系统;h. 学校、剧场及其他公共场所;i. 水源;j. 沿河流和海港的重要区域;k. 军用牲畜;l. 食品供应链(谷物、马铃薯、家禽等)

2. 攻击战术

a. 直接撒播有毒细菌

(1) 大量使用;

(2) 避免使细菌失效的因素(参考附录1英文版第9页);

(3) 利用昆虫媒介和啮齿动物传播疫病;

(4) 特工人员撒播。

① 可利用女间谍暗杀重要人物。

b. 间接撒播

(1) 污染后方的交通运输线和加工食品。

B. 攻击战术中需注意事项(略)

1. 污染供水

可污染水源和供水系统。后者更为有效。可使用霍乱、伤寒、痢疾细菌。

2. 污染食品

污染食品可以在加工过程中,运输过程中也有各种机会。可使用霍乱、伤寒、痢疾、肉毒杆菌。

3. 河流和海岸(参考附录1英文版第10页)

在河流和海岸撒播细菌的效果也许不大,但可以在那些人们经常洗浴、游泳、划船、钓鱼、洗涤等的河流和海岸撒播。可用霍乱、伤寒细菌。

4. 公共场所和铁路（特别是地铁）

污染公众集聚的列车、船舶和建筑——剧院、市场、火车站。可用肺结核和炭疽细菌。

5. 家畜和军用牲畜

对于家畜，特别是牛、马、羊、鸡等特别有效，因为圈养。可用禽瘟、鼻疽、炭疽、兔热病细菌。

50 年后被发现并公开的大本营作战参谋、支那派遣军总司令部作战参谋井本熊男作战日志中关于日军"ホ号作战"的策划、实施等详细记载，与增田讲稿中列举的细菌武器攻击的战术高度吻合，如上文提及日记中记录的细菌撒播中，昆虫媒介鼠疫跳蚤、啮齿动物老鼠的使用。

在几乎没有先例参照的前提下，增田知贞关于细菌武器攻击的各种战术和方法，有的非常具体，除一部分技术上可推断的以外，可以认为是源于他和他的部队亲自参与实施的日军细菌作战的经验。

近年来中国的日军"ホ号作战"攻击地战时档案文献整理公开、战时地方疫病流行的调查研究①也显示大量与增田《细菌战》中列举的类似事例，比如水源污染、铁路沿线、机场周围地区村庄、人口群体性数种疫病暴发流行、人畜共同疫病感染的集中大量发生等。今后，以上中国当地的战时史料和调查记录中的类似事例，特别是广泛区域里，多种细菌投放、多次投放的，比如浙赣作战细菌战，可对比参考增田知贞《细菌战》中日军实施细菌战的方法的具体特征，加以进一步的辨别和分析。

此外，根据 1940 年 10 月 7 日《井本日志》记录，他听取了七三一部队南下作战部队——奈良部队的作战状况报告：迄至该日，已经对浙江省实施了六次攻击。关于这六次攻击，井本制作了表格并附带说明。但是其日志公

---

① 中共浙江省委党史研究室、浙江省档案馆：《日军侵浙细菌战档案资料汇编》，浙江人民出版社，2017、2019 年；庄启俭主编：《侵华日军细菌战在丽水 1942—1944》，浙江古籍出版社，2021 年。

开时，上述"表格"不在。目前已知的攻击仅为一次，即 10 月 4 日，七三一部队航空班驾机对浙江省衢县上空进行的鼠疫跳蚤投放。① 关于其他五次攻击，前页引用的第 3 部分中关于 1940 年浙江省细菌攻击中提及：10 月 8 日，井本离任前，与该次"ホ号作战"主要指挥官增田知贞，以及他的后任吉桥戒三商量如下："实验攻击结束；此次攻击中使用的霍乱菌未见效果，鼠疫菌可能有希望。"也就是说，除目前已知 10 月 4 日对衢州的鼠疫（跳蚤）攻击以外，日军还使用了霍乱菌。可根据这一线索，结合浙江省地方上的战时疫病流行记录，参考增田讲稿相关内容，加以探究。

以上《细菌战》攻击战术中"特工人员撒播"一项值得引起注意。1947年，石井四郎在接受美国军方第三任赴日细菌战调查官费尔（Norbert H. Fell）的调查时提到：细菌武器最有效果的还是特工破坏。② 事实上，中国方面的战时档案文献中，有许多关于敌军派遣特工人员携带有毒细菌，潜入各地撒播的军事情报。③

增田知贞《细菌战》是目前为止"石井机关"主要人员关于日军细菌作战的唯一系统说明，由增田来作这一相关的理论性的归纳，因为他全面参与策划、准备，并指挥细菌作战的具体实施，他从高层决策到现地部队的实战经验，使他在日军"ホ号作战"中具有不可取代的地位。这份讲稿说明增田1941 年下半年离开他随石井四郎组建的一六四四部队，回到东京陆军军医学校防疫研究室担任教官，在"ホ号作战"中的角色转换，并将担负起新的战略任务。

此后，根据上文他向战后首任美军赴日细菌战调查官桑德斯所陈述的：1943 年 3 月—1944 年 12 月，在缅甸实施疟疾防控；1945 年 3 月在西贡南方军司令部（4 月返回平房），其后又奔赴太平洋战场。如上文所述《井本日志》

---

① 吉見義明、伊香俊哉『七三一部隊と天皇・陸軍中央』、岩波書店（岩波ブックレット）、1995 年、11 頁。

② ［日］近藤昭二、王选主编《日本生物武器作战调查资料》第三册，6.3.17。

③ 中央档案馆、中国第二历史档案馆、吉林省社会科学院合编：《日本帝国主义侵华档案资料选编 5 细菌战与毒气战》，中华书局，1989 年，第一部分、三、6。

中的记载,他从 1942 年 3 月起即利用所掌握的细菌战战术、技术,积极参与太平洋战场细菌战的计划和准备,并且与本研究的主题——南方军防疫给水部,即冈九四二○部队开始密切相关。

七、小结

以上发现的史料,揭示了整个南方军防疫给水部的设立过程,从上而下的军令、各方人力的募集、药物调拨和经费运用。总结其要点有以下四项。

1. 设立南方军防疫给水部的军令为《陆甲第二十五号》,该军令曾经上奏昭和天皇并获得许可,发令时间为 1942 年 3 月 30 日,预定编成日期为 5 月 5 日,编成地为南京(具体地址不详),编成担任官为中支那防疫给水部长,兵团符号为荣(sakae)九四二○,与中支那防疫给水部,即一六四四部队同一。东京和南京之间的军事邮务程序出现失误,把极为机密的《南方军防疫给水部编成要领》的邮送延误 17 天。

2. 人员编成方面,虽然从各方抽调专人,但只凑足所需的七成,重要的技手 30 人的名额 1 名也没募集到。编队完结报告时的人数是 146 人,离原定目标 208 人,尚缺 62 人。

3. 细菌研究药物和医疗器械的"卫生材料"方面,负责编组南方军防疫给水部的中支那防疫给水部从一开始就申报"材料不足"。

4. 面对需要购买和筹集的大量消耗药物和器械,陆军省副官指示使用"临时军事费"。临时军事费一项有待进一步研究。

南方军防疫给水部是在人力不够、物质不够、经费不够的条件之下,匆忙组建而成的部队。

根据该部队的简历(第三章图 3-18),初建的整班人马在 1942 年 6 月 1 日浩浩荡荡地从上海港登上船只,结成一组船队出发,经过台湾、马尼拉和西贡,于 6 月 20 日抵达昭南,即新加坡,开始了他们在南方的"防疫给水"业务。

第二章　新加坡总部及马来亚支部

第一节　新加坡总部

如第一章所述,设立南方军防疫给水部是 1942 年 3 月 30 日发出的机密军令,可是根据技师贵宝院秋雄(Akio KIHOYIN)提供的证言,[①]他和北川正隆(Masataka KITAGAWA)大佐在新加坡沦陷,即 1942 年 2 月 15 日,农历元旦之后就赶到了现场,当时被日军炸毁的英军石油储存库还在冒着滚滚浓烟。他们当然是要尽早"夺取地盘",日本人称之为"阵取"(日语发音 jindori),他们要抢占一块战略要地,也可见承担的任务时不我待。

北川正隆,生于 1897 年,卒于 1943 年。[②] 陆军军医大佐(死后被追封少将),曾任七三一部队第二部部长。[③] 北川正隆在被派往新加坡之前,曾在陆军军医学校防疫研究报告第二部(以下简称"二部")发表过两篇有关印支卫

---

① 江田泉采访贵宝院秋雄的记录,日本,1991 年 10 月 20 日。(庆应大学名誉教授松村高夫提供)

② 丹麦,英文网站:http://generals. dk/general/Kitagawa/Masataka/Japan. html。北川正隆(1897 年 5 月 9 日—1943 年 5 月 21 日),军医少将(追封)。

③ 青山贞一、池田こみち编,2017 年 9 月 30 日公开『731 部队関与者(医师・医学者)』。http://eri-tokyo. jp/independent/aoyama-731orgf2. htm。北川正隆:七三一部队第二部部长。

生状况的论文：第 62 号《法属印支东京地方一般的卫生状况》和第 63 号《法属印支东北部国境地方卫生状况》①，看来是做了功课。日军一攻陷新加坡，北川就急忙赶来，担任"候任"部队长。

贵宝院秋雄，陆军技师，1908 年生于京都，1934 年毕业于京都府立医科大学（微生物专业），1938 年接受石井四郎之邀，在陆军军医学校防疫研究所做委托研究员，1939 年赴任平房，曾在就职期间发表过一篇有关超音波霍乱疫苗对人体的影响的论文（《陆军军医学校防疫研究报告 二部》，第 36 号）。②1940 年牡丹江发生天花（Smallpox），贵宝院秋雄曾被派去负责防疫。1941 年夏天关东军特别军演时，在虎林和虎头地区发生斑疹伤寒（Typhus），他也被派遣前往实施防疫。1942 年 2 月下旬，贵宝院秋雄被任命前往新加坡协助北川正隆设立南方军防疫给水部。贵宝院秋雄抢先在第一时间登陆新加坡的另一个原因，除必须协助北川正隆在新加坡选址之外，他将担任该部队马来支部的"候任"队长，还要为马来支部选址。目前发现的《南方军防疫给水部业报 丙》③中，1942—1944 年，南方军防疫给水部马来支部"梅冈部队"队长贵宝院秋雄参与的研究论文有三篇，为第 26、27 与 49 号，均为有关跳蚤和鼠疫的研究；第 26 号《蚤在现地气象中的繁殖率》，第 27 号《热带野战中一种灭蚤的方法》为贵宝院秋雄与高安宗显、高桥喜平次三人共同执笔；第三篇第 49 号为《栖息在马来半岛和鼠疫流行有关的主要啮齿类》。

在新加坡半岛上，当时已经涌入三万三千多名日军，其中还有四五百名南方军所属的野战防疫给水部队人员，日军也称之为战阵防疫给水部队，来

①② 常石敬一解说『戦争極秘資料集 補卷 23 陸軍軍医学校防疫研究報告 解説・総目次』、不二出版、2005 年、55 頁。北川正隆 2 篇，贵宝院秋雄 1 篇。
③ 「南方軍防疫給水部業報 丙」是冈九四二〇部队独有的研究论文，笔者估计整体规模在 140 篇论文左右，目前只发现其中的 67 篇（2021 年 8 月）。已知论文一览请参见附录 2。

自第二、第十一和第十二防疫给水部，①他们伴随着南方军的侵略步伐，从1941 年 12 月 8 日开始，一路从泰国马来亚边境为日军部队提供安全饮水和防疫支援，这个时候正忙着确保新加坡半岛上占领军的饮用水供应。北川正隆和贵宝院秋雄的出现，比 1942 年 3 月 30 日才下达的设立南方军防疫给水部的机密军令早了一个多月。派遣他们提前到达新加坡的相关日军文件目前尚待发现。

北川正隆和贵宝院秋雄挑选了位于新加坡中央医院西侧的英皇爱德华七世医科大学大楼②和其周边的建筑群，占地为 2—3 公顷，作为南方军防疫给水部本部。其中用作南方军防疫给水部本部大楼的是一座三层高的建筑，邻近就是南方第一陆军医院（南方军在东南亚占领区的最高级别、最大规模的医院）和昭南海军医院。在学院路（College Road）和欧南路（Outram Road）的交界处，设有南方军防疫给水部卫兵所，引人注目的是，卫兵所的斜对面就是昭南监狱。本部大楼距离昭南港和昭南火车站只有 3 公里左右的距离，对于人员和药物的输送来讲，是非常便利的地理位置。

图 2-1 是笔者林少彬利用私人收藏的 1938 年英军绘测新加坡市区地图（*Singapore Town*），取其一角，加以绘制。图 2-2 是大楼今天的正面外观，图 2-3 是战时的影像，图 2-4 是该大楼的二楼平面图。

---

① 林少彬个人所藏资料:极秘　00 番号 70　部ノ内第 40,作者:陆军军医学校军阵防疫学教室（主任增田大佐）、陆军军医大尉佐佐木建夫竹「今次南方作戦に於ける防疫給水部の活躍状況並防疫給水要務上の考察」。根据该论文,当时南方军共有以下五支防疫给水部队:
　　· 第二防疫给水部,部队长高桥静雄少佐,队员 164 人,活跃战场马来（含新加坡）。
　　· 第八防疫给水部,部队长竹内日出大尉,队员 189 人,活跃战场菲律宾和爪哇。
　　· 第十一防疫给水部,部队长井上勇中佐,队员 179 人,活跃战场马来（含新加坡）和缅甸。
　　· 第十二防疫给水部,部队长渡边廉中佐,队员 140 人,活跃战场马来（含新加坡）和苏门答腊。
　　· 第十七防疫给水部,部队长若杉丰市少佐,队员 167 人,活跃战场香港,苏门答腊,蒂汶等。
② 原称英皇爱德华七世医科大学（King Edward IIV College of Medicine）,现称医学院大楼,建于1926 年,是马来亚和新加坡医学发展的摇篮,为新加坡和马来亚以及东南亚邻国培养出不少医学人才。大楼在 2002 年被列为"国家纪念性建筑物",目前是卫生部总部。

图 2–1　《冈九四二〇本部位置与周边设施图》，南方军防疫给水部本部位于新加坡中央医院范围内的医科大学大楼及其周边的楼宇（图中实线部分）

图 2–2　冈九四二〇占用作为其本部的原英皇爱德华七世医科大学大楼，正面有 12 根希腊式的圆柱为该建筑的特色（林少彬摄于 2020 年 2 月）

图 2-3　战时的冈九四二〇本部大楼（截图自增田知贞 1942 年拍摄的影像）

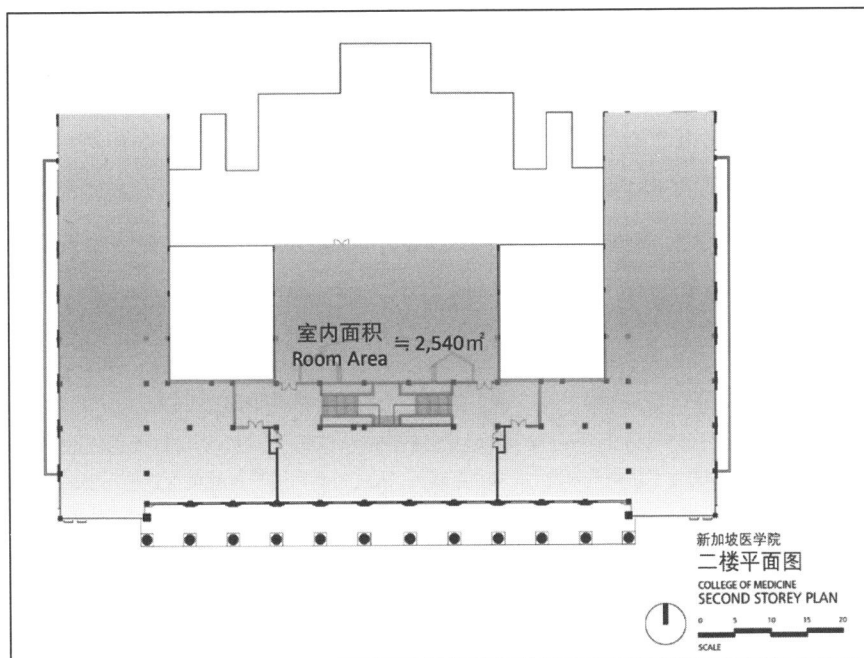

图 2-4　冈九四二〇本部大楼第二层平面图（2018 年 6 月林少彬绘制）

　　进入 20 世纪 90 年代,日本全国各地举办了揭露七三一部队战争犯罪的巡回图片展和讲座,据说图片展期间,共举办了 70 场讲座,参观人数超过 25 万人次。其中有一位前冈九四二〇部队队员大快良明①站了出来,把自己的经历公诸于世。大快良明在 1938 年 8 月被召入中支那派遣军所属的第七防疫给水部(部队长增田知贞少佐),被派去参加武汉三镇攻略战。大快良明在汉口发现其部队除防疫和给水之外,还为细菌战做准备,培养各种细菌,制造疫苗,还为"慰安妇"检查梅毒。他还曾经为一间用来囚禁中国人死囚(七三一部队称他们为"丸太",日语里"圆木"的意思,日语发音 maruta)的小房间站过岗。他的同僚告诉他,"丸太"在被用作实验后被拖到长江岸边砍头,尸体丢弃江中。大快良明本人也在那里被伤寒菌感染,最严重的时候一天曾经便血 50 次,痛感病菌的可怕。1941 年 12 月太平洋战争爆发后,大快良明被调派到正在南京编队的南方军防疫给水部,以"军属"②身份随部队前往新加坡,先在资材课负责管理车辆,1944 年被派去马来亚的"深山"饲养老鼠。大快良明经历了冈九四二〇部队从南京编队到投降后悄悄回国的整个过程。

　　1996 年左右,大快良明曾经多次接受日本媒体以及和平团体的采访,并留下了一幅手绘的《冈九四二〇部队南方军防疫给水部略图》(图 2 - 6)③。他以本部大楼为中心,标记出其前后左右的相关部门及设施,比如,背后有一座提供蒸汽给实验室消毒的蒸汽窝炉室,本部大楼的左边小丘上有将校宿舍,地图左上角还有小动物饲养场,右下方有卫兵所及其斜对面是昭南监

---

① 大快良明,军属,1938 年入伍,被分配至支那派遣军防疫给水部,参加武汉作战,此后被调遣到南京正在编队中的南方军防疫给水部,新加坡沦陷后,被派到本部的资材科负责管理车辆,1944 年被调去马来半岛中部瓜拉庇劳市的英文中学校舍饲养老鼠,他还曾参与从东京用大型轰炸机运载老鼠回新加坡的特别任务等。大快良明从 1993 年开始对日本媒体公开自己的经历,并且提供亲笔证言,如演讲稿、地图、战地重游照片等。本文引用大快良明资料由日本七三一部队·细菌战资料中心代理事奈须重雄先生提供。

② 日军部队中正规军人以外的受雇人员。

③ 大快良明手绘于 1996 年至 1997 年间(奈须重雄提供)。

狱等。只要对比图2-5和图2-6,就看得出大快良明是凭着记忆所描绘的
示意图,个别建筑的具体位置和地图上的实际位置有偏差,但是"五脏俱
全",具有参考价值。

图2-5　《冈九四二〇部队"营地"及其周边重要设施》。本图是图2-1的局部放大图。
实线大框是冈九四二〇所占用的全幅地段,其中用实线画出的是本部大楼和衔接着的后
院红瓦小楼,这两座是冈九四二〇部队研究细菌的主要建筑

　　根据现今新加坡法规,当年的英皇爱德华七世医科大学(即南方军防疫
给水部本部)大楼和它背后的红瓦小楼(陈德源楼,建于1911年,图2-7),
已经被新加坡政府列为国家纪念性建筑物。而且目前是卫生部总部办公大
楼(图2-8为其罗马式雄鹰雕塑的正门入口)。

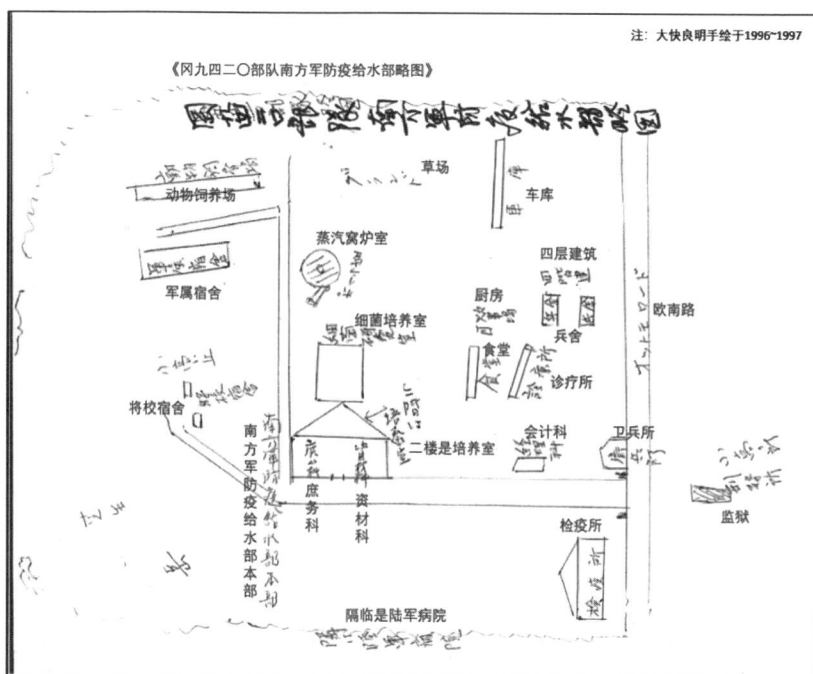

图 2 - 6　大快良明的手绘地图《冈九四二〇部队南方军防疫给水部略图》（中文名称由林少彬添加）

图 2 - 7　红瓦小楼（林少彬摄于 2020 年 2 月）

图 2 - 8　医学院大楼正门入口的罗马式雄鹰雕塑（林少彬摄于 **2020** 年 **2** 月）

　　根据大快良明的证言,图 2 - 9 中的红瓦小楼曾是内藤良一①的办公室（从 1942 年 2 月底至 1944 年 10 月）,内藤良一只允许几名心腹爱将进出,包括贵宝院秋雄在内。红瓦小屋位于本部大楼的后面,不容易从正面看见,图 2 - 9 是两座建筑的背面鸟瞰图,红瓦小楼在照片的右前方,是座两层的四方楼,每层楼的室内面积只有医学院大楼二楼或三楼的十分之一左右。

　　根据各方资料:本部大楼共有三层,第一层的正面入口右侧是资材（管理）科,左侧是庶务科,中央是大讲堂;第二层的室内面积约有 2 540 平方米,可任意间隔成大小不一的实验室。曾在破伤风菌实验室当助手的杰福里·陈（Geoffrey Tan,图 2 - 10）②曾指着图 2 - 2 说,他的实验室就在第二层右端算起的第四个窗口那儿;第三层也是各种实验室。最高的屋顶,"是我们每天做早操的地方",杰福里·陈说。

---

① 内藤良一（1906—1982年）,陆军军医中佐,七三一部队干部。战后创立日本最初的血库"绿十字社"。

② 杰福里·陈（Geoffrey Tan,1926—2020年）,新加坡华裔。二战时曾在南方军防疫给水部的破伤风菌研究室当助手四个月。2001 年著书 *Escape from Battambang-A personal WWII Experience*（《逃离柬埔寨马德望:亲历二战》）。退休前是某家跨国车行的高级主管。

图 2-9　冈九四二〇本部大楼和红瓦小楼的背面鸟瞰图（林少彬摄于 2020 年 2 月）

图 2-10　杰福里·陈（Geoffrey Tan，1926—2020 年）（林少彬摄于 2017 年 11 月）

笔者林少彬和杰福里·陈的会面非常偶然。新加坡主流媒体《海峡时报》（英文）在 2017 年 11 月 13 日报道了林少彬挖掘到冈九四二〇部队在新加坡的史料。第二天,杰福里·陈致函报社,称"你们的报道挑起了我 70 多年前的回忆"。林少彬接到报社的联络之后,即刻登门造访这位 90 多岁的老寿星。原来他曾被雇佣在"Oka Butai"(中文"冈部队")的破伤风菌研究室当助手,实验室也被称为"第二班",班长为竹本进一郎。他在破伤风菌研究室工作了四个月(1942 年底至 1943 年初),陈老回忆:每天放工前都要仔细地把室内各种用具消毒一遍,每个角落都不放过,非常严格仔细,如临大敌,日本人有一套功夫的。

陈老在他自费出版的回忆录中写道:

> 他们(即南方军防疫给水部日军人员)从来不告诉我们(本地人)工作的目的,我们只默默地执行命令。他们到底在干什么? 我花一段时间之后,才弄清楚。没有人告诉我们操作细菌的危险,但是他们在我上班的第二天就给我预防接种。慢慢地我明白原来他们在尝试制造破伤风疫苗。

> 我们工作的第一步是用猪肚和猪肝制作培基汤。因此清早赶去公营屠宰场,把刚刚宰杀的猪内脏带回实验室。上司竹本进一郎带着两三名日军,坐着一辆军车,想拿什么就拿什么,我有生以来第一次明白"权力"的滋味。

> 回到实验室,我们的工作就是清洗猪内脏,用猪肚猪肝煮汤。猪内脏必须切成小片,放进那些长颈的玻璃瓶,然后放入一个大型蒸汽消毒器里。我们的大楼里有中央蒸汽锅炉,装有通向每一间研究室的蒸汽管道。

> ……煮出来的汤用一种特别的滤纸过滤,要花上几个小时。好的汤是清澈和金黄色的,犹如白兰地酒。汤里加入氯化氢(盐)酸和某些其他物质使其酸化。最后加入少许破伤风菌,然后让其繁殖一个星期左右。每一天从汤里提取一滴培养中的破伤风菌,滴在寒天(琼脂,细菌培养基)上,然后置于培养器里,测量其成长数据。细菌培育的有效性也通过注射白老鼠和豚鼠体内加以确认。很少用兔子测试。……培养出来的细菌也是用这些小动物来验证细菌的有效性(毒性)。最后一

步就是把毒素注射入马匹体内,为此特地从印度尼西亚输入了几匹小种马。……

　　每一只小马侧身注射入大约 100 毫升的毒素,不中毒或死亡的,它们的血液被抽取出来,分离出血浆,制造血清,这些血清就是破伤风疫苗。不过,血清还将用琼脂测试一遍以确保安全。

当询问陈老每个月的血清产量时,陈老回忆道,当时还处在实验性阶段,完全无法预测第二天的成败,因此说不上产量。

陈老还介绍道:本部后头有个小动物饲养场,饲养着白老鼠、兔子、豚鼠、小马(印尼产)和驴等,他和研究室里干活的当地年轻人,一共有 6 人,都是十六七岁的,每周必须到饲料库去提取饲料,这算轻松的差事。但是抓着小马抽血或注射疫苗,这是不愉快的差事。有一天,他不小心打破了一个培养基盆的支架,被竹本进一郎狠狠地揍了一拳,嘴唇都被打裂了。放工时,可能是竹本进一郎觉得过意不去,带着他到大世界观赏了一场拳击赛。这件事,令他难忘。

一、增田知贞的影像

第一章提及增田知贞提供给美国调查官桑德斯的履历中,称其 1943 年 3 月—1944 年 12 月在缅甸实施疟疾防控。另据《帝国陆军编制总览·第二卷 上》,1943 年 3—7 月,增田曾短暂担任刚组编的缅甸方面军第 15 军第 31 师团军医部长。[1] 增田未向桑德斯调查官交代这一身份的原因目前不详。

约 20 年前,增田知贞后人委托日本七三一部队研究者、记者西里扶甫子将增田知贞生前留下的一些胶片转换成 VHS 卡带。西里扶甫子于 2018 年 4 月用优盘将摄像内容提供给林少彬,委托笔者解读其中各地的影像内容。目前还无法找到有关的文字记录,当时增田知贞用一台 16 厘米摄影机,一共拍摄了 6 卷胶片,其中各地的拍摄时长见表 2-1。

---

① 井本熊男、森松俊夫、外山操『帝國陸軍編制總覽』、芙蓉書房、1987 年、787 頁。

表 2 - 1 增田知贞摄制地名和时长

	国家或区域名称	可识别的城市名	录像时长
1	爪哇(印度尼西亚)	万隆、雅加达	8 分 19 秒
2	缅甸	仰光	10 分 37 秒
3	马来亚	麻坡、马六甲	7 分 57 秒
4	新加坡	新加坡	13 分 48 秒

根据影像内容可以判断,增田知贞有可能两度来到新加坡:第一次是在 1942 年 7 月至 8 月之间,第二次是在 1943 年 2 月 15 日前。因为影像中出现了两段与时间相关的"历史性时刻":第一段影像里出现了日本占领军为了建造昭南神社而在麦里芝蓄水池旁砍伐大树的画面(见图 2 - 11 和 2 - 12)。根据南方军防疫给水部的部队略历,南方军防疫给水部是在 6 月 20 日登陆昭南岛,由此推断,时间应该是在 1942 年 7 月至 8 月之间。

图 2 - 11 某南方军将校正在指点铺设参道和砍伐大树,营造昭南神社的场景

第二段影像还是关于昭南神社,但是却已经是即将完工的样子(见图 2 - 13)。根据南方军富集团军司令部 1943 年 2 月的《战时月报》[①]的记述,昭

————————————

① 日本亚洲历史资料中心,编码:C14060536600,件名:「戦時月報(軍政関係)富集団司令部昭和 18 年 2 月末日調/マレイ新生 1 周年記念行事」,编号第 1175 页。

南神社于 2 月 15 日（新加坡占领纪念日）举行"镇座祭"。因此推断，这段影像是在 1943 年 2 月 15 日前拍摄的。

图 2 - 12　这个小山丘上（图左侧）将建造昭南神社的本殿。这是建造前的场景

图 2 - 13　模仿伊势神宫搭建的大鸟居和宇治桥即将竣工

这些影像,是黑白影像,无声无字幕,但是可以看到增田一行视察了南方军防疫给水部和其关联设施,是珍贵的影像档案。以下将增田影像中有关冈九四二〇部队的相关内容逐一介绍。

在增田的影像里,冈九四二〇部队的本部大楼,除了外观,还可看到四间研究室的内部。首先是在第二层的一间实验室,在一名监督员的身旁,有三名年青助手在操作窗前的几个玻璃试杯(见图 2－14)。接着一行登上三

图 2－14　本部大楼的第二层的一间实验室(截图自增田知贞影像)

图 2－15　本部大楼的第三层,参观第二间实验室(截图自增田知贞影像)

楼的一间实验室,室内左侧有一排六个大型圆形玻璃瓶,实验桌子上则摆设
了四个大型玻璃平底烧瓶,一名职员在进行某种作业(见图2-15)。此后镜
头又回到二楼的某一间实验室,这里的窗前摆放着三四个大型圆形玻璃瓶,
两名职员正在操作(见图2-16)。接着镜头一转,出现了两排共7台培基盆
的画面,排放在某一间(第四间)实验室窗前(见图2-17)。

图2-16　回到本部大楼的第二层,参观第三间实验室(截图自增田知贞影像)

图2-17　大厦第二层,参观第四间实验室,窗前的培养基盆(截图自增田知贞影像)

　　影像还显示了冈九四二〇部队营地内的日军防疟疾措施之一——防止水沟积水实寸模型（水泥制），分为"好"、"良"和"不良"三种水沟（见图 2‑18 及图 2‑19），一目了然地展示了水沟铺设时微小的差别对流水产生的不良影响——造成积水而成为滋养蚊虫的温床（针对疟疾和登革热）。

图 2‑18　冈九四二〇部队建造的三个水沟实物模型，从右到左，从前到后，分别为：好、良好和不良（截图自增田知贞影像）

图 2‑19　"好"的排水沟构造所指的是沟渠里不会积水（截图自增田知贞影像）

　　冈九四二〇部队本部营地内队员宿舍(见图 2 - 20)和将校宿舍(见图 2 - 21)等。

图 2 - 20　四层楼的原医科大学职员宿舍(截图自增田知贞影像)

图 2 - 21　在本部大楼侧旁的一座小丘之上,原为医科大学高级教员的洋房别墅(截图自增田知贞影像)

以下为增田影像中的昭南博物馆（见图 2-22）和昭南植物园，内藤良一也在场，离开前，他们还分别与昭南博物馆司政官羽根田弥太（Yata HANE-DA）在录影机前留影（见图 2-23 和图 2-24）。石井四郎手下的两名最重量级干部同时出现在新加坡，意义重大，值得注意。

图 2-22　截图自增田知贞参观昭南博物馆时的影像。圆型穹顶是该建筑的特征

图 2-23　增田知贞（左一）和昭南博物馆司政官羽根田弥太（右一）合影，中立老者姓名不详（截图自增田知贞影像）

图 2-24　内藤良一（左一）和昭南植物园司政官羽根田弥太（右一）合影，中立老者姓名不详（截图自增田知贞影像）

二、冈九四二○总部的组织

时至今日，尚未发现南方军防疫给水部的编制组织机构图的原始资料。表 2-2 是根据《南方军防疫给水部业报 丙》中已知论文的题目，找出"病菌类"或"细菌班"的类别，再加上前队员的证言等，整理而成，希望能勾勒出南方军防疫给水部的粗略"面貌"。

表 2-2　南方军防疫给水部的已知研究病菌名称一览

研究班/课名，病毒名	信息来源，论文编号及执笔者姓名
第一课：鼠疫	《南方军防疫给水部业报　丙》论文 2 篇： 第 46 号，第一课执笔，《荷属印尼医学杂志中有关鼠疫的文章抄译》。第 49 号，贵宝院秋雄技师执笔，《栖息在马来半岛和鼠疫流行有关的啮齿类动物》
第二课：破伤风	林少彬采访杰福里·陈记录，及《南方军防疫给水部业报丙》论文第 55 号，竹本进一郎技师执笔，《万隆巴斯德研究所的预防接种用破伤风毒素的制法》
第二课的隔壁：天花	林少彬采访杰福里·陈证言记录

续表

研究班/课名,病毒名	信息来源,论文编号及执笔者姓名
第五课:疟疾	《南方军防疫给水部业报　丙》论文第 41 号,第五课执笔,《有关疟蚊的预备知识》
• 热带型恙虫病	《南方军防疫给水部业报　丙》论文,有 12 篇:第 98 号,第 101 号至第 104 号,第 106 号至第 109 号,第 114 号,第 126 号和第 134 号。主要执笔者为帆刈喜四男军医中佐、竹川信也军医少佐、市川利一技手。(12 篇论文的题目和执笔者,请参照附录 3)
• 干燥血	《南方军防疫给水部业报　丙》论文第 12 号,内藤良一军医少佐执笔,《使用滤纸干燥血滴的黄曲毒素沉降反应(热带用及野战用)》
• 热带伤寒沙门氏菌	《南方军防疫给水部业报　丙》论文第 82 号,早川清军医中佐执笔,《所谓 K 型热带伤寒(热带恙虫病)与缅甸苏门答腊马来地方的日军所流行的发疹热》
• 登革热	《陆军军医学校防疫研究报告　二部》,由河内太郎少佐执笔两篇论文:第 572 号《登革热病毒的实验研究第 1 篇　前眼房接种实验》和第 582 号《关于登革热的动物实验》
• 黄热病,肺结核病,麻疯病等	《南方军防疫给水部业报　丙》论文 3 篇:第 4 号武内博夫执笔,《旧英属马来地区的黄热病,利茨凯奇亚病,卡拉扎尔病,巴巴塔蒂病的记录》;第 56 号樋口正人执笔,《昭南市内街道上的咳痰中的肺结核菌检测出现频率》;第 63 号谷信正军医中尉执笔,《大东亚共荣圈麻疯病的分布状况》
检疫课	林少彬采访前实验室助手 J. M. J. Supramaniam 之长子得知,该部门负责人为技手小泽勇藏
冈九四二〇气象测量所	《南方军防疫给水部业报　丙》论文 4 篇,由冈九四二〇气象测量所执笔:第 52 号(3 月),第 58 号(4 月),第 59 号(5 月)和第 60 号(6 月)

除此之外,根据大快良明证言(日本七三一部队·细菌战资料中心代表理事奈须重雄提供),还有会计课、庶务课和资材课(包括车辆班)等。

其中,2022 年 2 月发现资料表明(参见第五章)检疫课由陆军技手小泽勇藏主管,主要任务是细菌检查(及分类)和调配培养基。他的手下有一名

印度籍爱德华七世医科大学未毕业学生，名为 J. M. J. Supramaniam
(1921—2008 年)，由于他日语学得快，就成了小泽的左右手，管着约 30 名本
地人助手，检疫课可能是所有细菌实验室之中，拥有最多本地人助手的部
门。战后，J. M. J. Supramaniam 成为新加坡医学界的名医，人称"结核病
之父"。

关于南方军防疫给水部的领导班子，首任部队长北川正隆大佐在 1943
年 5 月因飞机事故死亡后，由羽山良雄大佐接任部队长直至日本投降。但
是，大权在手的是总务部长内藤良一少佐。他是石井四郎同窗，独占"红瓦
小楼"，直到 1944 年离任回日本为止。从内藤刊登于《南方军防疫给水部业
报 丙》的论文第 12 号《使用滤纸干燥血滴的黄曲毒素沉降反应（热带用及
野战用）》来看，内藤在战后用以发财致富的"血液干燥法"的技术，在新加坡
的时候，就已经开始研发了。

三、荧光细菌

根据亚洲历史资料中心的"南西/军政"分类中"南方事情调查报告关系
缀"档案群文献，日军在 1943 年 11 月 14 日设立了"南方科学委员会"①，管
理各地的科研项目。其中，原莱佛士博物馆（被日军改名为"昭南博物馆"，
见图 2 - 22）在日本人司政官羽根田弥太的主导下，参与了一项科研项目，为
"夜间空袭之下发光细菌的利用"，研究昭南一带能够发出荧光的生物，如昭
南鱼市场贩卖的乌贼表皮上的寄生发光细菌，探讨利用这些发光细菌的技
术：包括制作食盐加琼脂培养基的方法，大量繁殖法，延长发光时间等，制作
成荧光照明工具，为资源匮乏的日军在战争中利用。

据《岛屿的科学者：帕劳热带生物研究所与帝国日本的南洋研究》②：羽

---

① 关于"南方科学委员会"：(1) 日本亚洲历史资料中心，编码 C14060641700，件名：1.「南方科学委
員会記事　第 1 号　昭和 19 年 3 月/2. 各機関概況」，第 2811 页至第 2814 页。(2) 日本亚洲历
史资料中心，编码 C14060642100，件名：2.「南方科学研究輯録　第 1 輯　昭和 19 年 3 月/研
究」，编号第 2892 页至第 2898 页。
② 坂野徹『島の科学者 パラオ熱帯生物研究所と帝国日本の南洋研究』、勁草書房、2019 年、271、
277 頁。

根田弥太为该研究所研究员,于 1942 年 6 月,出差新几内亚进行发光鱼类的发光细菌培养实验期间,接到来自文部省电报[1]:年末,将调任新加坡任陆军司政官,此后担任昭南博物馆馆长。他以当时的身份,出现在以上 1943 年增田知贞视察昭和博物馆、植物园的留影中。

据坂野徹[2]:羽根田弥太在昭和博物馆任职期间,曾在南方军防疫给水部冈九四二〇部队细菌研究室兼职,奉命研究发光细菌的培养(夜间行军用),据其本人回忆,奉命每周一次赴爱德华一世医科大学(日军占领后改名昭南医科大学)防疫给水部的研究室做研究。后来,防疫给水部还命令他出差到万隆的巴斯德研究所,继续加大试管内密封发光细菌的研究力度。

帕劳热带生物研究所(Palao Tropical Station)是 1934 年由财团法人日本学术振兴会建于西太平洋的岛屿国家帕劳,或称帛琉的珊瑚礁群岛之一科罗尔(Koror),第一期研究项目为“有关珊瑚礁的生物学综合研究”。该地区于 1944 年止被日本占领。1943 年,随战局影响,该研究所被关闭,研究、人员和设备主要被日本海军接收。

1985 年,羽根田回忆道[3]:昭和 20 年 6 月回到昭南后,向防疫给水部队长(羽山少将)报告了发光细菌试管封入保存法。某夜 200 名士兵进行了试用:先把封入发光细菌的试管分发给士兵,按照夜间演习的程序,15 小时前将试管打破,观察空气进入后,是否发光。结果在黑暗的树林里,出现萤火虫麇集似的壮观场景,演习非常成功。防疫给水部制作了 25 万个密封发光细菌试管,装箱准备运往新几内亚、缅甸、菲律宾战场,那时是昭和 20 年 6 月末。一个半月后的 8 月 15 日,日本投降,这些装箱的密封发光细菌试管没有得到利用。

战后,羽根田弥太继续发光生物的研究,为该领域国际领先研究者,担任横须贺市博物馆馆长后,发表“发光生物”的科学启蒙著述,并曾参与 2008

① 坂野徹『島の科学者 パラオ熱帯生物研究所と帝国日本の南洋研究』、勁草書房、2019 年、305 頁。
② 坂野徹『島の科学者 パラオ熱帯生物研究所と帝国日本の南洋研究』、勁草書房、2019 年、307 頁。
③ 坂野徹『島の科学者 パラオ熱帯生物研究所と帝国日本の南洋研究』、勁草書房、2019 年、296 頁。

年度诺贝尔化学奖获得者下村修的得奖研究——发光蛋白质。[1]

四、玻璃炸弹

增田知贞在新加坡考察期间所录制的影像中,有一段参观一间生产大型玻璃试管车间的影像,前后只有短短的 1 分 13 秒。根据影像内容可以推测,第一,该玻璃车间所生产的大型玻璃试管的口径有 4 至 5 厘米,长度为 23 至 24 厘米,下半节还施以蒙砂效果。推算该车间的产量最高可达每月数千只。第二,该大型玻璃试管的生产工序估计如下:

1. 倒填玻璃原料入窑,填满后加温融化。玻璃原料的量将影响最终产品数量。

2. 用人工口吹法提取所需分量(男工)。

3. 用人工口吹使胶状玻璃膨胀(男工)。

4. 把高温胶状体伸入成型模具(男工),见图 2 - 25。

5. 关闭模具,降温(童工)。

图 2 - 25　烧制玻璃,用模具成型(截图自增田知贞影像)

---

[1] 坂野徹『島の科学者 パラオ熱帯生物研究所と帝国日本の南洋研究』、勁草書房、2019 年、338 頁。

6. 打开模具,取出成型玻璃(男工)。

7. 粗略修整口边后,冷却至室温(男工)。

8. 按照生产计划,出库,然后投入管口研磨工序(女工),见图 2 - 26。研磨女工的人数和每人投入工时的多寡将影响最终产品数量。

9. 把大型试管的下半节作磨砂处理。

10. 把 16 只试管倒立在一个 4×4 方阵底座上(女工)。

11. 徒手用粉末打磨试管外壁(女工),见图 2 - 27。同第八道工序,投入研磨女工的人数和工时将影响最终成品的数量。

12. 成品经过品质检查后入库并记录。

图 2 - 26　研磨大型玻璃试管管口的工序。玻璃试管的下半截是透明的(截图自增田知贞影像)

值得注意的是成品大型玻璃试管的用途。一般规格的容器是由医药器具制造厂家成批生产提供。此地的特别制作,是特殊规格,用于特殊目的的吗? 一定的批量生产,也说明有相应的需求量或使用或损耗率,会不会是用来承装毒蚤的鼠疫弹"弹芯"呢?

七三一部队研发各种细菌武器,其中被视为最具效果之一的是鼠疫跳蚤(内部代号为 PX)。PX 的制造原理是先让老鼠患上鼠疫,然后让跳蚤吸

图 2 - 27　倒挂着 4 排 4 只（方阵）大型玻璃试管，女工们正在用一种粉末徒手打磨试管表面。玻璃试管的下半截是经过磨砂处理的（截图自增田知贞影像）

感染鼠疫老鼠的血，跳蚤就成为细菌武器 PX 了。根据七三一部队研究者对跳蚤的生理特征研究，它们的跳跃或飞翔的最长距离为 9 厘米，而垂直跳跃或飞翔高度为 2 厘米至 9 厘米。①

据下文美国调查官桑德斯调查报告中的宇治 50 型细菌弹设计图，鼠疫弹主要是由弹壳和弹芯组成，弹芯装满了带有鼠疫病毒的跳蚤，弹壳是提供保护及搬运功能。

新加坡已故前社会发展部长奥斯曼·渥（Othman Wok）②1982 年的英

① 莇昭三「「陆军军医学校防疫研究报告」の分析（その三）研究报告中の「ペスト」关联论文について」、15 年战争と日本の医学医疗研究会「15 年战争と日本の医学医疗研究会会刊」第 10 卷第 1 号、2009 年、28 页。

② 奥斯曼·渥（Othman Wok, 1924—2017 年），马来族，新加坡建国元勋之一，政治家，曾担任社会福利部长长达 14 年。日治时期曾在冈九四二〇部队鼠疫菌研究室当助手。新加坡国家档案馆收录了他的口述历史，包含冈九四二〇部队的部分。

From the oral history interview of Mr. Othman Wok (accession no. 000133，3 Dec 1981，Reel 2)，Oral History Centre，National Archives of Singapore.

https://www.nas.gov.sg/archivesonline/oral_history_interviews/recorddetails/e184a8b2-115d-11e3-83d5-0050568939ad? keywords＝othman%20wok&keywords-type＝all.

语口述历史（新加坡国家档案馆藏）中，描述了他当年（约18岁）在"抗鼠疫实验室"当助手时的所见所闻：

我们每天从新加坡各地搜捕老鼠。我们坐着大卡车带着几千个捕鼠器。把老鼠带回实验室之后，一只一只地把它麻醉，然后在老鼠身上找跳蚤。收集到的跳蚤过后将被喂以已经死于鼠疫的老鼠内脏和血。就如此这般地把鼠疫传染给所有跳蚤和老鼠。

每3或4个月，大量的这些跳蚤就会被活生生地装入大玻璃壶（Big Glass Jars）里，用火车运往泰国。我并不知道这些毒蚤的下场，一直到战争结束之后，当《海峡时报》在新加坡复刊的第一版背面，有一则小故事，重庆声称日军在战争末期纵容细菌战，使用轰炸机低飞，在重庆投下这些装满毒蚤的玻璃壶。我发现自己被牵连了。

What we did everyday was to collect rats from all over Singapore. We went out in big lorries with thousands of rat traps. Tha rats were brought to the laboratory and one by one put in chloroform, and as each was half conscious the body was searched for fleas. These fleas were later fed the blood and organs of rats which had already died of bubonic plague. Then these fleas were mixed and reared with other fleas. In this way all of them were infected with bubonic plague germs.

Once in every three to four months millions of these fleas were taken alive in big glass jars to Thailand by train. I didn't know what happened to these fleas until after the end of the war when the first edition of the Straits Times appeared in Singapore. There was a little story in the back page of the one sheet newspaper Date-lined Chungking which reported that the Japanese were indulging in germ warfare towards the end of the war. They had dive bombers to drop these jars full of fleas on Chungking. I realised then that I was partly involved

图 2–28　奥斯曼·渥英语口述历史档案中与冈九四二〇部队鼠疫弹相关的内容

　　七三一部队研究者的研究显示,被置于"绝食状态"下的跳蚤只能够存活 15—30 天,①所以,在新加坡被"封存入壶"的毒蚤被运到目的地之后,必须在仍旧"有效"的日子里使用。而且,"每 3 或 4 个月一次的运输",也说明鼠疫跳蚤有定期军事需要的存在。关于"定期军事需要"这一点,吉见义明、伊香俊哉《七三一部队和天皇·陆军中央》有如下描述:"生产鼠疫毒蚤以每 2 至 3 个月为一个制造周期,从一台石油罐培养器中可以获得 10 至 15 克跳蚤。太平洋战争期间七三一部队拥有 4000—4500 这样的培养器,从一个制作周期,能够提取四至五公斤跳蚤。"②

　　有一份重要的与以上相关的资料,作为英美联合情报机构(Joint Intelligence Collective Agency)成员的美国医生莱昂纳德(Dr. Leonard Short)在战后给友人的信中写道:

　　　　1944 年年初美军化学战部门(American Chemical Warfare Division)匆忙召开的高级机密会议上,警告所有情报单位,基于事实上日军定期地把一种称为"圣诞球"(Christmas Ball)的容器空投在中缅边境,"这些可能就是七三一部队的 Ga 玻璃细菌弹",怀疑日军在实施细菌战。③

　　　　虽然无法回收细菌弹的零件或碎片,但是认为日军正在使用某种细菌战剂。

　　　　英军的情报机构怀疑日本占领下的仰光(缅甸)巴斯德研究所有可能是该项行动的缅甸中心,因为那儿向来都有高度机密的活动。

---

① 莇昭三「『陸軍軍医学校防疫研究報告』の分析(その三)研究報告中の「ペスト」関連論文について」、15 年戦争と日本の医学医療研究会『15 年戦争と日本の医学医療研究会会刊』第 10 巻第 1 号、2009 年、28 頁。

② 吉見義明・伊香俊哉『七三一部隊と天皇・陸軍中央』、岩波書店(岩波ブックレット)、1995 年、14 頁。

③ Peter Williams and David Wallace:Unit 731, *The Japanese Army's Secret of Secrets*,Grafton Books,1990,Chapter 8,p. 181.

作为军医,我被单独任命去搜罗任何微小或碎片化的情报,当然一切行动是绝对机密的。

我终于有办法确定某些活动的确是细菌性质,以及巴斯德研究所的确是该项目的缅甸中心。

我还从黑暗的仰光海关地下牢房获得几个遇害者姓名,暗示日军曾经直接使用药物在活生生的囚犯身上进行过恐怖的人体试验。可惜的是,基于保密和时间的局限,使我无法跟进和展开调查。

许许多多的事实遭到埋没而情报人员则被命闭口不谈。

上述莱昂纳德医生的信中有四个值得注意的地方:(1) 美军确认日军定期将细菌弹投放中缅边境的情报;(2) 细菌弹的外壳是球形(或接近球形);(3) 缅甸首都仰光的巴斯德研究所是日军细菌战基地;(4) 仰光海关地下牢房有可能对囚徒进行过人体试验。

莱昂纳德医生晚年曾努力申请阅读自己在军队服役期间提交过的机密报告,但是从未得到当局的回复。期望今后研究中缅战场的研究者能够获得这个机会。

另有一份相关的资料是上文提及的《桑德斯报告》(*Sanders Report*)[1]:日本投降后,美国军方对日本细菌战进行的第一回合的调查是由从美军德特里克堡(Camp Detrick)生物武器实验室派遣的调查官桑德斯上校(Colonel Murray Sanders)主持,他提交的调查报告被简称为《桑德斯报告》。

桑德斯对日军七三一部队关键成员的讯问记录为《桑德斯报告》的一部分。其中 1945 年 10 月 9 日对新妻清一和增田知贞的讯问中,增田知贞提供了七三一部队曾经试验的细菌炸弹一览表,美军把它翻译整理成 Table of Experimental Types of Bacterial Bombs(见图 2 - 29)。表中一共罗列了 9

---

[1] 《桑德斯报告》中的图片摘引自[日]近藤昭二、王选主编《日本生物武器作战调查资料》(全 6 册)第 3 册。桑德斯为美军战后派遣日本调查七三一部队生物战的第一任调查官,曾任职于德特里克堡(Camp Detrick)美军生物武器实验室。

种细菌弹,其中5种铁(Iron)制炸弹,3种陶瓷(Porcelain)炸弹和1种简称为"Ga"的玻璃(Glass)炸弹。上文中,莱昂纳德医生在信中也提到了"Ga玻璃细菌弹"。

TABLE OF EXPERIMENTAL T

BOMB TYPE	MATERIAL	SHAPE AND CONSTRUCTION			QUAN. OF BACT. FLUID	TOTAL WGHT.
		BOMB PROPER	EXPLOSIVE	FUZE		
I ca300 1937	IRON	500x100mms. Cylindrical Body, Egg-Shape Head. Steel Tail Fins. Explosive Chamber At Head And Center Of Bomb. Junction Of Tail Weak. Weak, Black Powder Finely Granulated, Short Delay Powder TNT.	Finely Granulated Powder. (Black)	Percussion	2 Liters	20 Kg
Ro ca300 1937	IRON	500x100mms. Cylindrical Body, Egg-Shape Head Steel Tail Fins. Explosive At Head, Bacterial Fluid In Body Chamber. Explosive Chamber Partitioned Into Front And Rear Sections. Black Powder In Front Section, Brown Powder In Rear Section. Sections Connected Thru Partitions By Short Delay Fuse.	Front Section Finely-Granulated Powder. Rear Section Brown Powder (TNT)	Percussion	2 Liters	20 Kg
*HA ca500 1938	IRON	600x150mms. Cylindrical Body, Egg-Shape Head Steel Tail Fins, Double Chamber. Explosive In Inner Chamber And Both Ends. Outer Chamber Filled With Steel Pellets And Bacterial Fluid. The Number Of Pellets 1500 (3gms. Per Pellet), Bacterial Fluid 500cc.	TNT 3 Kgs	Front And Rear-Both Percussion	500cc	40 Kg
Ni ca300 1939	IRON	700x150mms. Shape And Construction Same As Ha Bomb Except That Chamber Radii Are Twice That Of Ha Bomb.	TNT 1.5 Kgs	Same As Above	1 Liter	50 Kg
U 20 1938	IRON	700x180mms. Junction Between Head And Body Weak. Explosive Tube In Middle. Self-Timer (Such As Used In Camera) Inserted In Tail And Connected To Compressed Air Chamber. Weak Compressed Air Chamber. Self-Timer. Primer.	TNT	None	CA 10 Liters	30 Kg
UJI OLDTYPE 300 1938	PORCELAIN	750x180mms. Cylindrical Body, Egg-Shape Head. Celluloid Tail Fins. Groove 8mms Wide And Circles Bomb 8 Times. Primer Cord Inserted In Grooves.	Primer Cord 2.5 m	Time Fuze (Complex Action Fuze) "5th Year" (Obsolete Type)	18 Liters	35 Kg
UJI** TYPE 50 1939	PORCELAIN	700x180mms. General Construction Same As Old Type. Seperate Explosive Chamber Of Porcelain Added To Head Of Bomb.	Primer Cord 4 m. TNT In Head	Time Fuze In Tail (Same As Above) Percussion Time Fuze In Head (Type II)	10 Liters	25 Kg
UJI TYPE 100 200 1939	PORCELAIN	900x180mms. Same Construction As Type 50.	Same As Above	Same As Above	25 Liters	50 Kg
GA 20 1938	GLASS	Same Construction As Old Type Of Uji Bomb, Except Bomb Proper Is Made Of Glass.				

★ First To Be Tested From Air. ★★ Total Production Not Known. 2000 For Experimental Purpos[es]

图2-29 《桑德斯报告》中9种细菌弹一览表之左半页,最左端是炸弹型号,最后一行(GA)为玻璃细菌弹

图 2-29 中有三种宇治(Uji)瓷器(Porcelain)炸弹相对详尽的记述,最下一行的 GA 玻璃(Glass)炸弹有一简单的备注:"基本上和宇治旧款瓷器炸弹相同结构,除了弹身用玻璃制造之外。"

图 2-30 是宇治细菌炸弹 50 型(UJI BOMB Bacterial Form 50)的图纸。弹身全长 1 100 厘米,直径 180 厘米。弹头约 150 厘米(不含撞针),中央有只看似试管的弹芯,但是细部尺寸不详。

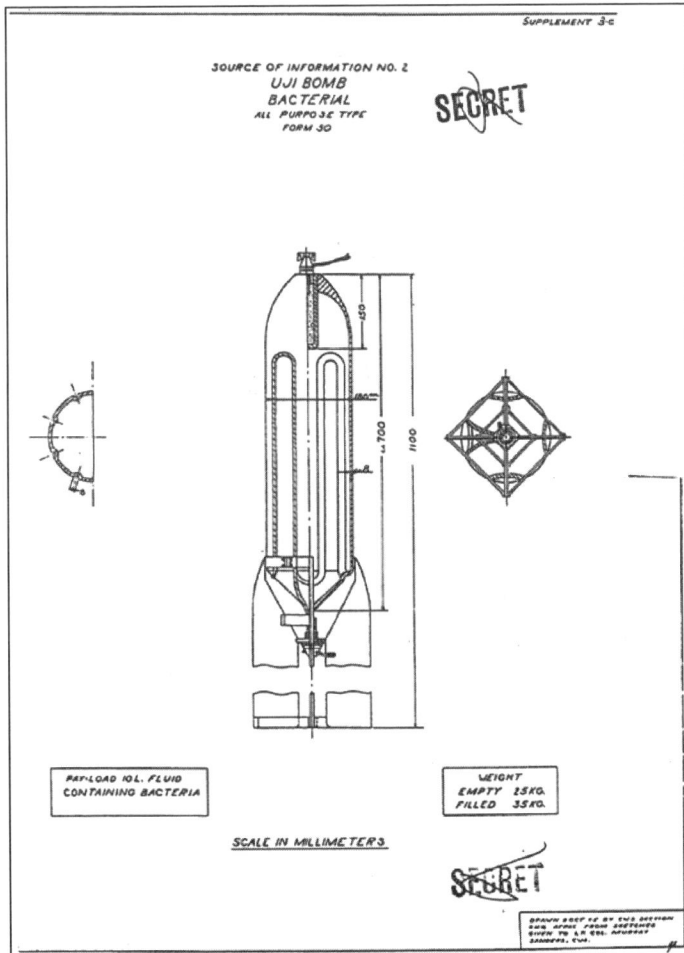

图 2-30　弹头解剖图里有一根长 150 厘米的平头试管弹芯,酷似图 2-26 女工手中的玻璃试管,可惜细部尺寸不详。这是个值得继续探讨的部分

到底上述增田知贞拍摄的影像中南方军防疫给水部女工生产的大型玻璃试管，奥斯曼·渥证词中提到的大玻璃壶（Big Glass Jars），莱昂纳德医生给朋友信中提到的圣诞球（Christmas Ball）和《桑德斯报告》中的 GA 玻璃炸弹有没有关联，还需要进一步发掘相关的资料，比如军令、详细的设计图纸、产品型号、生产计划、运输计划等。

五、卫生材料

"卫生材料"这个词是可以用来掩盖防疫给水部队使用的敏感医药材料的代名词，从纱布、手术刀到显微镜，从血清到老鼠和跳蚤，都可被称为卫生材料。

在大快良明的手绘地图（见图 2-6）里，只有资材科（办公室），没有"卫生材料仓库"。那么，冈九四二〇部队每天使用的药物储藏（仓库）在哪里呢？

根据日军投降后日军战俘提呈给英军的文件（参见第四章），他们使用的是军医部的医药器具仓库。这是很实际的做法，新加坡地方小，南方军防疫给水部也没有可能去盖像平房那样那么多的建筑物。

在追查医药仓库位置和残存药物的过程之中，笔者林少彬又意外地发现了日军的两座制药工场：在南方军军医部所呈报的卫生药物接管状况报告书①中，有一处离冈九四二〇本部大楼车程不到 30 分钟的前英军东陵军营（Tanglin Camp）。南方军军医部就在这个军营里，独自拥有一片面积不小的土地，共有约 40 座大大小小的建筑物被用来储存药物器具，防守森严。报告书中夹着一张手绘地图，标示了主要仓库的位置和编号（阿拉伯数字），并且和附表里的药物储存残量相对应。

在仓库建筑群的东北侧，特地用日本汉字标记着两座相对"大型"建筑物，分别称为"制药第一工场"（图 2-31 为第一工场入口处）和"制药第二工场"（图 2-32 为第二工场右侧）。可是这份报告书里的记述，以及其前后有

---

① 日本亚洲历史资料中心，编码：C16120009600，件名：「タングリン地区倉庫衛生材料引継目録(1)」，编号第 0716 页。这是「南方軍・第七方面軍等終戦処理関連資料 13」里的第四份档案。

关联的报告书,找不到任何军医部对这两所制药工场的说明文字。为何只字不提? 目前还没有答案。

图 2 - 31　曾被日军占用为"制药第一工场"的建筑(林少彬摄于 2020 年 2 月)

图 2 - 32　曾被日军占用为"制药第二工场"的建筑(林少彬摄于 2020 年 2 月)

图 2‑33　残留在"制药第一工场"小屋墙上的"1940"四个字（林少彬摄于 2020 年 2 月）

　　日军把南方军防疫给水部的本部设置在新加坡，还有一个理由应是要利用英国人在新加坡建造的深水海港和空港设施，方便以新加坡为中心来控制和掌握整个东南亚占领区。

　　1942 年 7 月（南方军防疫给水部队从南京移动到新加坡之后）至 12 月之间，有三份调动"卫生材料"给新加坡（即南方军防疫给水部）的军令，分别如下：第一份"军令—甲"是命令日本的陆军军医学校和陆军卫生材料本部提供离心分离器给南方军防疫给水部。第二份"军令—乙"是命令日本的陆军卫生材料本厂提供材料给中国的中支那野战货物厂，以补充该厂由于奉命调动卫生材料给新加坡所产生的库存短缺。第三份"军令—丙"是命令日本的陆军卫生材料本厂提供卫生材料给新加坡，然后分发给西贡、仰光和雅加达。

　　三份军令的具体细节如下：

　　"军令—甲"　7 月 25 日，陆军省副官发布提供尖端的医疗器械给冈九四二〇本部的军令，题目为《南方军防疫给水部备附卫生材料交付（保管转换）之件》①。图 2‑34 为其首页，提供的是所有医学或生化实验室里必备的

---

① 日本亚洲历史资料中心，编码：C01000494500，件名：「南方軍防疫給水部備附衛生材料交付（保管転換）の件」。编号第 0517 页是军令的首页，一共 5 页。编号第 0518 页有关副官指示使用临时军事费。

"离心分离器"（日文称之为远心沉淀器）。陆军省副官下令由日本陆军军医学校提供 3 台（图 2 - 35），另由陆军卫生材料本厂提供 2 台（图 2 - 36），一共5 台，给南方军防疫给水部。在当时，这属于昂贵设备，即便是英国著名医科大学实验室里，也只有 6 至 8 台。日本投降后，根据东南亚盟军联军地面部

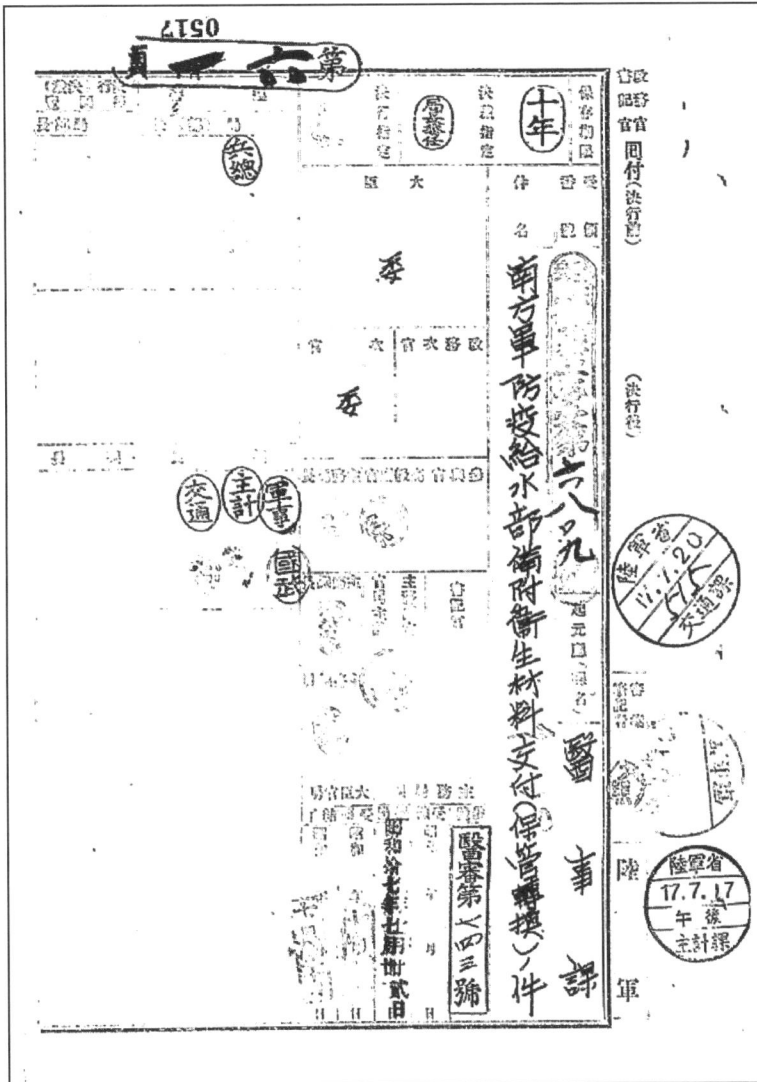

图 2 - 34 「南方軍防疫給水部備附衛生材料交付（保管転換）の件」军令首页，
编号第 0517 页

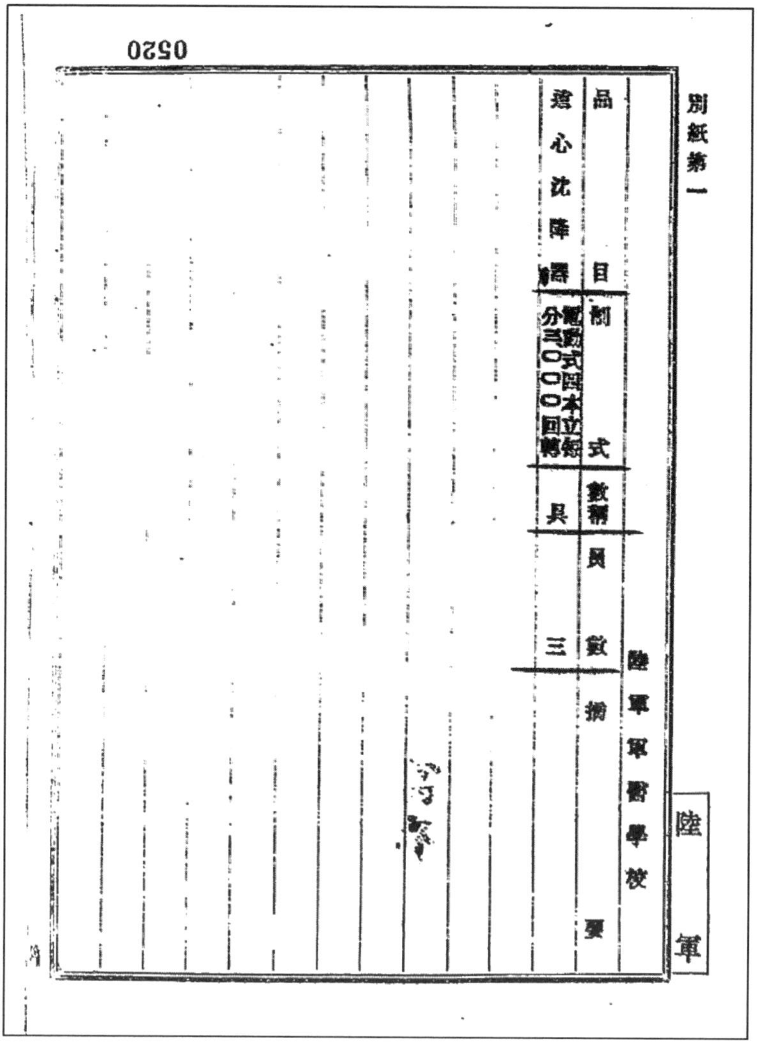

0520

別紙第一

陸軍軍醫學校

品目	制式	數稱	員數	摘要
遠心沈降器	電動式四本立毎分弐〇〇〇回轉	具	三	

陸軍

图 2-35　该军令的第四页(编号第 0520 页),由陆军军医学校提供 3 台电动离心分离器的明细

队军医部少将廷德尔(W. E. Tyndall)所描述,他吃惊地在冈九四二〇本部见到约 300 台手动式离心分离器。①

① 莇昭三「『陸軍軍医学校防疫研究報告』の分析(その三)研究报告中の「ペスト」关联论文について」、15 年戦争と日本の医学医療研究会『15 年戦争と日本の医学医療研究会会刊』第 10 巻第 1 号、2009 年、180 頁。

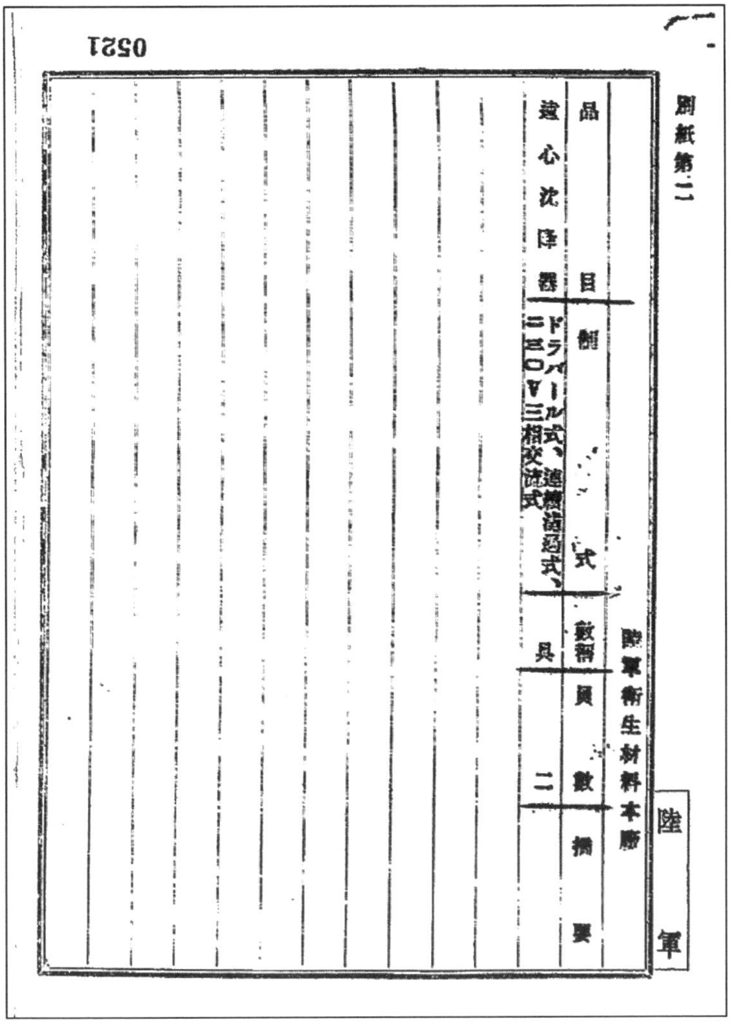

0521

別紙第二

陸軍衛生材料本廠

品目	制式	員数	摘要
遠心沈降器	ドラバール式、遠心濾過式、二三〇V三相交流式	二具	

陸軍

图 2－36　该军令的第五页(编号第 0521 页)，由陆军卫生材料本厂提供 2 台电动离心分离器的明细，230 V 三相交流是英国殖民地民众使用电力的模式

根据新加坡和马来亚的原实验室助手们(参见本章表 2－5)的证言，日军饲养上千只兔子和少数马匹，从它们身上抽取血液制造血清，开发疫苗，而当时的血清制作法就是使用离心分离器把装满血液的试管旋转一段时间后，让密度高的血浆和密度低的血清因为离心力的不同而慢慢地分离开来。二战时期虽然已经出现电动离心分离器，但是价格非常昂贵，手动型较为常见。三百台分离器说明当时南方军防疫给水部的血清生产已经达到"大量生产"的规模。

军令中还有一个值得注意的是有关执行军令时所产生的费用的处理方法。

"军令—甲"中,陆军省副官指示此次在日本国内所产生的搬运费可使用临时军事费,(海外)运输费则使用各自的预算(见图2-37)。

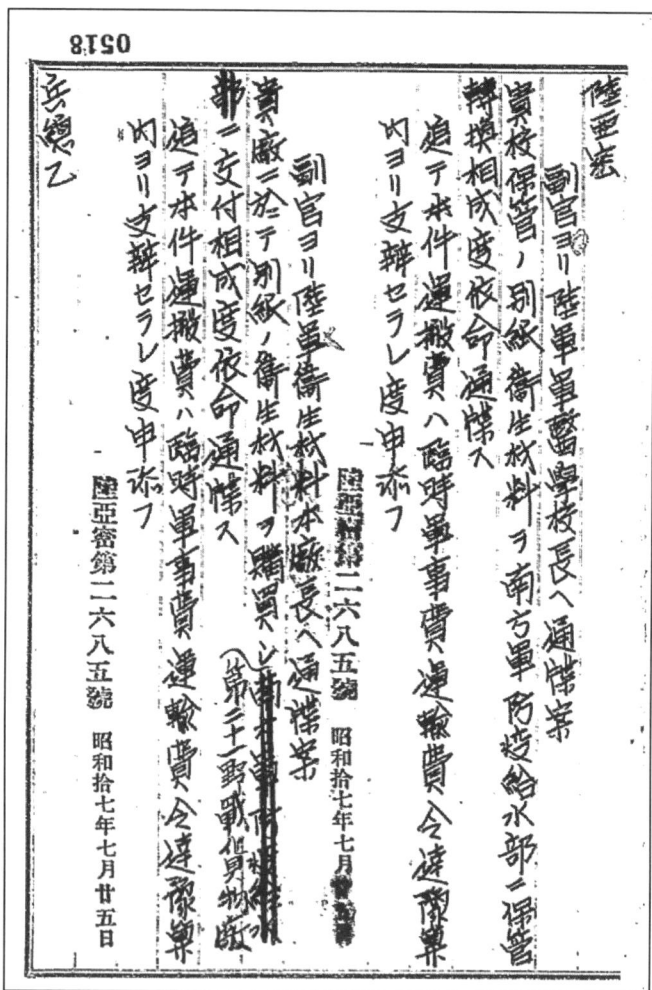

图2-37　该军令第二页(编号第0518页),陆军省副官指示:"本件的搬运费使用临时军事费"(右起第5行)

　　"军令—乙"　1942年9月5日,陆军省副官指示日本的陆军卫生材料本厂"补充"在中国的中支那野战货物厂的库存,军令名称为《南方军防疫给水部交付卫生材料补填之件》,共有12页,图2-38为其首页。① 从军令名称可以得知,中支那野战货物厂曾经提供卫生材料给南方军防疫给水部,致使中支那野战货物厂出现库存短缺状况,予以补充。

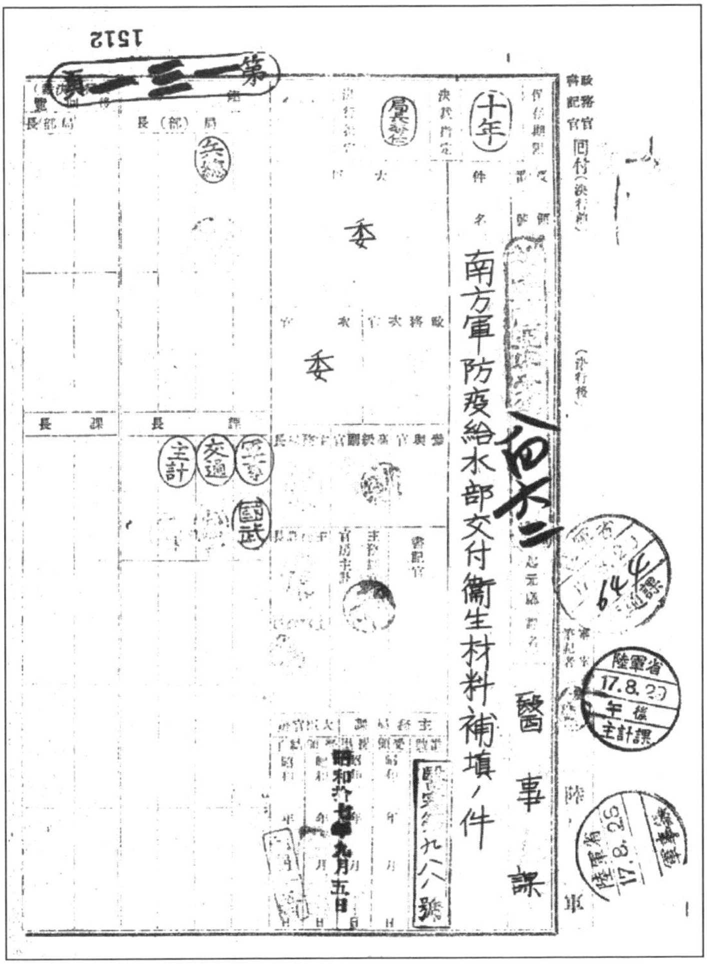

图2-38　《南方军防疫给水部交付卫生材料补填之件》军令首页,编号第1512页

① 日本亚洲历史资料中心,编码:C01000628600,件名:「南方軍防疫給水部交付衛生材料補填の件」,共12页。编号第1512页为军令首页,编号第1513页有关副官指示使用临时军事费。

补充的卫生材料共有三大类别：器械 55 种，药物 58 种和消耗品 16 种。消耗品（编号第 1522 至第 1523 页）之中，中型试管的数量最多，共 1.2 万支，其次是小型试管 8 000 支等。

这一次发生在日本和中国之间的“补充”所产生的“运搬费”，副官指示使用临时军事费的运输费（科目），从各自的预算中扣除（见图 2－39，右起第 5 行）。

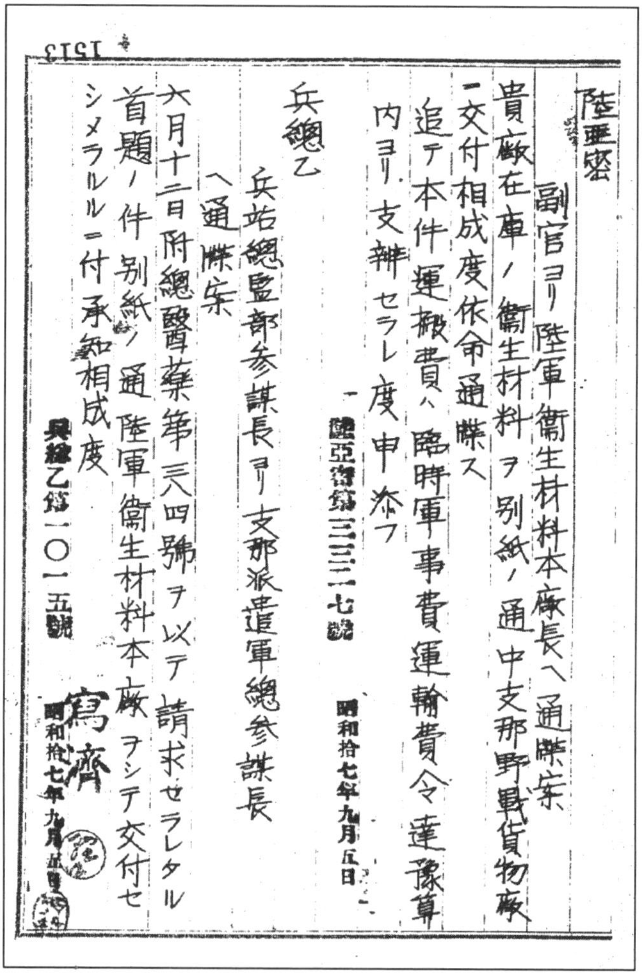

1513

陸亜密

副官ヨリ陸軍衛生材料本廠長ヘ通牒案

貴廠在庫ノ衛生材料ヲ別紙ノ通中支那野戦貨物廠ニ交付相成度依命通牒ス

追テ本件運搬費ハ臨時軍事費運輸費令達予算内ヨリ支辨セラレ度申添フ

陸亜密第三三二一七號　昭和拾七年九月五日

兵總乙

兵站總監部参謀長ヨリ支那派遣軍總参謀長ヘ通牒案

六月十二日附總醫薬第三八四號ヲ以テ請求セラレタル首題ノ件別紙ノ通陸軍衛生材料本廠ヲシテ交付セシメラルルニ付承知相成度

兵總乙第一〇一五號　寫　昭和拾七年九月五日

图 2－39 《南方军防疫给水部交付卫生材料补填之件》军令之第二页，编号第 1513 页，副官指示“本件运搬费使用临时军事费运输费”（右起第 5 行）

"军令—丙" 名称是《南方防疫用卫生材料交付之件》（图2-40）。① 1942年10月底，从日本的陆军卫生材料本厂，运出14种防疫物

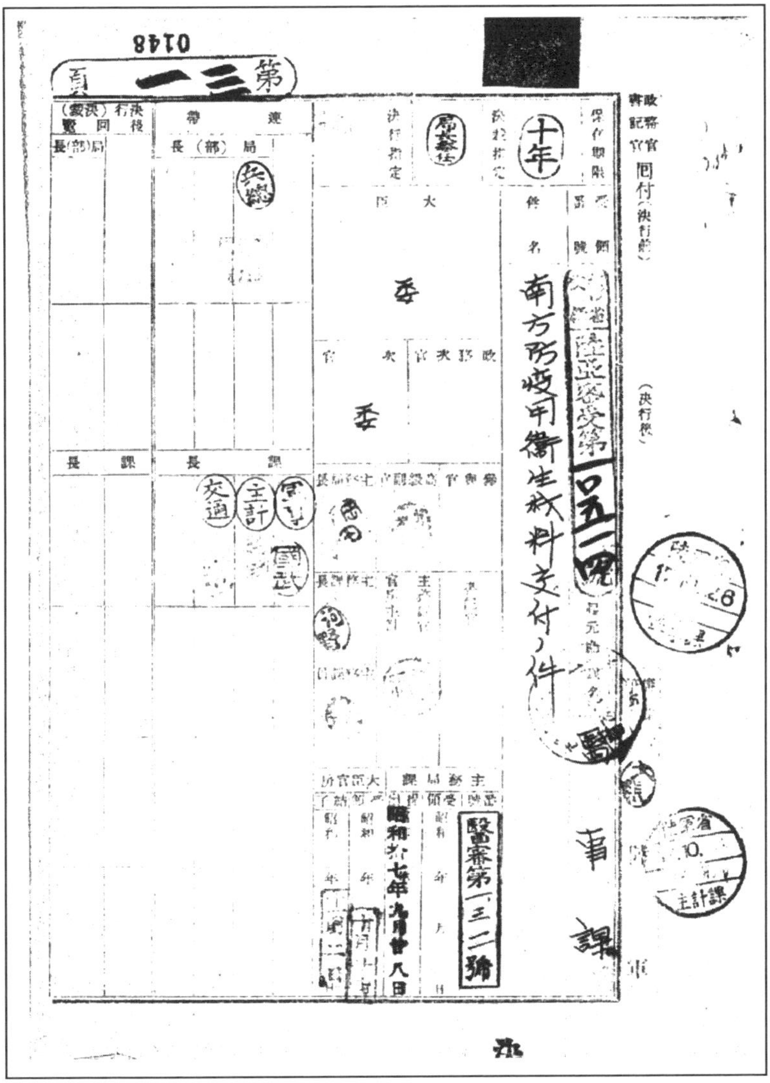

图 2-40 军令「南方防疫用衛生材料交付の件」首页，编号第 0148 页

---

① 日本亚洲历史资料中心，编码：C01000774200，件名：「南方防疫用衛生材料交付の件」，共5页。编号第0148页为军令首页，编号第0149页有关副官指示使用临时军事费，编号第0151页和第0152页为卫生材料各军（各地）分配表。

资，其中，除西贡（南方军总部之一）将依照情况需要而定之外，其余全部运往新加坡。当时在“昭南”（新加坡）一共有两个日军部队的总部，一个是南方军的总部（之二），另一个是第二十五军的总部（见图 2 - 41）。这批防疫用卫生材料从日本运抵新加坡之后，又从新加坡分配到缅甸仰光的第十五军（总部设于仰光，旧称 Rangoon）和印度尼西亚雅加达的第十六军（总部设于雅加达，旧称 Batavia，勿礁维）。这份军令说明新加坡作为“物流中心”的职能。

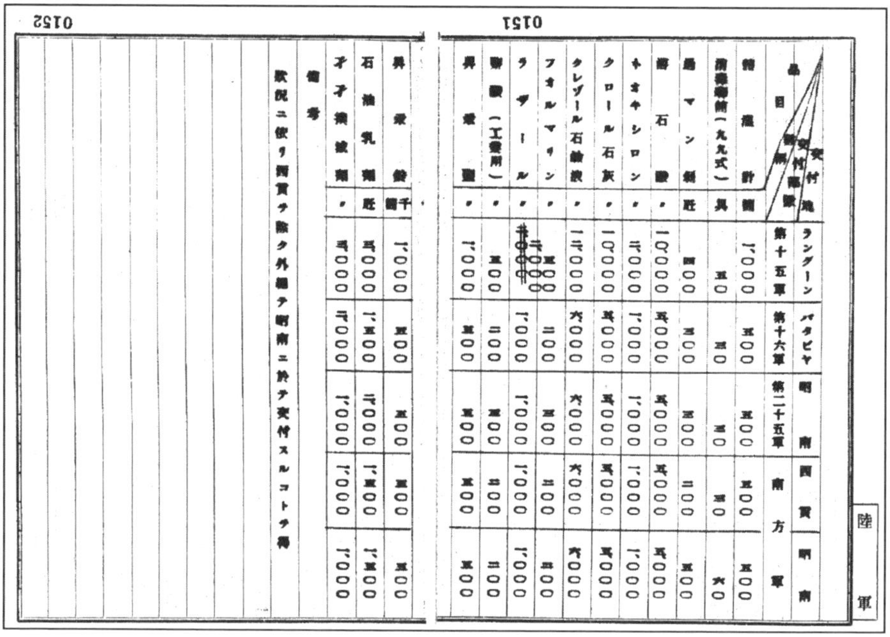

品目		ラングーン 第十五軍	バタビヤ 第十六軍	昭南 第二十五軍	西貢 南方軍	昭南 南方軍
体温計	個	一、〇〇〇	五〇〇	五〇〇	五〇〇	五〇〇
消毒噴霧器（九九式）	具	五〇	三〇	三〇	三〇	六〇
過マンガン酸[illegible]	瓩	四〇〇	三〇〇	三〇〇	二〇〇	五〇〇
硼石酸	〃	一〇、〇〇〇	五、〇〇〇	五、〇〇〇	五、〇〇〇	五、〇〇〇
[illegible]キシロン	〃	三、〇〇〇	一、〇〇〇	一、〇〇〇	一、〇〇〇	一、〇〇〇
クロール石灰	〃	一〇、〇〇〇	五、〇〇〇	五、〇〇〇	五、〇〇〇	五、〇〇〇
クレゾール石鹸液	〃	一三、〇〇〇	六、〇〇〇	六、〇〇〇	六、〇〇〇	六、〇〇〇
フォルマリン	〃	五〇〇	二〇〇	三〇〇	二〇〇	二〇〇
ラゾール	〃	三、〇〇〇	一、〇〇〇	一、〇〇〇	一、〇〇〇	一、〇〇〇
硫酸（工業用）	〃	五〇〇	二〇〇	五〇〇	二〇〇	二〇〇
昇汞[illegible]	〃	一、〇〇〇	五〇〇	五〇〇	五〇〇	五〇〇
昇汞錠	千個	一、〇〇〇	五〇〇	五〇〇	五〇〇	五〇〇
石油乳剤	瓩	三、〇〇〇	一、五〇〇	三、〇〇〇	一、五〇〇	一、五〇〇
[illegible]殺剤	〃	三、〇〇〇	三、〇〇〇	一、〇〇〇	一、〇〇〇	一、〇〇〇

備考 状況ニ依リ西貢ヲ除ク外総テ昭南ニ於テ交付スルコトヲ得

图 2 - 41　以上军令之第四和第五页。日本陆军卫生材料本厂把防疫物资先运至昭南（新加坡）南方军和第二十五军，然后才再分配给缅甸（仰光）第十五军，越南（西贡）和印尼（雅加达）第十六军。南方军总部西贡可依状况除外，参见“备考”

关于费用的处理方法，这一回，陆军省副官给陆军卫生材料本厂的指示是，所产生的经费使用临时军事费，运输费使用各自的预算，而且另外申请一笔 40 万日元的杂费（见图 2 - 42，右起第 6 行）。当时，一名日军大佐的月薪只有 600 日元，40 万元杂费是一笔巨款。

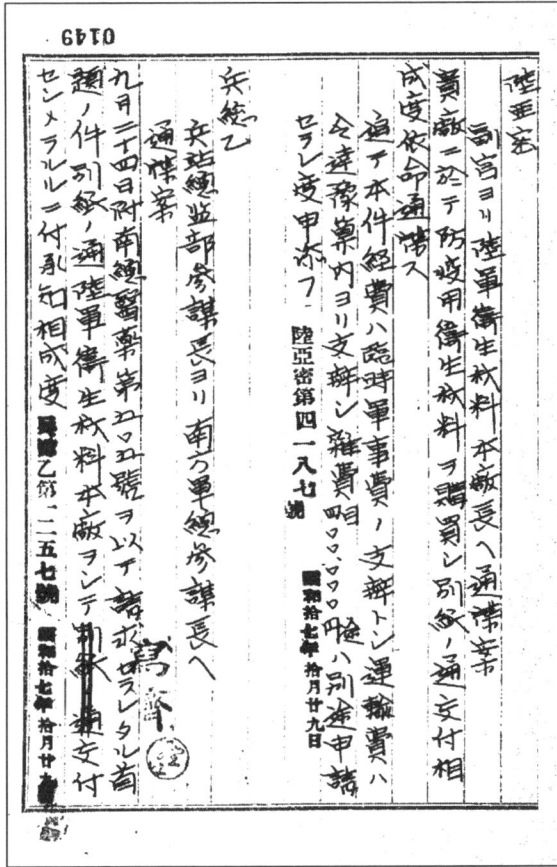

图 2‐42　以上军令之第二页（编号第 0149 页）。陆军省
副官指示使用临时军事费（右起第 5 行），并且另外再申
请杂费 40 万日元（右起第 6 行）

这里把以上三份军令中，陆军省副官所指示的各种费用和处理方法整
理为表 2‐3 分类如下。

表 2‐3　陆军省副官指示的南方军防疫给水部卫生材料交付所产生的各种费用和处理
方法

1942 年月/日	军令	临时军事费	预算内	其他
7 月 25 日	「南方軍防疫給水部備附衛生材料交付（保管転換）の件」	搬运费	运输费	——

续表

1942 年 月／日	军令	临时 军事费	预算内	其他
9 月 5 日	「南方軍防疫給水部交付衛生 材料補填の件」	搬运费	运输费	——
10 月底	「南方防疫用衛生材料交付 の件」	经费	运输费	40 万元杂费另 行申请

　　这条日本和新加坡之间的医药物资供应链一直沿用到日军投降为止。当英军向投降后的日军军医部索取"医疗物资状况"资料时，日军军医部就提交了一份《各地补给及来自日本的补充状况一览表》(见图 2 - 43)①，图 2 - 43 证明了当时新加坡承担了东南亚日军医药品物流中心的功能：日本把药物发送到新加坡(区域中心)，然后从新加坡(按顺时针方向)分发到沙巴的阿

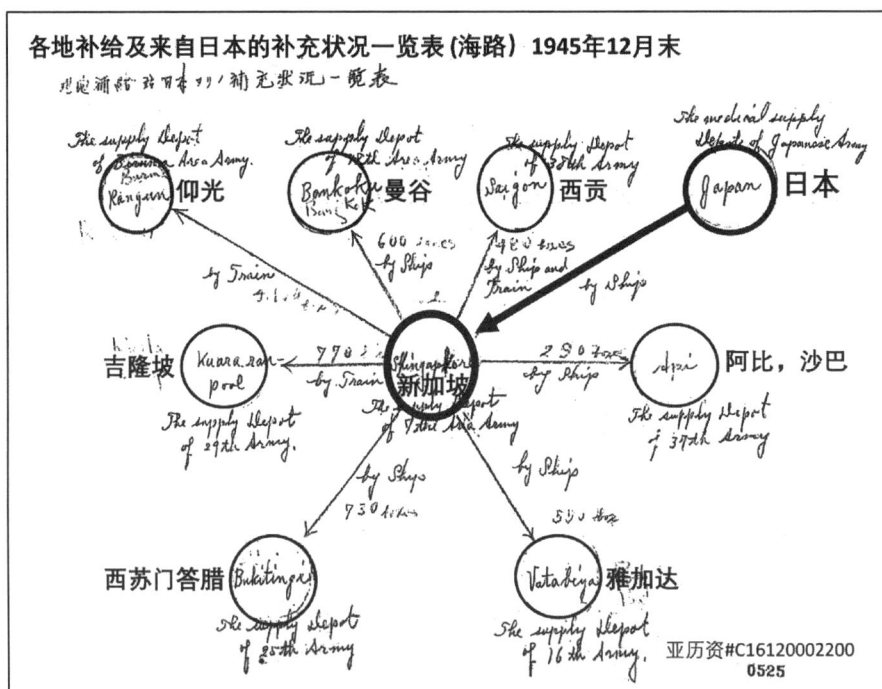

图 2 - 43　1945 年 12 月末，投降后的日军军医部提交给英军的「現地補給並日本よりの補充状況一覧表」，编号第 0525 页(图中中文地名为林少彬添加)

---

① 日本亚洲历史资料中心，编码：C16120002200，件名：「衛生材料報告控　軍医部(6)」，共 53 页，从编号第 0510 页至第 0562 页。编号第 0525 页有关军医物流中心图。

比(今哥打京那巴鲁市)、爪哇的雅加达、西苏门答腊的武吉丁宜、马来亚的吉隆坡、缅甸的仰光、泰国的曼谷和西贡。

冈九四二〇部队除了向日本本土和日军支那派遣军获取药物资源,也获取人力资源。

1942 年 12 月 8 日,即日军发动太平洋战争一周年这个特别的日子,南方军防疫给水部通过陆军参谋总长杉山元向陆军大臣东条英机发送"极密"电报(见图 2 - 44)①;要求从南京的中支那派遣军防疫给水部调派近百名人员,充实为南方军总司令官指挥下的"鼠疫"防疫专业人员,增加配备冈九四二〇部队。

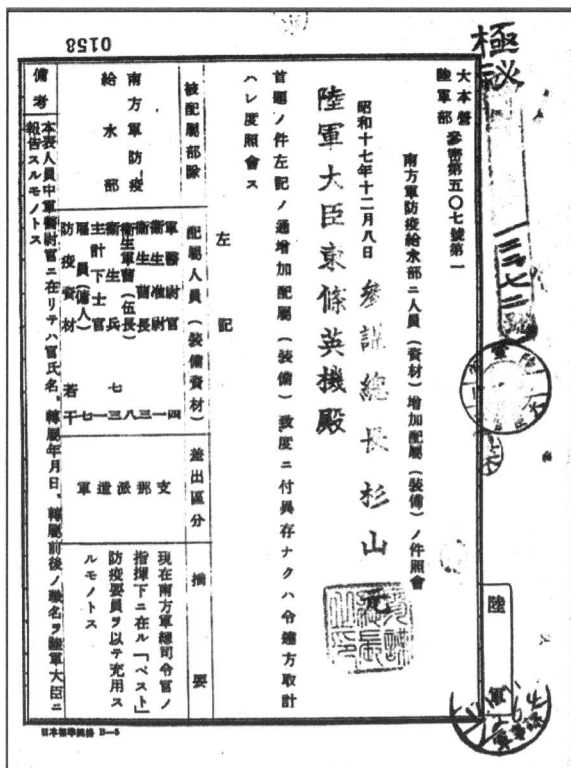

图 2 - 44　1942 年 12 月 8 日,日本陆军参谋总长为南方军防疫给水部向陆军大臣东条英机请求增加配属的"极密"电报「南方軍防疫給水部に人員(資材)増加配属(装備)の件照会」,编号第 0158 页

---

① 日本亚洲历史资料中心,编码:C01000926700,件名:「南方軍防疫給水部に人員(資材)増加配属(装備)の件」,共 10 页。编号第 0158 页。

以图 2-44 左侧的增加派属人员,整理列表如下:

表 2-4   南方军防疫给水部要求支那派遣军提供
卫生人员,作为鼠疫防疫专门人员的军衔和人数

军衔	人数
军医尉官	4
卫生准尉	1
卫生曹长	3
卫生军曹(伍长)	8
卫生兵	73
主计下士官	1
雇员(佣人)	7
合计	97

在 1942 年年底发生了什么,或者,在 1943 年年初将发生什么?

根据新加坡和马来亚两地的记录,当时并无鼠疫流行。那么,增援过来的这批专门人员是为了执行什么任务?执行任务的地点又是在哪里?这些都有待于相关史料的进一步发现和研究。

1942 年 12 月,正如第一章中所述,增田知贞以陆军军医学校防疫研究室教官的身份进行讲座,在既往细菌武器攻击的实战经验基础上,系统化细菌战的战术和理论。

第二节   马来亚支部

研究日军南方军史料有一点需要注意的是日军对"马来亚"的定义模糊不清。首先文字书写上共有三种写法:汉字"马来",片假名"マレー"和片假名"マライ"。它的范围,有时候包括昭南,有时候包括苏门答腊。同样的,昭南这个名号,在日本文献中,有的包括马来亚南部的柔佛州,有的还包括荷属印度尼西亚的廖内群岛。

目前日本亚洲历史资料中心所公开的有关冈九四二〇部队在马来半岛的史料,只发现两份,均为南方军军医部留下的文献:一份是在战中,但是时间上属于战争后期,是昭和十九年(1944年)一月的南方军军医部调《南方军直辖卫生部职员表》①,还有一份是日本战败后,于1946年1月的《(南方)总军军医部高级官员署名的报告》②。

有关前队员的证言史料,目前本研究收集到三名:贵宝院秋雄技师、大快良明军属、竹花京一③军属,以及两名本地人(已故)前助手的访谈记录,还有增田知贞的考察影像(无声无字幕)。根据上述资料,冈九四二〇部队在淡杯(Tampoi)设立了马来支部之后,还占用了马来亚四个州的六个设施,相关信息整理成表2-5。这四个州是和新加坡一衣带水的柔佛州(Johor state),在马来半岛西海岸的马六甲州(Malacca state)、森美兰州(Negeri Sembilan state)和霹雳州(Perak state)。(可参考本章末的图2-57)

表2-5　冈九四二〇部队的马来支部在马来半岛各地的设施

证言出处	州/市/镇	设施名称	任务概略	负责人,人数等
冈九四二〇前队员竹花京一自传	柔佛州新山市淡杯镇(Tampoi)	淡杯精神病院(1937年建),又称梅冈部队或马来支部	鼠和蚤的大量饲养,鼠疫蚤的大量生产	冈本利夫少佐,江本修治等
	柔佛州居銮县拉央拉央镇(Layang-Layang)	井村的小分遣队驻地1	雇用本地人捕鼠和饲养	井村东司三军医中尉队长,队员约20多人 两个小分队的驻扎地点不详
	柔佛州昔加末县拉比士镇(Labis)	井村的小分遣队驻地2		

---

① 日本亚洲历史资料中心,编码:C14060130600,件名:「南方軍直轄衞生部職員表　昭和十九年一月三十一日調」。

② 日本亚洲历史资料中心,编码:C16120004000,件名:「昭南地区現況表　軍医関係(2)」。

③ 竹花京一,静冈县滨松市,原南方军防疫给水部军属。

续表

证言出处	州/市/镇	设施名称	任务概略	负责人，人数等
七三一高级干部增田知贞录制的影像	马六甲州马六甲市(Malacca)	马六甲高等中学(1826年建)	饲养跳蚤	欠缺资料
冈九四二〇前队员大快良明证言	森美兰州瓜拉庇劳市(Kuala Pilah)	东姑穆罕默德中学(1914年建)	饲养老鼠数万只。还有蚤，兔、猴、小家鼠、豚鼠	高贝安次郎卫生大尉，五十岚正一药剂大尉，兽医村井技手等，队员5人
本地人助手林俊田证言			饲养近千只兔子，收集兔子血液，送往他处	雇有数十名华巫印籍助手。其中三四名印籍医生当助手
本地人助手林俊田和林金楼证言		老鼠饲养场	饲养老鼠	台湾人经营(具体地点不详)
冈九四二〇前队员大快良明证言		菜园（红薯、南瓜、木薯，蔬菜等）	生产动物饲料	离市区4公里山中雇用原住民100人(具体地点不详)
日本国家档案：军医部，终战处理关联资料2	霹雳州瓜拉江沙市(Kuala Kangsar)	欠缺资料(1945年6月开设)	派遣队：野战及兵站的防疫，防疫给水及防疟	谷信正大尉、武内雄辅中尉、岩田达美少尉，下士官及士兵29人

　　这六个设施之中，最重要，建筑条件最适合的是淡杯精神病院。这间医院建于1937年，占地635英亩（257公顷），约360个足球场，其建筑面积虽然只有110英亩（44公顷），但是一共盖了60多座大小不一独立的房子，由一条窄长的公共走廊连串起来，从高空拍摄的照片上看，就有如一只大蜈蚣（见图2-45）攀爬在丘林之中。拥有这么大规模的"隔离病房"的医院，据说是当时在东南亚的王者。地理上离新加坡和新山市不远，却又深藏在偏离闹市的小镇旁的山冈之上，也许正是因为具备这么多"好条件"，才成为南方军防疫给水部马来支部。

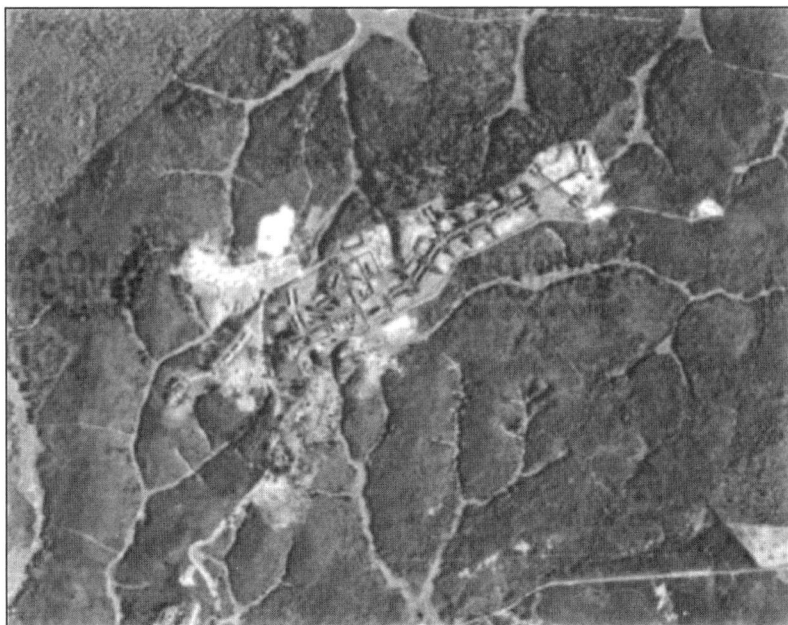

图 2‒45　如同蜈蚣般攀爬在树林间的前淡杯精神病院,两端最宽处约有 2 公里远(英国,1957 年,英国皇家空军航拍档案照片之局部,林少彬藏)

2016 年 2 月,笔者林少彬随日本琉球大学名誉教授高岛伸欣夫妇,首次踏足淡杯精神病院,当时已经是马来西亚卫生部的一所设施,警卫们不允许公众入内参观。

图 2‒46　前淡杯精神病院的钟楼办事处和接待处(林少彬摄于 2016 年 2 月)

此拍摄位置是在钟楼办事处(中央凸起建筑)的左前方。钟楼前是一个椭圆形的交通岛,种植了花草树木。

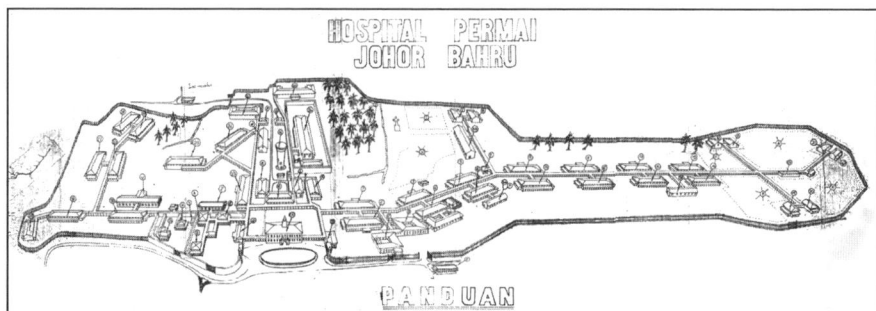

图 2 - 47　淡杯精神病院某职员手绘鸟瞰全图,20 多年前高岛伸欣教授造访该医院调查时获赠的礼物(图中文字为马来文)

　　椭圆形的交通岛就位于鸟瞰图的中心线旁的左下方,钟楼就在其后。同样的,在中央线的左侧有一小片的椰子林,在椰子林左边有道长方形围墙包围着一栋建筑物,根据前队员竹花京一的证言①,这是毒化实验室,由江本修治大尉和栗原少尉带领 25 名熟练的技术人员,负责检验、确认、装填毒蚤,也称为 PX 化工序,这是最危险的工序,也是死亡人数最高的工序。竹花京一只干了一年的实验室助手,期间就有两位队友感染身亡。他还曾经帮忙江本修治大尉,在一个月黑风高的夜晚,到木薯地里去掩埋了一名队员的右大腿(因被感染鼠疫而切除)。但是,竹花京一的回忆录里没有提到更多关于毒化实验室的具体情况,比如装填毒蚤的步骤。

　　他们还以淡杯精神病院为中心,开发"卫星养鼠农户",一处在拉美士(Labis),一处位于拉央拉央(Layang Layang),当饲养到一定数量时,只要用电话通知淡杯精神病院,淡杯精神病院会派卡车前来取货。

　　从淡杯精神病院开车往西北方向约 2 个小时就能抵达马六甲市。根据增田知贞的影像,他考察马六甲时考察了马六甲高级中学(Malacca High

---

① 竹花京一,以笔名竹花香逸发表回忆录:「ノミと鼠とペスト菌を見てきた話—ある若者の従軍記」,1991 年 12 月,74—76 页。

School,图 2 - 48) ①,一个完全
不曾出现在日军文字档案中的
地点。影像中,增田一行在一
名士兵的引导下,穿过一座又
一座的校舍,可是所有的窗和
门都紧闭不开,毫无人烟,十分
怪异。不知是否为冈九四二〇
部队的跳蚤养殖场,跳蚤厌恶灯
光喜好黑暗,因此紧闭门窗。校
园里有宿舍,还有一名印度
老翁。

图 2 - 48　窗门紧闭的马六甲高中校舍(截图自
增田知贞影像)

　　该高等中学建校于 1826 年,目前拥有 2 000 名学子,是当地名校。值得
一提的是,1928 年,大英殖民地统治者将该校搬迁,扩建于目前的位置,特意
请建筑师将两层楼校舍设计排列成一个英文字母 E 字(见图 2 - 49),象征着
马六甲在 1824 年从使用荷兰语的荷兰殖民地转变为英国人(English)统治。
马六甲在第二次世界大战时又再次惨遭日本铁蹄的蹂躏,众多的华侨被日
军屠杀。这座建筑物(见图 2 - 50)见证马六甲曾被欧亚帝国主义列强统治
的历史。

　　位于森美兰州(马六甲州北部)的瓜拉庇劳市,也有一所规模不小的中
学,叫做东姑穆罕默德中学(Tuanku Muhammed National High School,
1914 年建)。1944 年被冈九四二〇部队所占,用来饲养老鼠和兔子等。
队长是高贝安次郎大尉,还有药剂大尉五十岚正一、卫生曹长星子定、兽医
村井芳夫技手、翻译稻叶士良,雇员有大川、植村、角田、高山 4 名。根据军
属大快良明的证言,他们购买了 5 万个空的石油罐,排列在学校大草场饲
养老鼠和跳蚤。另一方面根据两位华裔助手林俊田和林金楼的证言,在校

---

① 马六甲高等中学,Malacca High School,建于 1826 年 12 月 7 日。位于靠近海边的 Jalan Chan
　Koon Cheng.

图 2‑49　马六甲高中校舍的"E"字形建筑结构（林少彬摄于 2004 年）

图 2‑50　马六甲高中的校舍正面（林少彬摄于 2019 年 4 月）

图 2‐51　大快良明于 1993 年重游东姑穆罕默德中学并在大草场前留影，照片左上角是他的亲笔手迹"瓜拉庇劳饲育场　小生于英国中学　平成五年现地调查"（日本七三一部队·细菌战资料中心奈须重雄提供）

园的另一侧日军饲养了近千只兔子，由助手们细心养大后交由印度人医生抽干它们的血。其他事情则不得而知。①

　　离开瓜拉庇劳再往西北走约 300 公里，就会来到霹雳州的瓜拉江沙市，为日军南方军第七方面军总部所在地，这里离新加坡有 600 多公里远，是泰马边境治安比较差的地区。这里有一支 30 多人的派遣队，但是在其档案中，虽然写有"开设　昭和二〇年六月"（图 2‐52，右起第二行），位置"ツナラカンサ"（瓜拉江沙），但没有确切的地址。这有待进一步的调查取证。派遣队长是研究麻疯病的军医大尉谷信正，他的副手为研究黄热病的军医中尉武内雄辅，业务为"野战与兵站防疫、防疫给水及防疟"。1945 年 6 月，战争局势对于日本已经非常危急，可谓是紧急派出。紧急派出 30 多人的马来派遣队的目的，还需要在今后的研究中继续解明。

　　有关当年日军在马来半岛上拥有防疫、细菌研究能力的相关设施的记录目前发现两件，相关内容整理成表 2‐6。

――――――――――

① 2022 年 4 月，林少彬电话采访。

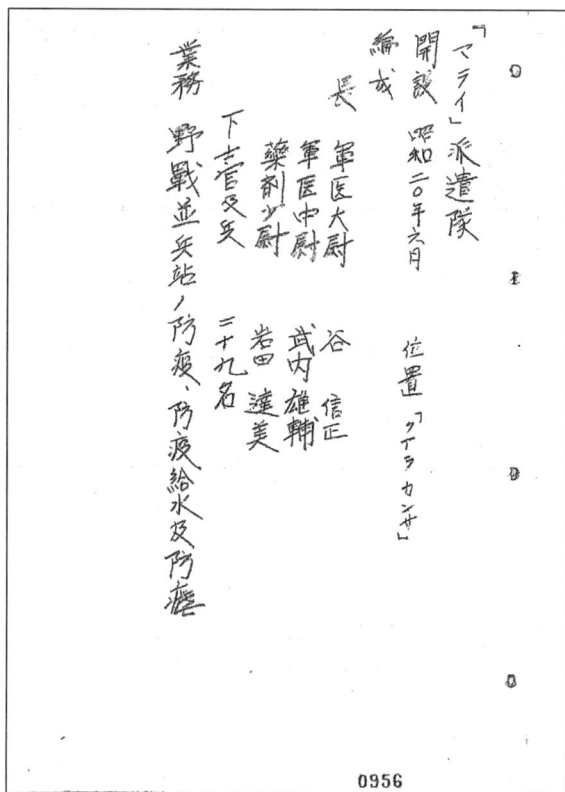

図 2‑52　文件「昭南地区現况表　軍医関係（2）」中的马来派遣队的记录，编号第 0956 页

表 2‑6　马来亚吉隆坡市相关细菌研究设施

设施名称	相关业务	注目要点	负责人
马来热带医学研究所	1943 年下半年开始强化成疟疾和登革热症的唯一综合调查机构	日军提供 45 种医药器具①	木村男也司政官（所长）②

① 日本亚洲历史资料中心，编码：C14060550600，件名：：「戦時月報（軍政関係）馬来政監部　昭和 18 年 8 月 31 日/衛生」，编号第 1806 页。（45 种）

② 日本亚洲历史资料中心，编码：C14060641700，件名：1.「南方科学委員会記事　第 1 号　昭和 19 年 3 月/2. 各機関概況」。编号第 2811 页——昭南博物馆，编号第 2815 页——马来亚热带医学研究所，司政长官木村男也。

续表

设施名称	相关业务	注目要点	负责人
旧马来联邦医学研究所	蚊族、恙虫病、肺结核	该所在战前的研究报告共有三篇,被翻译成日文,收录在《陆军军医学校防疫研究报告　第2部》:第407、第457和第475号	尚不明

表中第一项出自马来军政监部在昭和18年7月31日《战时月报(军政关系)》①的"马来热带医学研究所强化计划"(见图2-53和图2-54),其要点如下。

第一项,马来热带医学研究所强化计划要纲中关于马来地区热带医学研究所复旧及扩充方针,具体如下:

1. 强化充实位于吉隆坡的马来热带医学研究所。

2. 南方关于疟疾(Malaria)及登革热(注,Dengue fever,也称骨痛热症,天狗热等)的唯一综合调查机关。

3. 马来地区及其邻接地区的疟疾及登革热研究员以及调查研究用资材结集起来以强化该研究所。

4. 研究所员不仅限于医师药剂师,还要网罗动植物学者和土木建筑学者及农业经营方法之研究者,因此要求所需人才。

5. 进行疟疾登革热的治疗预防的研究以及各种资材的研究。

第二项,花柳病预防设施的扩充……

登革热是热带和亚热带人类的天敌,时至今日都无特别成功的治疗方法。2020年新加坡恰巧陷于登革热高发期。图2-55是新加坡政府的登革热红色警报,悬挂在发生超过10例患者的小区,以四种官方语言书写,新加坡称之为骨痛热症,提醒居民。图2-56是黄色警报,表示该小区有少于10例患者,但是疫情正在蔓延中。当年马来军政监部的这个强化计划留下来的史料有限,情况不详。

---

① 日本亚洲历史资料中心,编码:C14060547600,件名:「戰時月報(軍政関係)馬来政監部　昭和18年7月31日/衛生」,编号第1704页。(图2-53)

衛生

一、馬来熱帯醫學研究所強化計劃要綱決定ヲ爲シ来地
區ニ於ケル熱帯醫學研究所ノ復旧及擴充方針
ハ次ノ如ク決定シタルヲ以テ本要綱ニ基キ具
体案ヲ進メツツアリ

ノ「クアラルンプール」所在現研究所ヲ強化充實スルコト

又、南方ニ於ケル「マラリヤ」及「デング」熱ニ関スル唯一ノ綜
合調査機関タラシムルコト

3、馬来地區及其ノ隣接地ニ在ル「マラリヤ」及「デング」熱、
一、研究費並ニ調査研究用資材ヲ集結シ研究所ヲ16

1704

図2‐53　「戦時月報（軍政関係）馬来政監部　昭和十八年七月三十一日/
衛生」,编号第1704页

一、強化スルコト

４　所員ニハ醫師藥劑師ノミナラズ、動植物學者及
土裳建築學者及農業經營方法ハ研究者ヲモ網
羅スル爲所要人員ヲ要求スルコト

ケ「マラリヤ」「デング」熱ノ治療予防ノ研究並ニ各種資
材ノ研究ヲ行フコト

二　花柳病予防施設ノ擴充

花柳病予防ノ徹底ヲ期スル爲本年度ニ於テ昭
南特別市ニ重點的ニ本病ノ予防並ニ治療施設
ヲ擴充セシムルコトトシ金拾萬弗ヲ交付セリ

1705

図2-54　续:「戦時月報（軍政関係）馬来政監部　昭和十八年七月三十一日/衛生」，编号第1705页

图 2－55　新加坡政府的登革热红色警报，悬挂在发生超过 10 例患者的小区，以
四种官方语文书写，提醒居民。这张照片中的小区已经超过了 20 例，疫情严重
（林少彬摄于 2020 年 6 月）

图 2－56　登革热黄色警报，表示该小区有少于 10 例患者，但是疫情正在蔓延
中（林少彬摄于 2020 年 6 月）

　　以下将目前了解到的南方军防疫给水部马来半岛各地的主要设施制作
成表 2－7，具体地点标注标记如下（见图 2－57，为二战时期日本出版的马来
亚地图），作为本节的小结。

表 2‑7 冈九四二○部队在马来半岛设立的主要设施

州/市镇名	设施名称及用途	市镇和新加坡的距离(公里)
柔佛州/淡杯	淡杯精神病院:大量生产鼠疫毒蚤	64
柔佛州/拉央拉央	老鼠养殖场	110
柔佛州/拉美士	老鼠养殖场	168
马六甲州/马六甲	马六甲高中:疑似养殖跳蚤	260
森美兰州/瓜拉庇劳	东姑穆罕默德中学:饲养老鼠和兔子	313
	台湾人老鼠养殖场(皇家山附近)	
	本地人菜园:提供饲料	
霹雳州/瓜拉江沙	马来派遣队,驻扎地点不明	617

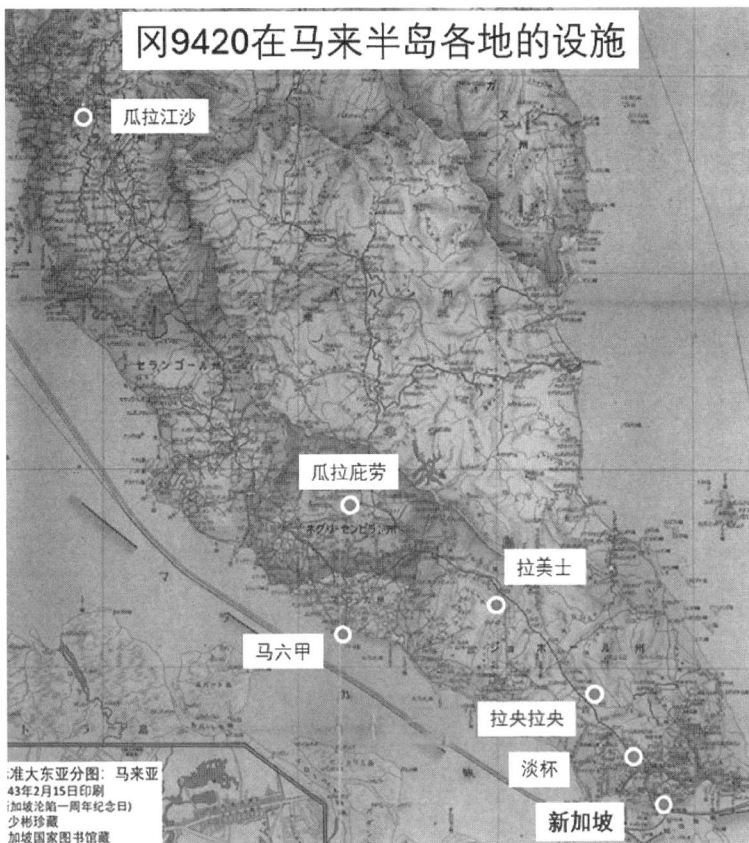

图 2‑57 南方军防疫给水部在新加坡和马来半岛各地的设施分布

第三章　东南亚支部

第一节　东南亚的文献状况

日军南方军的战线扩大非常快速，一心想急速攫取整个东南亚的资源，日军的分布区域也从单一的"南方"，分为"南西"和"南东太平洋"，最西端日军在缅甸和中英联军苦斗，最东端则是在太平洋群岛饱挨美军的炮弹。战场的野战防疫给水部队和细菌部队，到底伴随着南方军到过哪里，目前只有很少甚至是片言只语的不完整记录。

日本亚洲历史资料中心有两份关于南方军防疫给水部队的文献，参见表3-1。

表3-1　有关南方军防疫给水部支部的文献

文献1	昭和一九年一月三一日（战中，1944年）	南方军军医部《南方军直辖卫生部职员表》(图3-1)①	4支部
文献2	昭和二一年一月二一日（战后，1946年）	《昭南地区现况表　军医关系(2)》，共39页，是数份文件的组合②	5支部

---

① 日本亚洲历史资料中心，编码C14060130600，件名：「南方軍直轄衛生部職員表　昭和一九年一月三一日調」，共有24页，南方军防疫给水部出现在编号第0273至第0275页。图3-1是该档案的封面，其编码C14060130500。

② 日本亚洲历史资料中心，编码C16120004000，件名：「昭南地区現況表　軍医関係(2)」，共有39页。首页(编号第0950页有"总军军医部高级部员"之盖章。各支部分别出现在：编号第0952页＝爪哇，编号第0953页＝马尼拉，编号第0954页＝泰国，编号第0955页＝印度支那，编号第0956页＝马来。

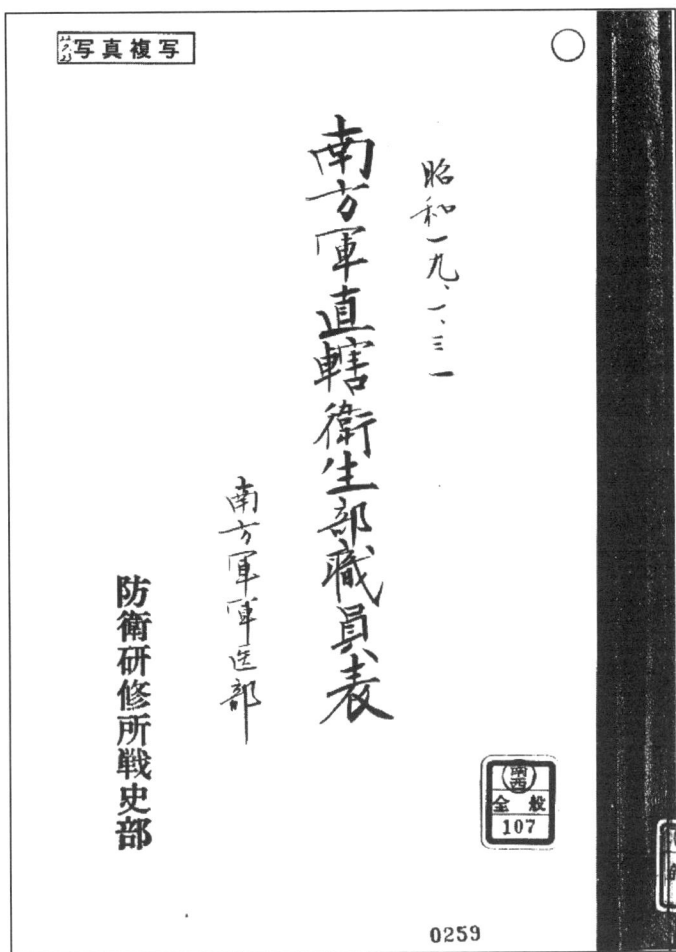

图 3-1　昭和一九年（1944 年）一月三一日，南方军军医部「南方军直辖卫生部職員表」之封面，编号第 0259 页

根据以上两份文献，冈九四二〇部队在东南亚各地所设立的支部，有五处，分别为：马来支部、爪哇支部、马尼拉支部、印度支那支部和泰国支部。这两份文献制作日期不同，第二份是战后的文献，是日军投降后提呈给英军的资料。两份文献的主要相关内容如下：

（1）第一和第二份都有马来、爪哇和泰国三地区；只是支部所在城市（地点）不同。

（2）昭南（新加坡）只出现在第一份文献中，印度支那（现在的越南、老挝和柬埔寨），还有马尼拉只出现在第二份中。

（3）两份均无缅甸的记载。按理，滇缅战场是南方军战略要地。

现将以上两份文献相关内容整理成表 3 - 2，予以对照。

表 3 - 2　南方军军医部文献中的南方军防疫给水部各地据点

文献日期	昭南	马来	爪哇	泰国	印度支那	马尼拉	缅甸
昭和 19 年 1 月	昭南	柔佛	爪哇	北碧	无	无	无
昭和 21 年 1 月	无	瓜拉江沙	万隆	曼谷	西贡	马尼拉	无

缅甸在战争中的 1944 年或是投降后的 1946 年都没有在目前发现的南方军的文献中出现。

以上述两份文献为主轴，再加上其他方面的资料，具体梳理出五个支部（新加坡、马来西亚除外），分别为：

- 爪哇支部
- 马尼拉支部
- 印度支那支部
- 泰国支部
- 缅甸（部队）

以下分别加以详述。

第二节　爪哇支部

荷属东印度是东南亚的石油输出国，夺取石油资源是日军攻占荷属东印度的主要目的。但是日军防疫给水部队的兴趣是爪哇岛上的金鸡纳树林①（图 3 - 2）和奎宁（Quinine）制药厂，因为这是困扰数以千计日军的疟疾的特效药。其中尤其是位于万隆原属荷兰的奎宁制药厂最为有名。

冈九四二〇部队爪哇支部就设置在万隆（Bandung），首都雅加达（Jakar-

---

① 新加坡，1920 年南洋协会属下新加坡商品陈列馆编集「南洋之产业」。金鸡纳树，又名列氏规那树、列氏金鸡纳树、奎宁树等。树皮和根皮是提取奎宁和奎尼丁的重要工业原料。

ta)和泗水(Surabaya,印尼第二大城市)只设立了出张所。^① 目前还未确定
爪哇支部的设置日期,估计至少是在 1942 年 6 月新加坡总部设立之后。

奎那樹園(スマトラ東海岸)
Quinine trees. (Eastern Coast Provincen Sumatra)

**图 3－2　日本人在荷属东印度经营的金鸡纳树种植园的档案照片（地点是苏门
答腊东海岸,1920 年,林少彬藏）**

　　根据表 3-1 的文献 2,这支部队的业务和负责人列表如下。

表 3－3　冈九四二〇部队设置的爪哇支部和出张所

地点	业务	负责人
万隆 （巴斯德研究所）	防疫及防疫给水、检疫、防疟、地方防疫指导	河内太郎中佐
雅加达出张所 （地点不详）		中村元大尉、村井丰一大尉、藤田武夫大尉、高石清行中尉 （下士官及兵士共 72 人）
泗水出张所 （地点不详）		

---

① 其他国家的支部大都设在首都。

爪哇支队长河内太郎中佐是研究登革热的专家,曾于1943年在《陆军军医学校防疫研究报告2部》发表过两篇论文,为6月11日的第572号《登革热病毒的实验研究》和7月20日的第582号《登革热相关动物实验之其1》。村井丰一大尉则研究疟疾有关课题,曾在《陆军军医学校防疫研究报告2部》发表过一篇关于缅甸地区有关疟疾的论文,第435号,日期为1942年12月11日;村井丰一也在《南方军防疫给水部业报 丙》发表了三篇与疟疾有关的研究论文:第9号(日期为1942年8月20日),第38号(日期为1943年1月19日)以及第48号(日期为1943年2月8日)。

根据大快良明的证言,万隆支队的驻地里设有老鼠养殖场,他在1944年的日军"ホ号作战"期间,曾经把从东京运来的一部分老鼠分配给万隆支部,但是其具体地点和规模不详。

1942年9月16日日本陆军省副官发出一道密令"陆亚密"第八八七○号①,图3-3为该军令之首页。在该军令的第二页(图3-4),副官指示南方军的治集团军(第七方面军/第十六军)接管万隆奎宁制造厂,并改名为"陆军奎宁制造所",日本人职员以武田长兵卫商店(TAKEDA,武田药品工业株式会社的前身)人员为核心。

在东南亚日军占领区,能够使用"陆军"两个字来冠其名的设施并不多,那么,将被调任前来管理这所战略性制药厂的人物(司政官级别),会是什么来头? 关于武田长兵卫商店在以上"陆军奎宁制造所"具体人员作为"核心"的情况(参见图3-4),也有待今后更多的史料发现。

爪哇岛是荷属东印度的政治和经济中心,目前本研究确认有四家和研究细菌有关的机构,但是信息非常少,参见表3-4。

---

① 日本亚洲历史资料中心,编码 B05013054700,件名:「43. バンドン「キニーネ」工場陸軍直営要領ニ関スル件」,共2页,昭和17年9月17日。(注:此档案没有四位数的页数编号,应不属于战后为美军没收而后返还日本的资料)

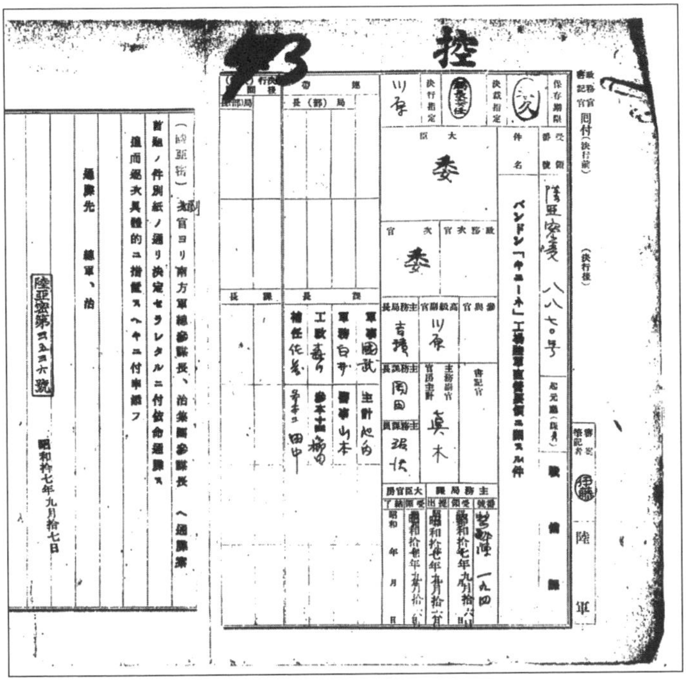
控
陸亜密 八八七〇号
件名 バンドン「キニーネ」工場陸軍直管要領ニ関スル件
副官ヨリ南方軍總參謀長、治集團參謀長ヘ通牒案
首題ノ件別紙ノ通リ決定セラレタルニ付依命通牒ス
通牒先 總軍、治
昭和拾七年九月拾七日

图 3－3　昭和拾七年九月拾七日日本陆军省副官发给南方军总参谋长，治集团参谋长的“陆亚密”第八八七〇号「バンドン「キニーネ」工場陸軍直管要領に関する件」之首页

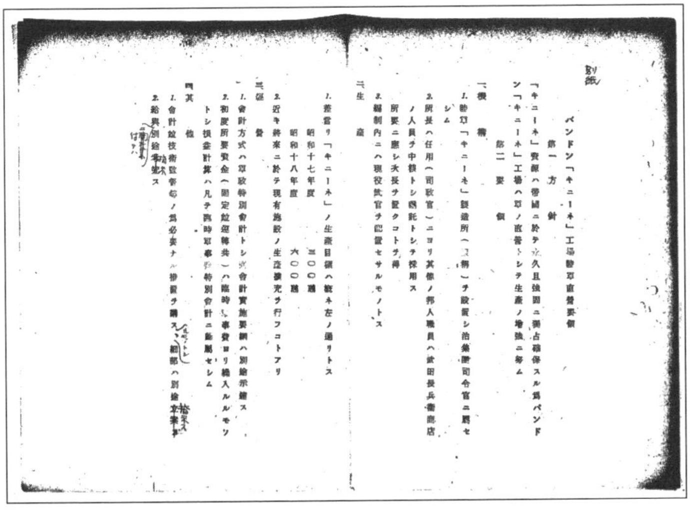
別紙
バンドン「キニーネ」工場陸軍直管要領
第一 方針
「キニーネ」資源ハ帝國ニ於テ永久且強固ニ獨占確保スル為バンドン「キニーネ」工場ハ軍ノ直營トシテ生産ノ増強ニ努ム
第二 要領
一、機構
1. 陸軍「キニーネ」製造所（仮称）ヲ設置シ治集團司令官ニ隷セシム
2. 所長ハ任用（司政官）ニヨリ其他ノ邦人職員ハ武田長兵衛商店ノ人員ヲ中核トシ嘱託トシテ採用ス
所要ニ應シ次長ヲ置クコトヲ得
3. 編制内ニハ現役武官ヲ配置セサルモノトス
二、生産
1. 差當リ「キニーネ」ノ生産目標ハ概ネ左ノ通リトス
昭和十七年度 三〇〇瓲
昭和十八年度 六〇〇瓲
2. 近キ將來ニ於テ現有施設ノ生産擴充ヲ行フコトアリ
三、經營
1. 會計方式ハ軍政特別會計トシ其ノ會計實施要綱ハ別途示達ス
2. 初度所要資金（固定資產共）ハ臨時軍事費ヨリ繰入ルルモノトシ損益計算ハ凡テ臨時軍事費特別會計ニ編屬セシム
四、其他
1. 會計竝技術監督等ノ為必要ナル措置ヲ講ス細部ハ別途示達ス
2. 給與ハ別途示達ス

图 3－4　“陆亚密”第八八七〇号「バンドン「キニーネ」工場陸軍直管要領に関する件」军令之第二页，右起第 9 行（文中第一项的第 2 点），“日本人职员以武田长兵卫商店人员为核心”

表 3-4　爪哇周边四所和研究细菌有关的机构①（一般医药品研究设施除外）

设施名称	业务	技术人员
兽医学研究所 位于茂物州茂物市第三大道	全面协助爪哇地区有关疾病业务 南方唯一家畜血清制造所 业绩以制造血清和疫苗类（军用）为主 （图 3-5、3-6）	所长陆军技师 兼松满造 日本人 12 人 本地人 99 人
爪哇栽培企业公团西部试验所	化学部门负责研究金鸡纳霜的细菌， 橡胶部门负责研究胶乳（Latex）的细菌等	欠缺资料
中央海洋渔业研究所	海产动物关联试验， 海藻关联试验研究（制造琼脂）	所长陆军技师 神户达郎 日本人 5 人 荷兰人 2 人 本地人 100 人
官立雅加达卫生试验所	出现在增田知贞的影像中， 欠缺其他资料（图 3-8、3-9、3-10）	欠缺资料

　　其中特别值得注意的是位于茂物（Bogor，雅加达以南 60 公里）的兽医学研究所，它是当时东南亚日军掌控下唯一的一所家畜血清制造所，所长为陆军技师兼松满造，其与冈九四二〇的关系尚待进一步了解。在增田知贞的荷属东印度考察的影像中，有他参观著名的茂物植物园，还有一所有 30 多名日本卫兵的设施，由于影像无声无字幕，无法确定这所设施是什么部门。

　　关于上文提及爪哇支部所在地万隆巴斯德研究所的研究，目前发现一篇关于破伤风的研究论文，执笔者是陆军技手竹本进一郎，题为《万隆巴斯德研究所预防接种用破伤风毒素的制法》，刊登于《南方军防疫给水部业报

① 日本亚洲历史资料中心，［文献一］编码 C14060641700，件名：「1. 南方科学委员会记事　第 1 号　昭和 19 年 3 月/2，各机关概况」。编号第 2811 页至第 2814 页有关昭南博物馆；编号第 2815 页至第 2816 页有关马来热带医学研究所；编号第 2839 页有关热带科学研究所，和兽医学研究所；第 2840 页＝栽培企业公团西部试验所；第 2842 页＝中央海洋渔业研究所。［文献二］编码 C12121857500，件名：「机关名　兽医学研究所」，编号 1432 至 1433 页有关兽医学研究所（图 3-5 和图 3-6），编号第 1433 页至第 1434 页＝中央海洋渔业研究所。［文献三］编码 C14060157100，件名：「ジャワ軍政監部科学技術室業務詳報（第 1 号）　自昭和 18 年 8 月 1 日至昭和 18 年 11 月 30 日（3）」，编号第 1695 页有关兽医学研究所，编号第 1694 页有关中央海洋渔业研究所。

丙第55号》，受理日期为昭和十八年(1943年)四月二十五日(见图3－7)。据本书第二章提及曾在新加坡南方军防疫给水部破伤风实验室当助手的杰福里・陈：竹本进一郎为该实验室班长，当时他们在试验制造破伤风疫苗。该论文说明，总部研究人员竹本还对爪哇支部所在地万隆巴斯德研究所的疫苗生产技术进行了研究。

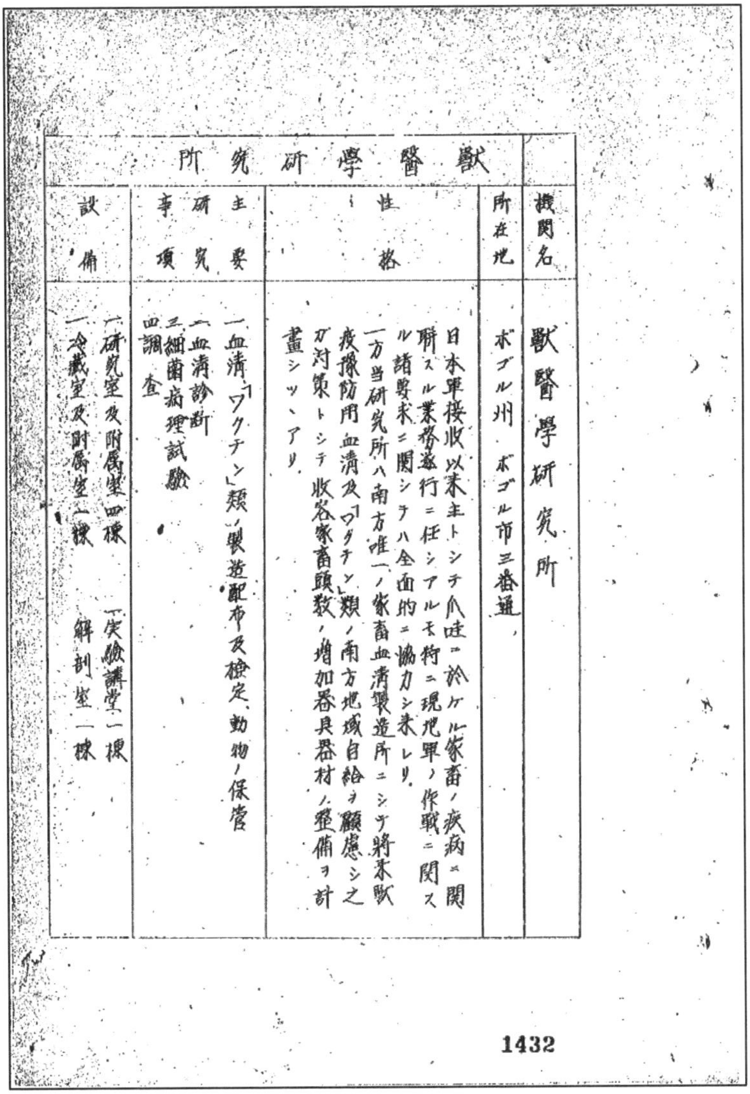

獸醫學研究所

機関名	所在地	性格	主要研究事項	設備
獸醫學研究所	ボゴル州、ボゴル市三番通	日本軍接收以来主トシテ爪哇ニ於ケル家畜ノ疾病ニ関スル業務遂行ニ任シアルモ特ニ現地軍ノ作戰ニ関スル諸要求ニ関シテハ全面的ニ協力シ来レリ。一方当研究所ハ南方唯一ノ家畜血清製造所ニシテ将来獸疫豫防用血清及「ワクチン」類ノ南方地域自給ヲ顧慮シ之カ対策トシテ収容家畜頭数ノ増加器具器材ノ整備ヲ計畫シツヽアリ。	一、血清「ワクチン」類ノ製造配布及検定、動物ノ保管 二、血清診断 三、細菌病理試驗 四、調査	一、研究室及附属室四棟 一、実驗講堂一棟 一、冷藏室及附属室一棟 解剖室一棟

1432

图3－5　关于兽医学研究所的日本文献，第一页，编号第1432页

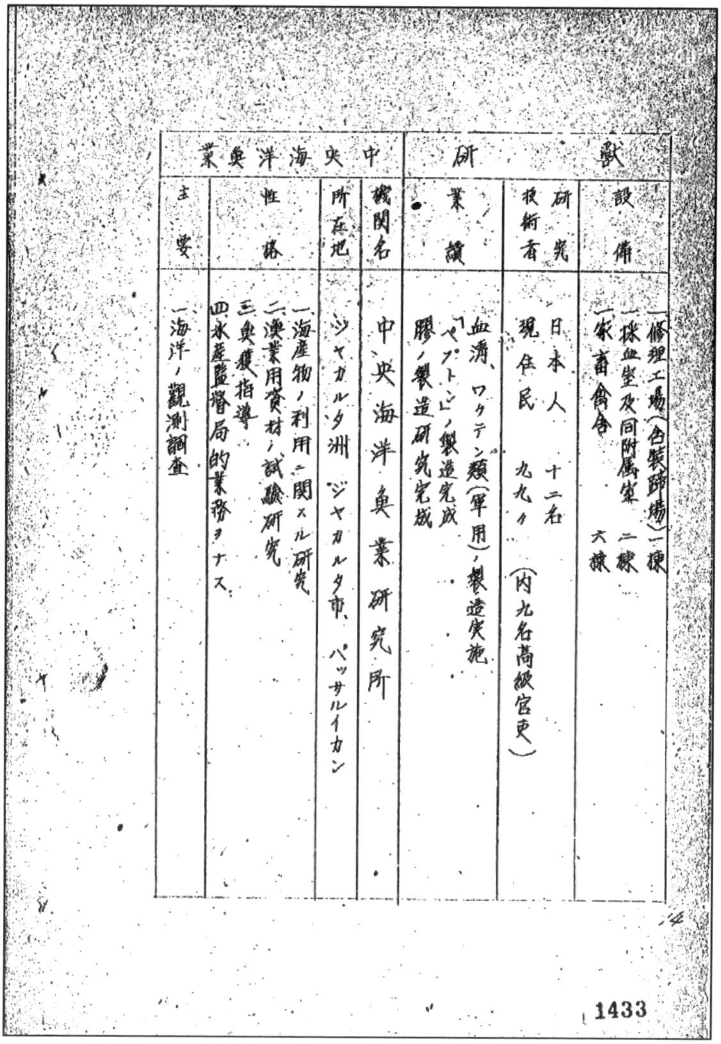

獣　研			中央海洋魚業			
設備	研究技術者	業績	機関名	所在地	性格	主要
一修理工場(含装蹄場)一棟 一採血室及同附属室　二棟 一家畜舎　六棟	日本人　十二名 現住民　九九ヶ(内九名高級官吏)	血清、ワクチン類(軍用)ノ製造実施 「ペプトン」ノ製造完成 膠ノ製造研究完成	中央海洋魚業研究所	ジャカルタ洲　ジャカルタ市、パッサルイカン	一海産物ノ利用ニ関スル研究 二漁業用資材ノ試験研究 三魚獲指導 四水産監督局的業務ヲナス	一海洋ノ観測調査

1433

图 3-6　关于兽医学研究所的日本文献，第二页(续)，编号第 1433 页

在荷兰国家档案馆编号 3036 的照片文件夹里有一张 1942 年 9 月拍摄的南方军防疫给水部爪哇支部(即原万隆巴斯德研究所)职员团体照(图 3-8)，是战时荷兰军事情报部门荷兰东印度群岛部队情报局(NFIS，Netherlands Forces Intelligence Service)的文件记录。照片显示研究所大门左侧吊挂着日文书写的“冈第九四二〇部队山田队”的木牌，前排“C 位”是 Onada 中尉，他的左手边个子比较高大的是山田大尉。根据《南方军防疫给水部冈

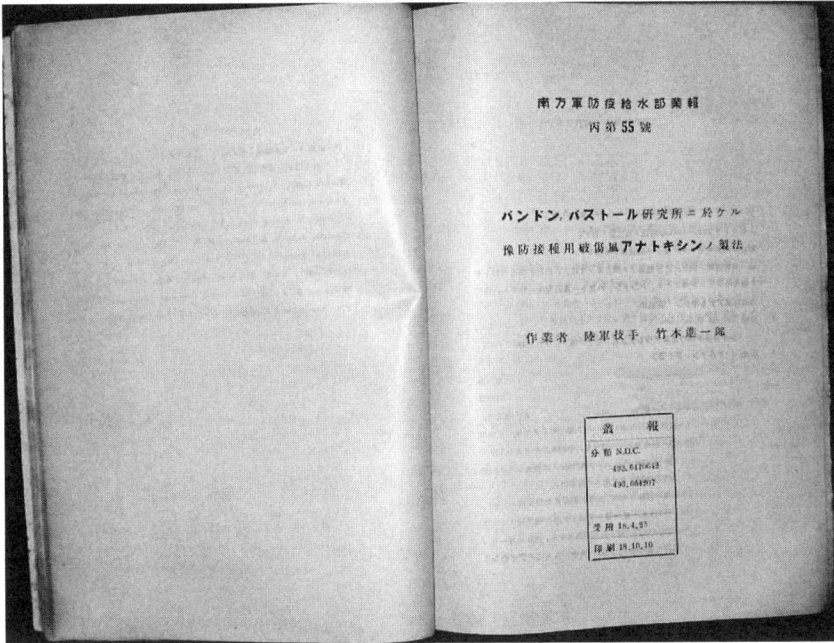

图 3 - 7　南方军防疫给水部新加坡总部陆军技手竹本进一郎执笔的「バンドン・パ
スツール研究所に於ける予防接種用破傷風アナトキシンの製法」，刊登于《南方军
防疫给水部业报　丙第 55 号》

图 3 - 8　摄于 1942 年 9 月的南方军防疫给水部爪哇支部的职员团体照，在原有的
万隆巴斯德研究所大门左侧吊挂着以日文书写的"冈第九四二〇部队山田队"

第九四二〇部队　留守名簿 昭和二十年九月一日》，山田全名为山田早苗，生于 1921 年 1 月，户籍地是大阪府，军阶为预备军医少尉。

坐在两名日本军官左右两侧的白人应是原巴斯德研究所荷兰籍职员，共有 12 名，其中 5 名拥有博士学位。后两排站立者应该是印度尼西亚人实验室助手，共有 43 人，其中头上戴着黑色穆斯林宋谷帽的是穆斯林，这是东南亚穆斯林在正式场合佩戴的男士帽子。

增田知贞的影像资料中还有位于雅加达的日本爪哇军（第十六军）把旧埃克曼研究所（Eijkman Institution）改名而成的官立雅加达卫生试验所（图 3‑9），从图 3‑10 可以看到该试验所的某一间试验室内的设备，和冈九四二〇总部实验室相比的话，就显得较为简陋。正在实验中的三颗蛋被贴上了标签（图 3‑11），可惜无法判读其文字。战后该研究所被印度尼西亚政府接管，扩建为今天的埃克曼分子生物学研究中心（Eijkman Molecular Biology Research Center）。

图 3‑9　增田知贞影像中出现的官立雅加达卫生试验所的日语招牌（截图自增田知贞影像）

图 3-10　官立雅加达卫生试验所某试验室内部景观（截图自增田知贞影像）

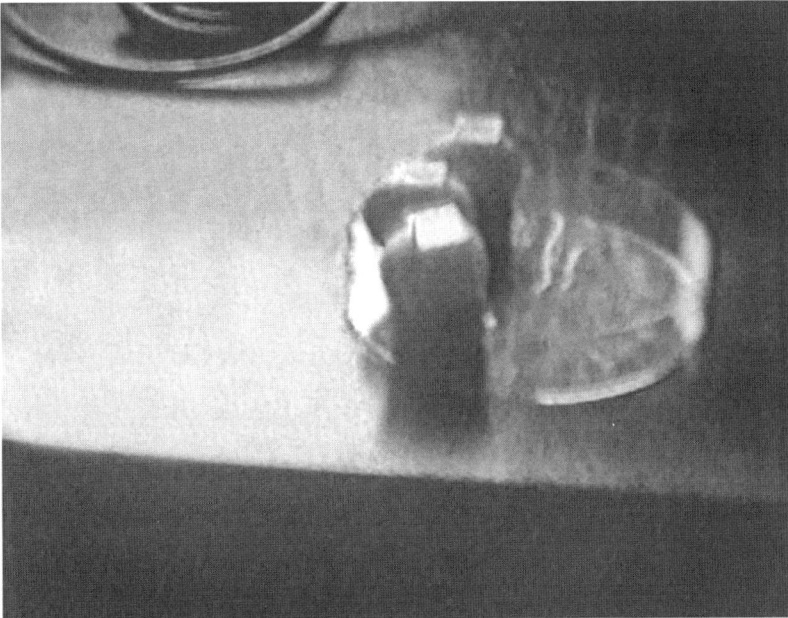

图 3-11　贴着标签的三颗蛋（截图自增田知贞影像）

　　此后是日军(第十六军)军医部,图3-12是军医部营门入口处,图3-13
是军医部的将校们排成一排在录影机前留影。

图3-12　日军爪哇军军医部营门入口处(截图自增田知贞影像)

图3-13　爪哇军军医部的将校列队在录影机前留影(截图自增田知贞影像)

1944 年 8 月,在印尼当地发生了一起"破伤风事件",数百名印尼原住民劳工注射了破伤风疫苗之后离奇死亡,几个月后日本宪兵以"阴谋破坏劳务"而判处著名的印尼医生死刑。庆应大学名誉教授仓泽爱子和松村高夫联合执笔,于 2023 年 3 月出版有关该事件的专著《疫苗开发与战争犯罪　印度尼西亚破伤风事件的真相》①,书中概述如下:

> 1944 年 8 月,几百名劳务者②正在 Klender 临时收容所等待船期以登船出发去外岛劳役时,突然感染破伤风,不是传染病的破伤风症怎么会一瞬间在如此大量的人群里爆发,十分怪异。调查发现,病患们在不久前曾经被注射过伤寒沙门氏、霍乱、痢疾三种混合疫苗,相关的十多名印尼医生和护士被捕,并录取口供。
>
> 根据这些人的"供词",连锁效应般地逮捕了多位印尼著名的医生及细菌学的权威,审讯了好几个月。日军调查的最终结果是:雅加达医科大学教授兼大学附属卫生试验场(旧埃克曼研究所)所长 Achmad Mochtar 教授③,为了反对日军征用劳务者的政策,企图通过一宗命案来向社会发出抗议和警告,因此在三种混合疫苗里混入破伤风菌,命令他的部下 Suleman Siregar 医生给劳务者注射,造成了大量破伤风感染死亡。
>
> 两人被送上了日军军事法庭,Mochtar 教授被屈打成招后判处死刑,并在日本即将投降之前的 1945 年 7 月 3 日被施以斩首刑。他的手下 Suleman 医生则病死在服刑的牢房里。

然而,什么是"真相"呢?

仓泽爱子和松村高夫认为:万隆的南方军防疫给水部和巴斯德研究所

---

① 倉沢愛子 松村高夫『ワクチン開発と戦争犯罪 ンドネシア破傷風事件の真相』,岩波書店、2023 年。

② 日军占领下的印度尼西亚,被日军拉去当强制或半强制劳工的人们,日军称为"劳务者"(romusha)。人数涉及数百万,致使 romusha 已经变成印尼语中的外来词汇。战后只有中国和南韩的强制劳工受害者向日本政府要求道歉和赔偿。

③ Achmad Mochtar (1892—1945),留学荷兰以研究黄热病得名,曾任埃克曼研究所所长。

为雅加达劳务者注射的破伤风疫苗(类毒素)还未成功地将其毒素弱化至安全标准,就鲁莽地掺入三种混合疫苗里,意外地夺走了约 400 条人命。事发之后,由于防疫给水部(中村元军医中尉)否认包含巴斯德研究所的上游制造阶段有问题,驻爪哇的第 16 军军医部以及宪兵队只好找个本地人作为替罪羊结案了事,并且加以灭口,免除战后被盟军调查的后患。这是东南亚日治时期的又一宗冤案。

战后曾在埃克曼研究所任职的美国人贝尔德(J. Kevin Baird)教授①于 2016 年 1 月在《亚细亚太平洋月刊》发文指出:这宗惨案的背景是日本陆军和海军竞相争先开发破伤风疫苗,草菅人命的结果。他还指出遇害人数是 900,而不是日方所说的 400。这是日军又一宗战争犯罪。2021 年日本广播协会(NHK)把事件始末拍摄成纪录片,于同年 8 月 22 日播放②,该片采访了贝尔德教授、仓泽爱子和松村高夫教授,松村高夫在采访中指出:"南方军防疫给水部开发出来的疫苗是否成功,有效没效(需要确证),因为南方军没法使用"丸太"(圆木,日语发音 maruta,七三一部队使用的代号,指用于人体实验的活人),结果拿劳务者来做实验。"从 2015 年开始,每一年的 7 月 3 日,贝尔德教授会同印尼医学界有志之士到雅加达郊外的 Mochtar 教授墓地献花,向这位为了挽救十多位同僚而牺牲的英雄致敬。

第三节 马尼拉支部

1946 年 1 月,投降后的南方军军医部提交英军的资料《昭南地区现状表军医方面(2)》(表 3-1 里的第二份文献),有关马尼拉支部的记录在编号第 0953 页(图 3-14),其要点如下:南方军防疫给水部马尼拉支部设立于昭和 19 年(1944 年)8 月,初期是设置在马尼拉圈(Manila)的阿拉邦(Alabang),占用设施名称不明。后来搬迁到吕宋岛北部的碧瑶市(Baguio),支部长为军医少佐帆刈喜四郎,其他校官有卫生大尉高贝安次郎,军医中尉三

① J. Kevin Baird(贝尔德),原美国海军军医上尉,专攻疟疾,于 2006 年退役。旅居印尼超过 20 年。
② 日本 NHK,2021 年 8 月 22 日,BS 放送「倒れた兵士 南方軍防疫給水部」。

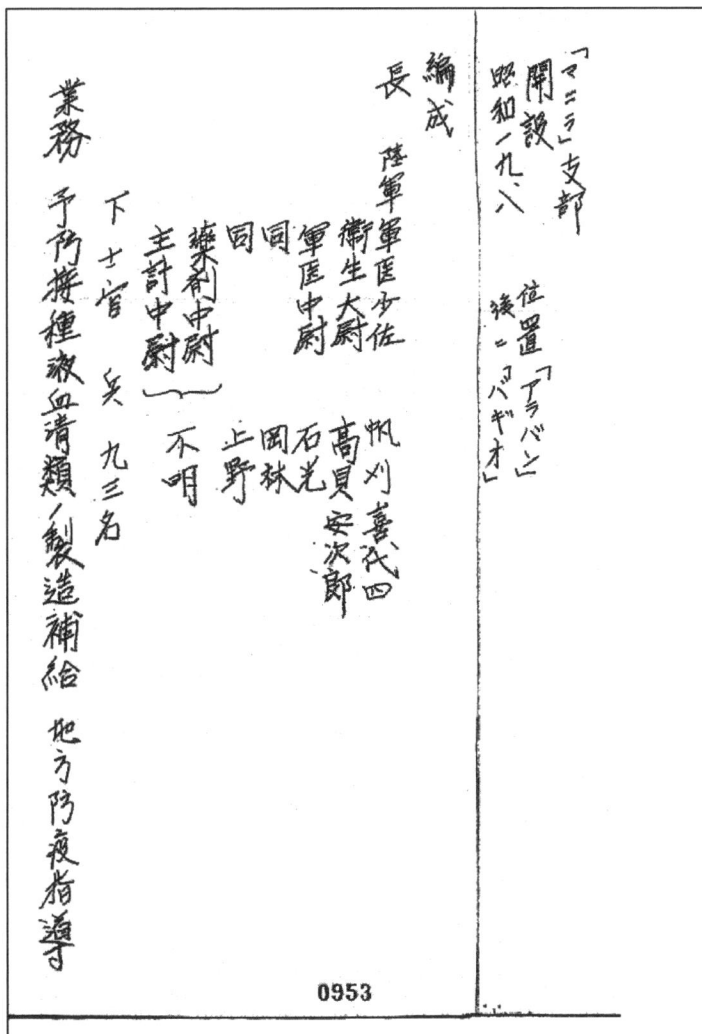

图 3‑14　1946 年 1 月南方军军医部提交给英军的马尼拉支部档案，编号第 0953 页

人——石光、冈林和上野。药剂中尉和主计中尉的记录不明。下士官和士兵共 93 人。这支 98 人部队的主要任务是：制造和补给血清类预防疫苗，提供地方防疫指导。

目前还未找到该支部的防疫给水活动记录，不过发现一份日期为1942 年 6 月的药物移交军令，题为《南方补给用及防疫卫生材料（第 5 次）

交付之件》①,该军令乃由陆军省副官下令日本的陆军卫生材料总厂提交大批医药物资给第十四军(菲律宾)和第二十五军(马来)。里头列出"卫生材料"有 1 073 种物品,分成以下四大类:

- 医疗器具 242 种(编号第 0850 页开始);
- 防疫给水材料 179 种(编号第 0867 页开始);
- 药品 638 种(编号第 0880 页开始);
- 防疫用卫生材料 14 种(编 0926 至 0927 页)。

日军是把"防疫给水材料"和"防疫用卫生材料"分开处理和搬运的,而且交付不同的"收货人"。

也就是说,受领材料的菲律宾第十四军,昭南的第二十五军,都有各个不同的部门来受领。根据 1946 年 1 月的文献记载,南方军防疫给水部马尼拉支部"后来搬迁到吕宋岛北部碧瑶市",但目前尚无搬迁日期的记录。但是另一份文献日期为 1947 年 3 月 10 日的《南方军防给部马尼拉支部　留守名簿》(图 3-15)②封面上还是用日文片假名写着"マニラ(日语发音 Ma Ni La)支部"。根据这份名簿,马尼拉支部搬迁至碧瑶市后,还是保留了原来的地名称呼"马尼拉支部",尽管两市相距 245 公里。

这部《南方军防给部马尼拉支部　留守名簿》还有一个值得引起注意的就是名簿里的人数,约 50 页的册子里,只写有 7 个人的名字(其他都是空白页)。1946 年 1 月投降后的南方军军医部提交给英军的文件(图 3-14)里是 98 人,那么以上 1947 年 3 月的留守名簿里 7 人以外的 90 多人是哪些人呢?下落如何呢? 这有待进一步的史料发现和研究。

---

① 日本亚洲历史资料中心,编码 C01000346400,件名:「南方補給用並防疫衛生材料(第 5 次)交付の件」。

　　• 编号第 0867 页　有关防疫给水材料;

　　• 编号第 0880 页　有关药物(编号第 0922 页＝6 个月份所要量);

　　• 编号第 0926 页　有关防疫用卫生材料;编号第 0927 页　有关 6 个月所需量。

② 日本东京亚洲历史资料中心提供阅览,文件号:平 23 厚劳 05503100,「南方軍防給部マニラ支部　留守名簿　尚武第 9420 部隊」。

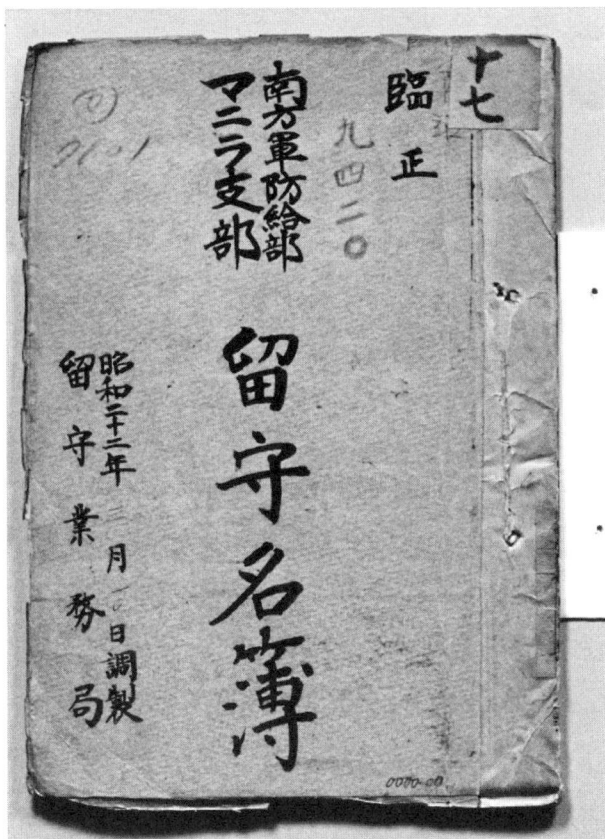

图 3‑15　「南方軍防給部マニラ支部留守名簿」（南方军防给部马尼拉支部留守名簿）封面，日期为昭和二十二年（**1947**年）三月一〇日

第四节　印度支那支部

根据南方军军医部 1946 年 1 月提呈给英军的资料，南方军防疫给水部印度支那支部（图 3‑16）开设于西贡（今胡志明市），时间是昭和 20 年 5 月；另外还有两个出张所，大叻市（Dalat）和他曲市（Thakhek，今老挝境内）。

印度支那支部长是军医大尉安东清，另有军医少尉两名，高田茂和石野喜代司；还有陆军技师白井正臣，以及下士官及兵士 101 人。其业务范围：预防疫苗血清类的制造和补给，提供地方防疫指导。

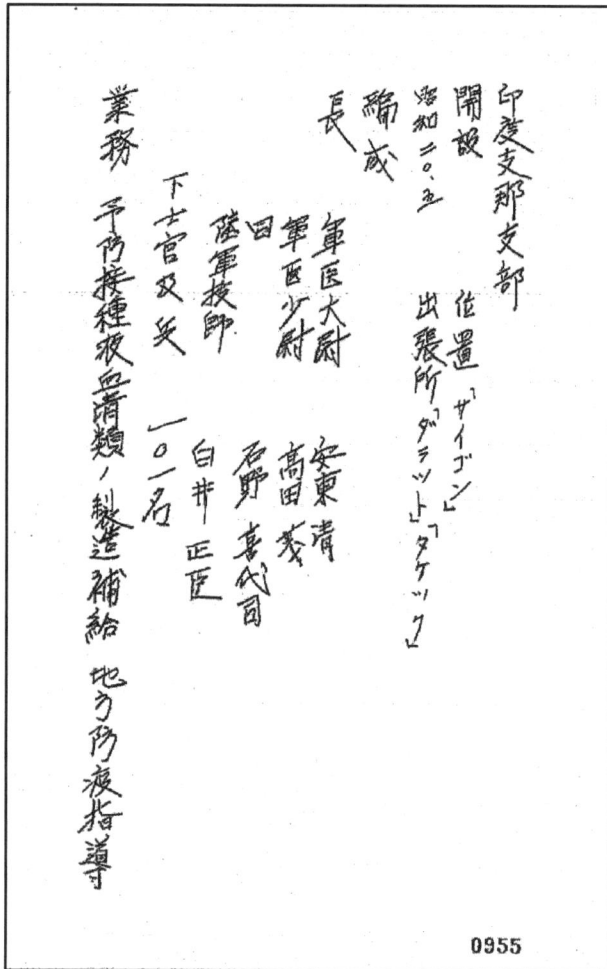

図 3-16　1946 年 1 月南方军军医部提交给英军的印度支那
支部档案,编号第 0955 页

如图 3-16 所示,冈九四二〇部队印度支那支部的派遣应该是在 1945
年 5 月 2 日英军在缅甸成功反攻夺回仰光之后,作出的战略性调整。

第五节　泰国支部

南方军和冈九四二〇部队在中立国的泰国境内也驻军并开设了病院和
支部等。

　　投降后日军呈交给英军的记录显示泰国支部在昭和 20 年 5 月开设于曼谷(Bangkok)(见图 3 - 17)。支部长是军医少佐竹川信也,此外有军医大尉权田重隆,军医少尉津田稔,陆军技师西山守,嘱托天野小文治,以及下士官和士兵 100 人。业务范围包括制造和补给血清类预防疫苗,提供地方防疫指导。目前本研究尚未了解到该泰国支部的具体地址和所使用的设施。这份档案除曼谷之外,并未提及其他城市。

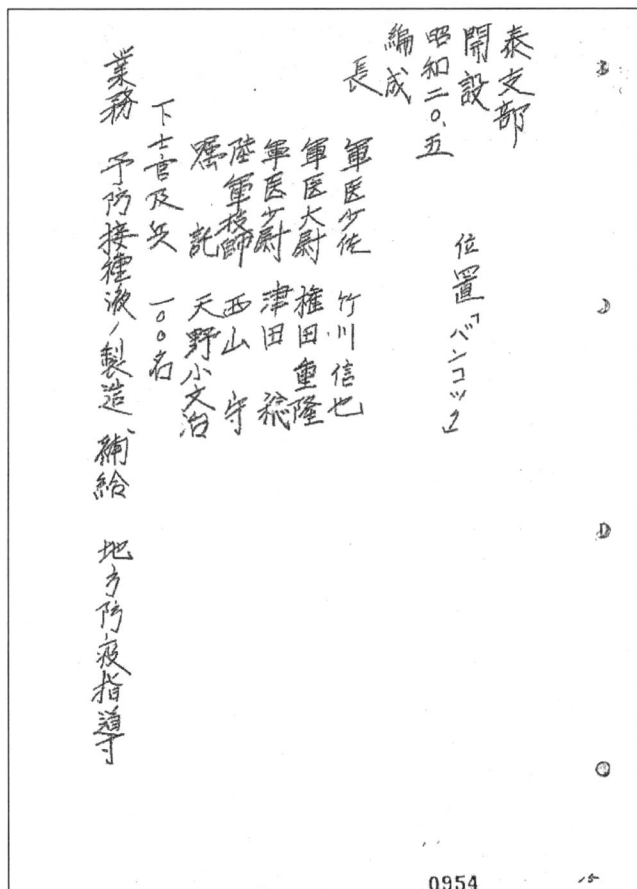

图 3 - 17　1946 年 1 月南方军军医部提交英军的南方军防疫给水部泰国支部档案,编号第 0954 页

　　根据 1945 年 9 月 1 日冈九四二〇留守名簿的附录《略历》(图 3 - 18),在曼谷支部还未被设立的两年之前,即 1943 年的 4 月 15 日,该部曾经从昭南

总部赴泰国北碧(kanchanburi)于 4 月 20 日抵达,执行任务 6 个月之后,于同年 10 月 15 日离开北碧,回返昭南(图 3－18 中央部分)。

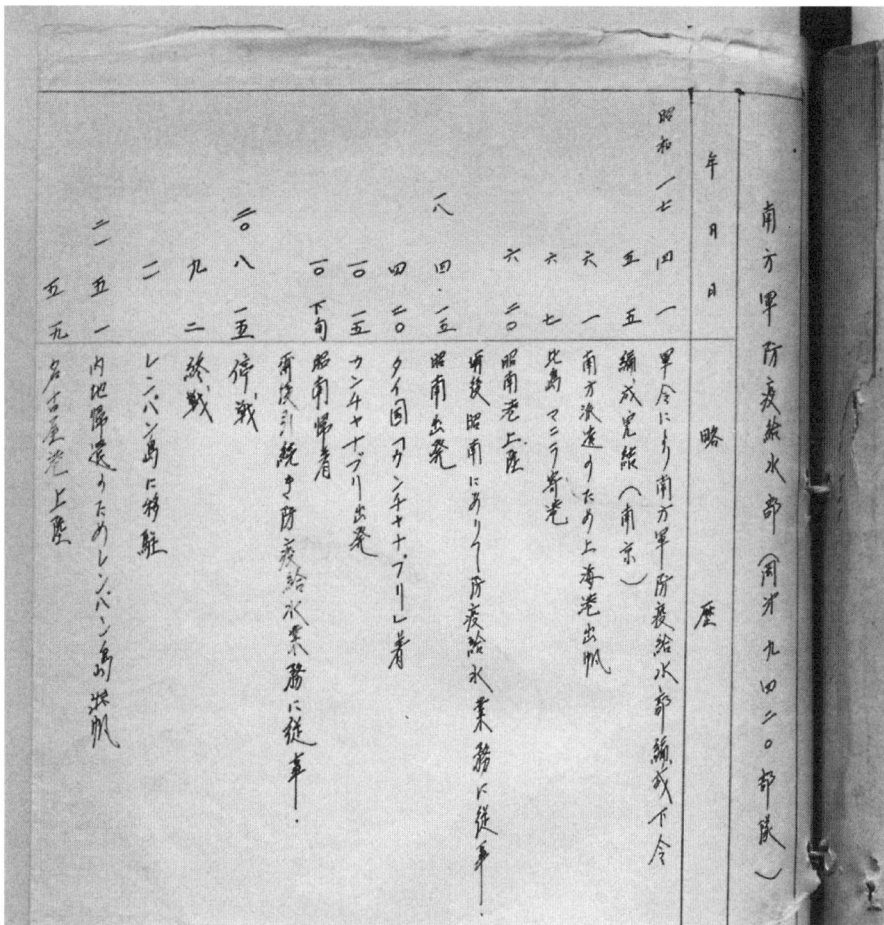

图 3－18　南方军防疫给水部 1945 年 9 月 1 日(日本投降后)留守名簿的附录《略历》第一页

　　泰国并不是日军的战场,1943 年 4 月 15 日冈九四二〇部队赴北碧执行任务 6 个月,一共派遣多少人员? 具体执行的什么防疫给水"业务"呢?

　　第一章第三节增田知贞与日军"ホ号作战"提及美国调查官桑德斯对增田知贞的讯问记录中,增田称:1943—1944 年,他在缅甸从事疟疾预防。与以上冈九四二〇部队赴北碧时期基本重合。另据《帝国陆军编制总览 第二卷·近代日本军事组织·人事资料总览》，1943 年 3 月，日军组建缅甸军，3—7 月，增田知贞任该军第 31 师团(烈兵团)军医部长，①这个时期有 4 个月与以上冈九四二〇部队赴北碧执行任务的时期重合。刚刚组建的缅甸军部队防疫给水业务，及时获得了一位最具中国大陆战场细菌战作战经验和理论水平的指挥官的专业指导。今后，关于这 6 个月泰国北碧执行的具体任务，需要进一步发掘史料，并结合周边地区的战况，加以关注。

另外，南方军军医部在昭和 19 年 1 月 31 日所实施的南方军直辖卫生部职员人数调查中，南方军防疫给水部所申报的旗下各地支部职员名单里头，列出在泰国的北碧有一支"泰国派遣队"，队长是久保田满夫少佐，带领着 4 名中尉等，部队总人数是 107 人。(见本章图 3-31 与图 3-32)。

按照以上相关文献内容的时间顺序，整理如下：

• 南方军防疫给水部曾在 1943 年 4 月 15 日赴北碧执行任务 6 个月，于同年 10 月 15 日离开北碧，返回昭南，见图 3-18。

• 1944 年 1 月南方军军医部职员调查中，南方军防疫给水部泰国派遣队在北碧，由久保田满夫少佐带领，参考图 3-31 及图 3-32。

• 1945 年 5 月，南方军防疫给水部曼谷支部设立泰国支部，由竹川信也少佐带领，见图 3-17。

1944 年 1 月，南方军防疫给水部队"泰国派遣队"在北碧有 100 多人，具体执行什么任务？与滇缅的战事有关吗？派出人员是 1943 年 10 月总部赴北碧执行任务后留在当地的吗？此外，第二章中新加坡奥斯曼·渥的证言里提及"每三或四个月就把染上鼠疫菌的跳蚤装填入玻璃壶，然后用火车运往泰国"，他所说的泰国，具体是首都曼谷呢，还是位于曼谷西面，车程约两个半小时的北碧呢？还是继续运往某地呢？为什么要每隔三四个月把鼠疫跳蚤运往泰国？如上文指出，泰国并不是日军的战场，鼠疫跳蚤很难想象是用于细菌武器攻击以外的目的，每隔三四个月把鼠疫跳蚤运往泰国，是按照

---

① 外山操、森村俊夫『帝國陸軍編制總覽 第二卷近代日本軍事組織·人事資料総覽 下』，芙蓉書房、、1993 年，787 頁。

一个什么计划呢？鼠疫跳蚤作为细菌武器有生命期限,可以作出推测的是,运送目的地对于存活的鼠疫跳蚤有持续不断的需求。目前尚有待发掘当时的运输军令或其他相关文献记录,以寻求以上问题的回答。据以上桑德斯讯问记录:增田称,1943年3月—1944年12月,他在缅甸实施疟疫防控;1945年3月他在西贡南方军司令部,4月才返回哈尔滨平房。也就是说,他1943年7月离任缅甸军第十五军第三十一师团军医部长后,一直以某个特殊的身份在缅甸一带活动,直至1945年日本战败前数月返回七三一部队。

此外,美国历史学者哈里斯关于日军细菌战历史专著《死亡工厂》①中提到根据文献记载:泰国"1944年9月爆发了一场鼠疫",那个地区近年来从未发现过鼠疫,泰国人和美国人都推测:这场鼠疫的流行是由于日本人的"细菌第五纵队行动"引起的。

这里还值得注意的是,1945年5月,战局对日本已经非常不利,南方军防疫给水部同时派遣两个支部,印度支那支队101人,业务范围为预防疫苗血清类的制造和补给,提供地方防疫指导;泰国支部100人,业务范围相同。这两个支部都有100人的规模,并且应该具备疫苗制造的技术和设备。今后的研究需要进一步追踪派遣这两个支部的战略目的。

另据第二章图2-52,以上印度支那支队、泰国支队派出一个月之后,冈九四二〇部队又派出一支30人的马来派遣队。

另据前马来支部队员竹花京一回忆录,②五月中旬,"梅冈"部队(即马来支队)内部风传部队要撤退奥地,开辟新的基地。此后,同时入伍的100多人军属中,被挑选出80人,回到总部,进行准备。6月24日清晨,这80人作为先遣部队,乘坐8辆卡车,载满了重要物资,离开了总部,一路颠簸,经泰国各地,最终到达目的地老挝他曲。经整顿后即紧急集合,被告知在来此的途中天皇已经于8月15日接受了《波茨坦公告》,宣布投降。此后即接命令,开始

---

① [美]谢尔顿·H·哈里斯:《死亡工厂》,王选、徐兵、杨玉林、刘惠明、张启祥译,上海人民出版社,2022年,第319页。

② 日本,竹花京一(静冈县滨松市),原南方军防疫给水部军属。竹花香逸「ノミと鼠とペスト菌を見てきた話-ある若者の従軍記-」,(私家版)、1991年、106、107頁。

烧毁豁出性命带到他曲的资料,有医学方面的文献。把珍贵的文献都烧毁了,心情沉重。最感意外的是,被毁的最大最重的物件居然是当时最新型的昂贵的大型显微镜。资料和器械处理完毕后,该军属部队被命令转移到位于南方军司令部驻在地越南西贡边上提岸的陆军医院集合。乘 3 辆卡车出发,于 9 月末到达后,即接到命令,军属以卫生兵的名义在该陆军医院出勤,并被发给红十字的袖章。医院里也没有那么多工作,部队实际处于软禁状态。

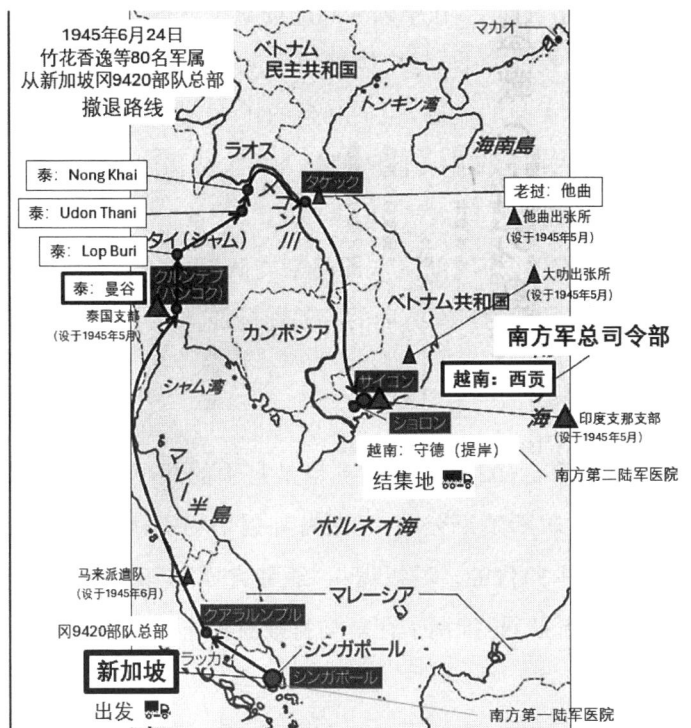

图 3-19　根据竹花京一回忆录绘制的撤退路线图

注:图中↑表示行军方向,方框中的地名为停留地点,▲为支部、出张所

可是竹花回忆录中丝毫未提及在他们一行到达前数月设立的印度支那支部他曲出张所,也就是 80 名军属到达并停留该地销毁从新加坡总部带过来的资材的老挝他曲,按理出张所在那里会有接应。竹花等 80 名军属分队从新加坡总部出发时,一共 8 辆大卡车,在他曲处理了带来的资料和设备后,乘坐 3 辆卡车出发去越南提岸的日军陆军医院。如果焚毁的资料和设备装载有 5 大卡

车的话,也是一项工作量不小的任务。是他们独立完成的吗? 还是与他曲出
张所人员共同作业? 据图 3-16,印度支那支部人数总共有 101 人。

那时候,在瓜拉庇劳"乡下"饲养老鼠的大快良明也是一直等到 8 月
25 日才接获日军投降的通知,然后把几千只老鼠和兔子都"放生"。时间
上,与竹花的 80 人军属分队相似,都是在 8 月 15 日日本正式投降后,才得
到通知。

据日本研究者水谷尚子,在中国大陆的南京中支那防疫给水部队,即一
六四四部队,在接获投降令后,趁中国接收部队到来前,焚毁所有的细菌战
研究资料,清除人体实验的痕迹,包括剩余的用于人体实验的囚徒的尸体,
将设备和骨灰等投入扬子江中。部队部分人员也转移到南京九华山下的日
军陆军医院,转换身份为医院人员。①

目前尚未发现有关"梅冈部队",即马来支队,军属竹花京一回忆中"80
名军属"分队及以上行动的日军方面的有关资料。

第六节　缅甸

对日军大本营而言,缅甸是最关键也是棘手的战场,打败仰光的英军
(殖民军)只是序幕,阻断滇缅公路,切断海外援华物资,迫使重庆的中国国
民政府投降才是日军的目的。所以编组"缅甸方面军"时,日军抽调了在中
国战场上有经验的部队,也抽调了在新马打败过英军的部队,组合成缅甸军
(见表 3-5)。

表 3-5　缅甸方面军主要构成军队的实战经验一览②

第十五军	第 15 师团(浙东、浙赣、长沙),第 31 师团(华中和华北的几个联队编成),第 33 师团(仙台、湖北、山西)
第二十八军	第 2 师团(仙台),第 54 师团(姬路),第 55 师团(善通寺)
第三十三军	第 18 师团(南京、广东、新马),第 56 师团(久留米、新马)

① 水谷尚子「元一六四四部隊員の証言」、『戦争研究責任』第 10 号、63 頁。
② 井本熊男、森松俊夫、外山操『帝國陸軍編制総覽』、芙蓉書房、1987 年。

　　表 3-5 中第十五军所辖第十五师团，即为第一章中提及：从各联队抽调了 6 名人员，调配冈九四二〇部队的支那派遣军第十三军所辖部队。该师团随日军第十三军为 1942 年浙赣会战参战部队，具有浙赣会战细菌战的经验。第三十一师团组建初起，即由增田知贞担任军医部长约半年。

　　这在战略计划上是完美的，可是"竖立型社会"的日本，强调"俺的做法"，贫于横向协调，这支不同系统的组合军队，最终在缅甸战场上一败涂地。

　　《昭和二〇年八月十五日前之外地部队战斗序列概见表》的文件卷宗之中，有一份南方军《卫生机关关系（表）》（图 3-20）[1]，该表出自日本第一复员省，日期是 1946 年 1 月 21 日，日本投降之后。

　　以下为该表之中，缅甸方面军的"排列次序"：

　　原表按照传统的书写法从右到左，首先是"满洲"军区（右端），跟着是中国军区（中间），最后是南方军区（左侧），是一张横幅大表。因此，图 3-20 只是"中国和南方"的局部（即原表的中部和左上方）。在中国军区和南方军区的中间，画有一条似"分界线"的垂直线，而"缅甸方面军"就在这条分界线的左边，由第十五军，第二十八军和第三十三军组成。其中第十五军是太平洋

图 3-20　1946 年 1 月 21 日，日本第一复员省编《No. 13　卫生机关关系》中有关记述缅甸军的序列一角（中央偏右部分）

---

① 日本亚洲历史资料中心，编码 C14110531700，件名：「No. 13　衛生機関関係」。1946 年 1 月 21 日第一复员省编。编号第 1913 页—第 1914 页。

命　令　（案）

一　第二十五軍戰鬪序列ヲ解ク
二　南方軍ハ第十四軍、第十五軍、第十六軍、第二十五軍楠海支隊ノ戰鬪序列ヲ令ス
戰鬪序列別冊ノ如シ
三　關東軍司令官、支那派遣軍總司令官、臺灣

4　　　　1590

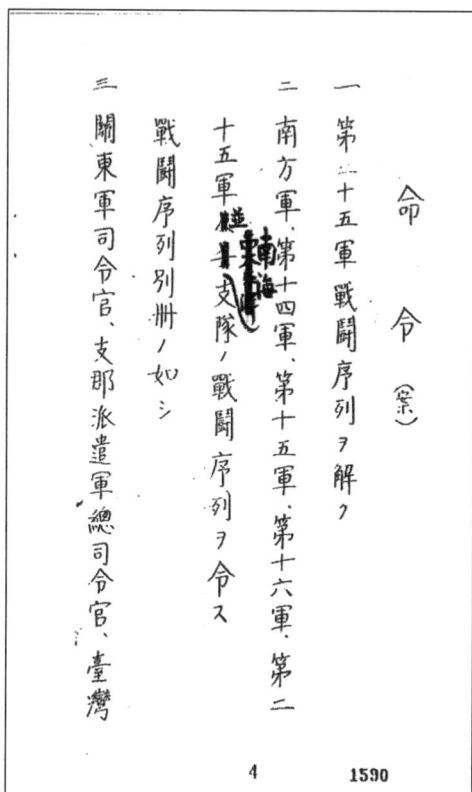

图 3 - 21　太平洋战争爆发前夕 1941 年 11 月 5 日的南方军战斗序列中，第十五军是南方军的主力之一（图中的中央部分），编号第 1590 页

战争初期南方军主力之一（图 3 - 21）①。

　　图 3 - 20 的中央处出现的这条"分界线"，显示缅甸方面军区别于支那派遣军，与南方军相邻。对南方军来说，从战争爆发直至日本投降，均提供"卫生材料"给缅甸方面军（第二章图 2 - 38 和图 2 - 41），履行了照顾伞下部队的义务。可是，至今还没有发现南方军防疫给水部有缅甸支部的文献记录。

　　增田知贞用 16 厘米摄影机把他走访过的缅甸著名景点，如大河、大寺，以及缅甸巴斯德研究所（图 3 - 22），缅甸公众卫生学院（图 3 - 23），饲养老鼠

① 日本亚洲历史资料中心，编码 C14110527900，件名：「開戦当時に於ける南方軍戦闘序列」，编号第 1590 页。

设施(图 3‒24～图 3‒27)等都拍摄了下来,展示了日军在缅甸的老鼠饲养和细菌研究设施的状况。

图 3‒22　缅甸巴斯德研究所(截图自增田知贞影像)

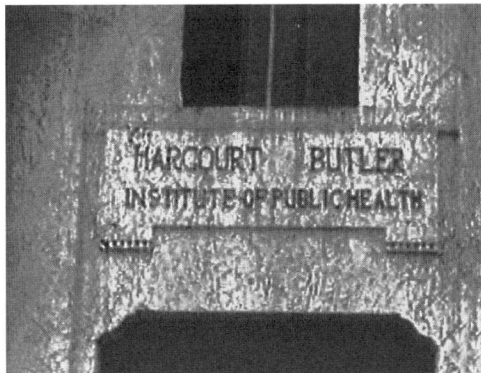

图 3‒23　缅甸公众卫生学院(Harcourt Butler Institute of Public Health)(截图自增田知贞影像)

图 3‒24　缅甸式捕鼠器‒1(截图自增田知贞影像)

图3－25　缅甸式捕鼠器－2（截图自增田知贞影像）

图3－26　酷似平房的养鼠方井箱的设施（截图自增田知贞影像）

图3－27　当地负责人向来访将校说明（截图自增田知贞影像）

在调查缅甸军的防疫体制时,发现开战初期重要文件中有一份军令,时任南方军统帅寺内寿一1942年1月31日从西贡发出的军令"南总作命甲第四十九号　南方军命令"(「南総作命甲第四十九号　南方軍命令」)①。这道军令里,寺内作出以下指示:"新编入南方军战斗序列的防疫给水部(迄今称为特殊防疫给水班),派两个班到第十六军(雅加达方面)司令官指挥下,派一个班到第十五军(仰光方面)司令官指挥下"。根据图3-20所示,昭和二〇年,即1945年时,第十五军为日军缅甸军所属。

图3-28为该军令之首页,图3-29为该军令之第5页。

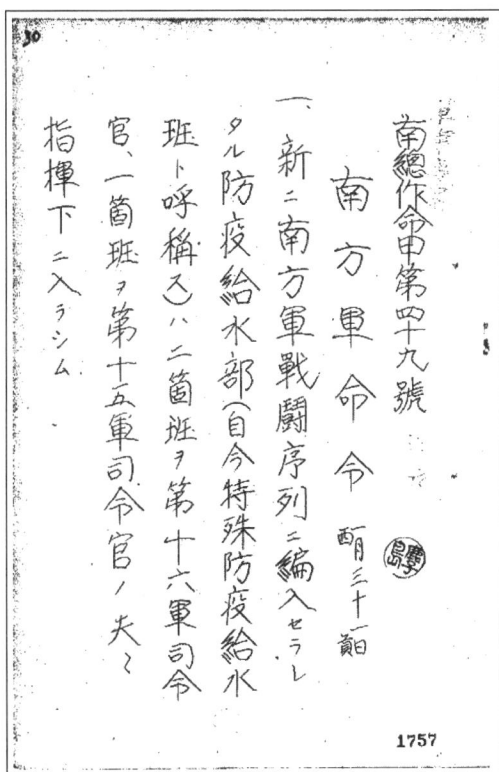

图3-28　1942年1月31日,南方军总司令寺内寿一发出的
「南総作命甲第四十九号　南方軍命令」首页,编号第1757页

---

① 日本亚洲历史资料中心,编码C14060041600,件名:「緬甸作戦に伴ふ部隊の移動/南総作命甲第49号　南方軍命令」,编号第1757页—第1771页。

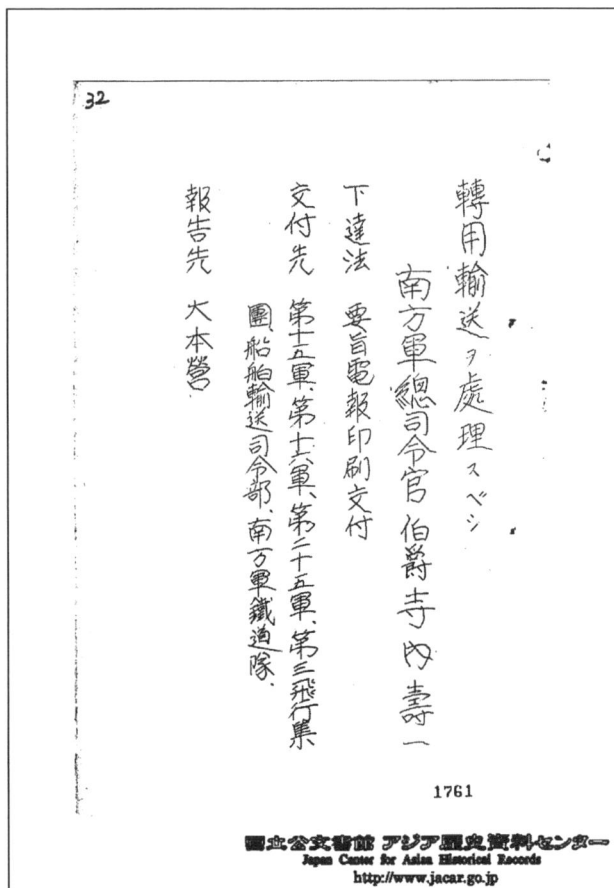

图 3 - 29　南方军总司令寺内寿一发出的「南総作命甲第四十九号　南方軍命令」最后一页,编号第 1761 页

　　这个被简称为"特殊防疫班"的部队,首次出现在东南亚的战场上。

　　新加坡于 1942 年 2 月 15 日沦陷,1 月 31 日当寺内寿一发布以上军令时,新加坡还未沦陷,编组南方军防疫给水部的军令当时还尚未颁发①,缅甸方面军已经投入"特殊"防疫班。当时缅甸方面军中已有由井上勇中佐率领的第十一防疫给水部。更重要的是,何为"特殊"防疫班,"特殊"在什么地方? 关于这些问题,下文中将继续探讨。

————————————

① 该军令颁发于 3 月 30 日。

　　除"特殊防疫班"之外,有关缅甸战场的日军防疫,本研究发现一份文献,是美国调查滇缅公路地区疟疾状况的报告书。[1]

　　中缅战场,尤其是著名的滇缅公路穿行在最恶劣的疟疾疫区,云南和缅甸交界处。日本防卫省防卫研究所藏有一份美国派遣疟疾调查团报告书。该调查团于 1939 年 12 月至 1940 年 3 月间,调查滇缅公路沿线疟疾状况,然后把搜集到的数据整理成一张大图(图 3-30)。日方将其翻译成日文,收录

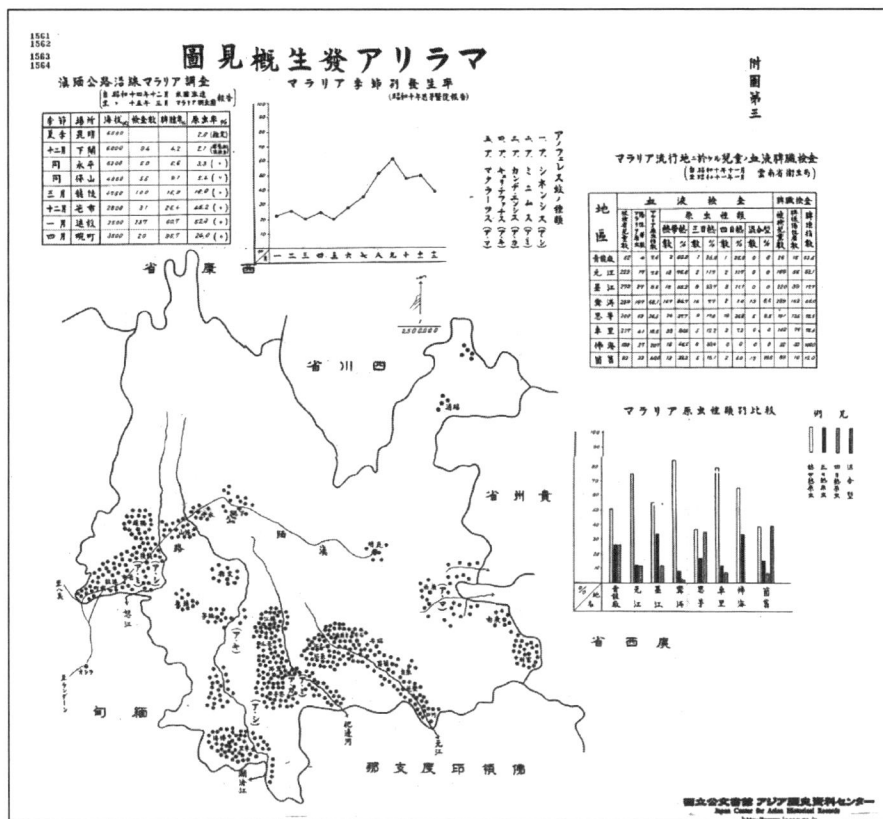

图 3-30　1939 年至 1940 年间,美国派遣疟疾调查团赴滇缅公路地区,调查滇缅公路沿线疟疾的统计数据和图表。题为「マラリア発生概見図」,编号第 1561 页至第 1564 页

① 日本亚洲历史资料中心,编码 C13110174800,件名:「附図第 3　マラリア発生概見図」。中国・兵要地志・云南省兵要卫生志,昭和 17 年 2 月,编号第 1561—1564 页。

于《云南省兵要卫生志》（昭和一七年二月）里。档案名称为《附图第3　疟疾发生概见图》。图3-30左下方的简略滇缅地图布满了小黑点（代表疟疾疫区），覆盖着整条滇缅公路沿线地段。滇缅公路沿线各地的疟疾发生周期和原虫种类都有分类和统计。日军在开战之前就已经力图掌握了战场的疫情，有备而来。

图中，对照日军前线阵地的内部报告：战死伤统计，能了解疟疾在日军部队中的流行状况。以第十五军为例，1942年7月末的《第十五军卫生概况报告(1)》[1]，第十五军从日本开战以来直到7月为止（共8个月）的病名类别死亡人数，编号第1411页，整理成表3-6如下，显示疟疾的死亡人数最高，537名日军病患死者中，有321人死于疟疾。很显然，疟疾是日军缅甸军的头号杀手。

表3-6　第十五军的疾病类别死亡统计（1941年12月至1942年7月）

病名	死亡人数	死亡人数占比
疟疾	321	60％
传染病	154	29％
脚病	5	1％
肺痨	6	1％
其他	51	9％
合计	537	

《第十五军卫生概况报告(1)》的编号第1392页里，还记录了1942年"7月上旬，据说云南民间发生了鼠疫，挺进芒市师团增强防疫，扑灭了鼠疫"。

在防疫方面，根据第33师团步兵第215连队第2中队的《阵中日志》[2]编号第1101页，1943年5月1日记载："（部队全体）注射了鼠疫疫苗。"

---

① 日本亚洲历史资料中心，编码：C14110669200，件名：「第十五軍衛生概況報告(1)」，编号第1392页＝云南省发生鼠疫。编号第1411页＝病名类别死亡人数。

② 日本亚洲历史资料中心，编码C14060325800，件名：「陣中日誌　自昭和一八年五月一日至昭和一八年五月三一日」。编号第1101页＝1. 予防接種（ペスト）

负责防卫缅甸首都仰光以北约 120 公里的沙耶瓦底地区①的日军地区防卫队《情报记录报告》附录《管辖区内的卫生状况》，也列表报告了《本年度的预防疫苗接种人数》②（编号第 1991 页），内容整理如表 3－7。

表 3－7　沙耶瓦底地区防卫队的疫苗接种人数（截至 1943 年 9 月 15 日）

疫苗名称	接受疫苗接种人数	百分比
鼠疫	182 000	51％
霍乱	71 000	20％
天花	102 000	29％
合计	355 000	

在同一份报告里，《九月中鼠疫霍乱天花疾患发生表》中，列出了个别疾病的死亡人数（编号第 1990 页），整理成表 3－8 如下。

表 3－8　1943 年 9 月中旬日军部队疾病死亡人数

病名	鼠疫		霍乱		天花	
人数	患者	死亡	患者	死亡	患者	死亡
町区名称	—	—	—	—	—	—
タラフデイ	—	—	—	—	—	—
レバグン	—	—	—	—	—	—
東ミンラ	—	—	—	—	—	—
西ミンラ	2	2	—	—	—	—
ヂゴン	—	—	—	—	—	—
ナタリン	—	—	—	—	—	—
合计	2	2	0	0	0	0

① 缅甸沙耶瓦底（Tharrawaddy）镇，位于仰光以北约 120 公里。
② 日本亚洲历史资料中心，编码 C14060373600，件名：「附録第 3　管内衛生状況」。编号第 1990、1991 页。

据第一章所述,美国调查官桑德斯对增田知贞的讯问记录中增田称:
1943 年 3 月—1944 年 12 月,他在缅甸从事疟疾防控。①

此外,上文提及美国哈里斯教授专著《死亡工厂》有如下记述:②

> 滇缅战场:当地的自由战士对寻找细菌战情报的美军情报部门来
> 说,也是一重要情报来源。比如,1944 年 12 月,日军在缅甸实施细菌战
> 的情报传到情报总部,消息说,3 个月之前,缅甸的抵抗战士发现了一
> "20 厘米的针剂瓶(黄色半透明)",经分析后发现是霍乱菌。发现针剂
> 的缅甸人说,这些针剂是日本飞机投下的。

此时,石井四郎的左右两臂,增田知贞来到缅甸,内藤良一又在新加
坡,石井机关在南方军的这个超强布阵的军事目的和战略意义值得引起
注意。

第七节　南方军防疫给水部组织系统

以上是关于南方军防疫给水部在新马泰缅越菲印各个支部的文献资料
整理。但是目前发现的资料,尚未足以组建出南方军防疫给水部所有支部
的完整组织系统图。

目前唯一发现的有关南方军防疫给水部的组织系统资料,是本章第
一节提及的 1944 年 1 月 31 日南方军军医部制作的《南方军直辖卫生职
员表》(见图 3-1)。这份资料是南方军军医部在战时收集人员相关资料
时,作为其下属部门之一的南方军防疫给水部被统计的资料。

这份资料涵盖南方军所有直辖部队的所在"各国人数调查",从南方军
总司令部开始,有南方军铁道队、南方第一陆军医院、南方第三陆军医院、

---

① [日]近藤昭二、王选主编《日本生物武器作战调查资料》第三册,社会科学文献出版社,2019 年,第
984 页。

② [美]谢尔顿·H. 哈里斯:《死亡工厂》,王选、徐兵、杨玉林、刘惠明、张启祥译,上海人民出版社,
2022 年,第 319 页。

南方军防疫给水部、第十二兵站病马厂、第十八军马防疫厂、南方军野战兵器厂、南方军野战自动车厂、南方军野战货物厂、南方燃料厂、马来俘虏收容所、泰俘虏收容所、爪哇俘虏收容所，等等。

南方军防疫给水部职员表的原图为以下图 3 - 31，从大表格中截取相关部分，将内容整理成图 3 - 32。

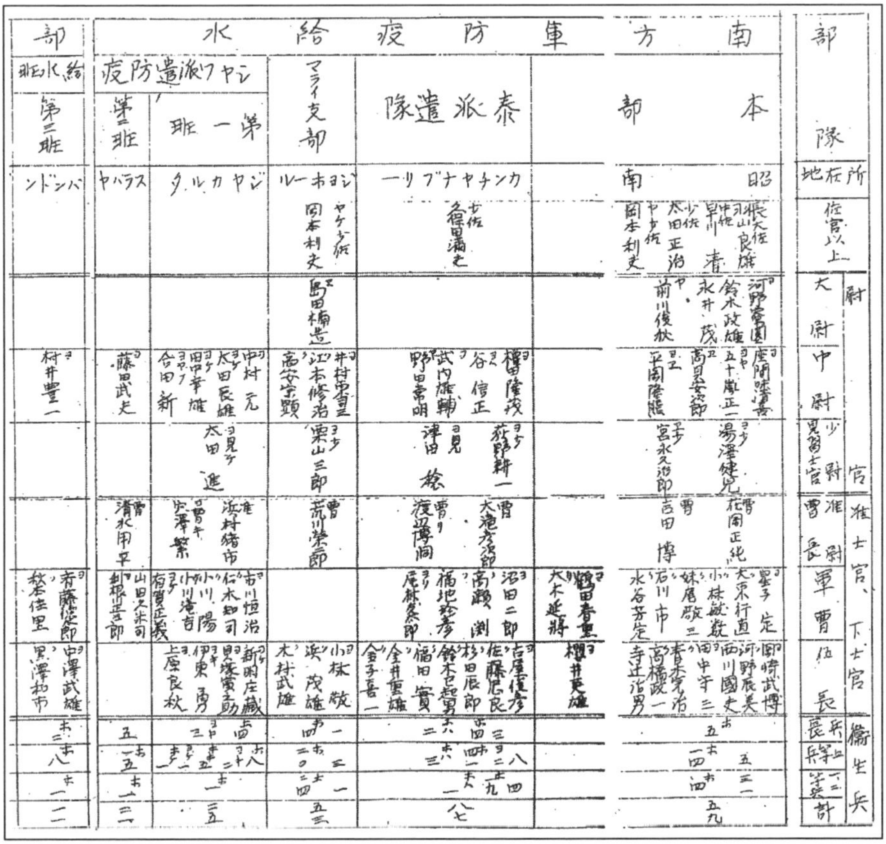

部隊	南 方 軍 防 疫 給 水 部					部
所在地	本 部	泰 派 遣 隊	マライ支部	第一班 派遣防疫班	第二班 給水班	隊

图 3 - 31　1944 年 1 月 31 日《南方军直辖卫生职员表》中《南方军防疫给水部》部分

关于以上《南方军防疫给水部》卫生职员表（1944 年 1 月 31 日），有几点值得引起注意：

（1）同样是南方军管辖下的缅甸、（法属）印度支那和菲律宾未包括在内；

（2）部分已知军属（例如大快良明、竹花京一）和本地人助手等未被

部队 所在地	南方军防疫给水部					
	总部	泰派遣队	马来支部	爪哇派遣防疫给水部		
	昭南	北碧	柔佛	第一班 雅加达	第二班 泗水	第三班 万隆
佐官以上	長大佐 羽山良雄 中佐 早川 清 少佐 太田正治 少佐 岡本利夫	少佐 久保田満夫	少佐 岡本利夫			
大尉	河野寮園 鈴木政雄 永井 茂 前川俊秋		島田楠造			
中尉	座間味清喜 五十嵐正一 高貝安次郎 平岡隆熊	権田隆茂 谷 信正 武内雄輔 野田常明	井村東司三 江本修治 高安宗顕	中村 元 太田辰雄 田中幸雄 合田 新	藤田武夫	村井豊一
少尉 見習士官	湯澤健児 宮永久治郎	萩野耕一 津田 稔	栗山三郎	太田 進		
准尉 曹長	花岡正純 吉田 博	大滝彦次郎 渡辺博洞	荒川栄二郎	浜村猪市 穴澤 繁	清水用平	
軍曹	星子 定 大東行直 小林敏数 妹尾敬三 石川 市 水谷芳定 鶴田春重 大木延将	沼田次郎 高瀬 渕 福地珍彦 尾林友太郎		市川恒治 仁木知司 小川 陽 小川滝吉 有賀正義	山田久米司 利根川正三郎	斎藤徳太郎 秋本佳里
伍長	岡崎武博 河野辰美 西川国夫 田中守三 青木完治 高橋政一 寺辻治男 櫻井英雄	古屋俊彦 佐藤忠良 杉田辰郎 鈴木巳起男 福田 実 金井重雄 金子喜一	小林 敬 浜 茂雄 木村武雄	新明庄蔵 貝塚寅之助 伊東 勇 上原良秋		中澤武雄 黒沢和市
	32	20	10	16	4	5
兵長	5	9	5	7	5	2
上等兵	19	54	23	17	15	8
一二等兵	35	24	25	1	1	1
計	59	87	53	25	21	11
合計	91	107	63	41	25	16
						343

图 3 - 32　根据图 3 - 31 整理《南方军防疫给水部》卫生职员表（1944 年 1 月 31 日）

计入；

（3）在马来支部（即柔佛州淡杯的前精神病院）管辖下所设立的其他设施（见第二章表 2 - 7）没有呈报上来；

（4）战后投降的日军（1946 年）提呈给英军的报告中称：爪哇支部的总部设置在万隆（参见图 3 - 33 右侧第二行或表 3 - 3），可是在 1944 年的报表里万隆是"第三班"（图 3 - 32 最右栏），而且人数也相对较少。

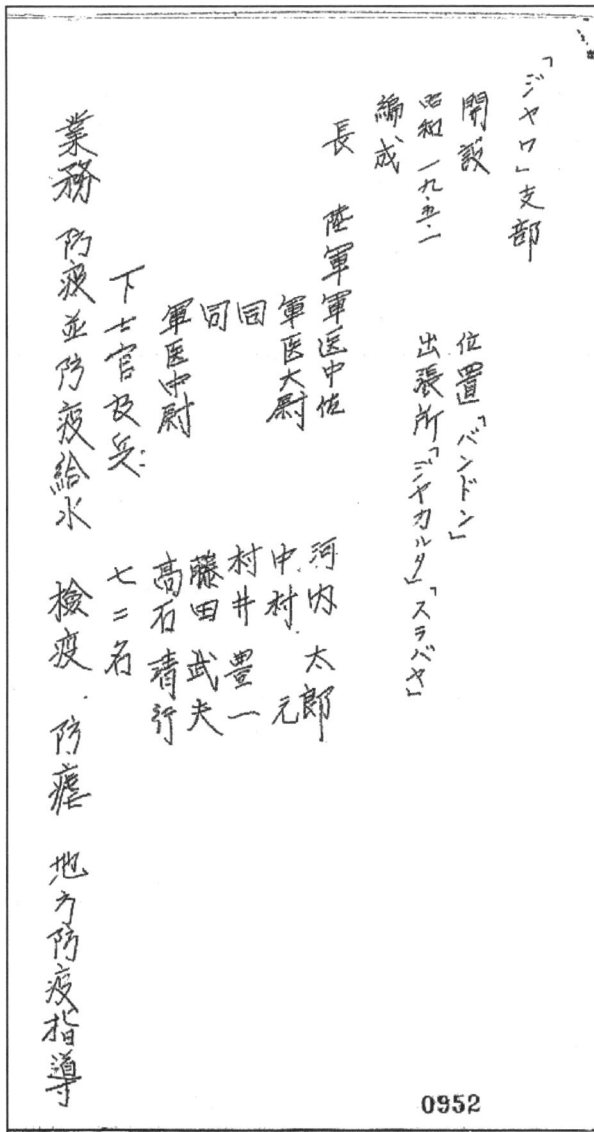

0952

图 3 - 33　1946 年 1 月南方军军医部提交给英军的爪哇支部档案

　　在此,综合第二章和本章所述的南方军防疫给水部各种支部的所在地名,标示入昭和 18 年 9 月台湾总督府制作的《大东亚共荣圈南方广域圈要图》的局部地图,制成图 3 - 34,作为南方军防疫给水部及其各支部所在相关地域图,作为本章的总结。

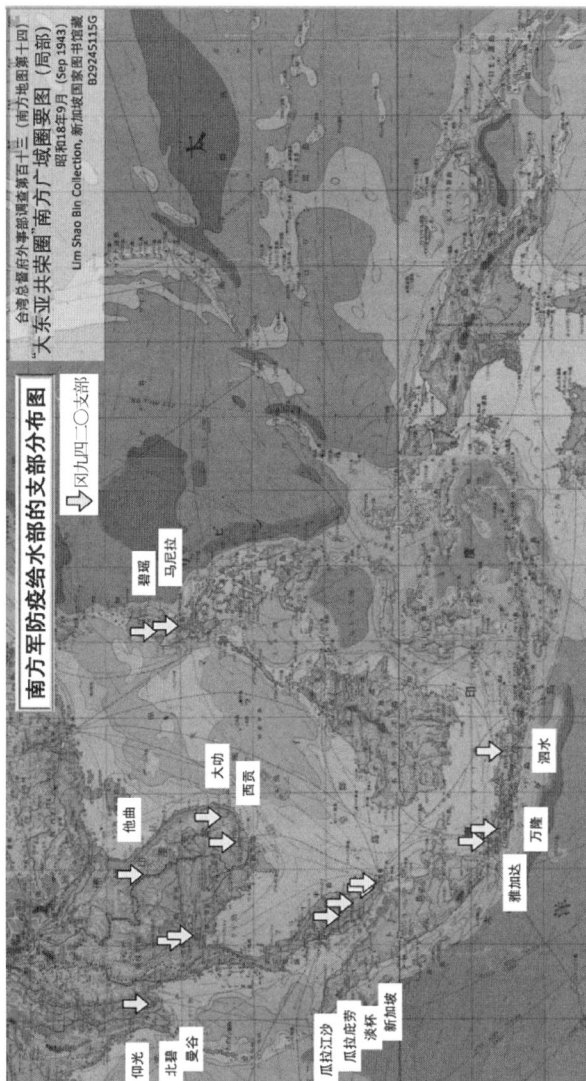

图 3 - 34　南方军防疫给水部的支部分布图（林少彬制作于 2020 年 6 月）

第四章 细菌战准备及过程

第一节 研究报告

石井四郎的日军细菌部队和机构成一系统,在日本陆军内部称"石井机关",其机关报为《陆军军医学校防疫研究报告》,倘若说南方军防疫给水部研究报告在体系上具有特征的话,那就是独自拥有《南方军防疫给水部业报》。石井的细菌战项目领军机构关东军防疫给水部有《关东军防疫给水部研究报告》,南方军防疫给水部也有自己部队的业报,这至少从一个侧面说明这个在赤道上新建的防疫给水部队的地位。

至今一共发现南方军防疫给水部研究人员提交《南方军防疫给水部业报 丙》(以下简称为《丙》)的 42 篇论文(附录 2),再加上目前只知论文作者姓名和题目,还未发现其论文本文的 27 篇(附录 4),合计 69 篇。

按论文编号的顺序把已知的执笔者姓名(或部门名称),共 26 个,整理成表 4-1 如下。

表 4-1 《南方军防疫给水部业报 丙》已发现 69 篇论文执笔者姓名或部门名称(共 26 个)

论文编号组别	《丙》的执笔者(顺序按论文受理日期)
第 1~第 10 号	河野寮园、内藤良一、高安宗显、井村东司三
第 11~第 30 号	第一科、冈本利夫、上野高正、樋口正人、贵宝院秋雄

续表

论文编号组别	《丙》的执笔者（顺序按论文受理日期）
第 31～第 50 号	大田黑猪一郎、村井丰一、第五科
第 51～第 59 号	冈九四二〇部队测候所、小泽定雄、竹本进一郎、儿矢野福太郎
第 60～第 89 号	竹内博夫、庄司正司、谷信正、中野真一、早川清
第 90～第 134 号	吉井策郎、栗山、帆刈喜四男、市川利一、竹川信也

"石井机关"中枢机构陆军军医学校编《陆军军医学校防疫研究报告　2部》①（以下简称《2部》）已发现的 800 多篇论文中，也包括来自南方军部队及人员的论文，经初步梳理，一共有 22 篇，出自 15 名研究人员和两个部队，整理成表 4－2。22 篇论文的题目、导师姓名、论文受理日期等请参考附录 3。

表 4－2　细菌研究论文库《2 部》里的南方军人员或部队名称

《2 部》论文编号	执笔者（顺序按执笔者的首篇论文受理日期）
385、394	高安宗显、第 24 野战防疫给水部
407、434、435、436	第二防疫给水部、内藤良一、村井丰一、缅甸弓六八三四部队莲见武尔
451、457、465、475	井上隆朝、横山育三、吉植庄平、弘冈正
572、582、591、592、594	河内太郎、池边吉太郎、山田常道
763、824、831、833、875、881、895	浅见淳、村田礼二、竹川信也、帆刈喜四男

以下简单介绍《南方军防疫给水业报　丙》与新加坡有关的论文。

图 4－1 是第 1 号论文的封面，执笔者为军医大尉河野寮园，论文题目是《对蚊族的疟疾防止法指针》。河野是疟疾专家，目前一共找到 6 篇他提交至《丙》的论文，分别为第 1 号、第 5 号、第 18 号、第 37 号、第 50 号和第 51 号。（论文题目等参见附录 2）

---

① 「陸軍軍医学校防疫研究报告　2 部」是石井机关的研究论文库，简称《2 部》。从 1939 年 12 月 13 日的第 1 号开始至 1944 年 5 月 8 日的第 947 号为止的四年半里，共有 947 篇论文，目前日本的研究学者一共发掘了 800 多篇。

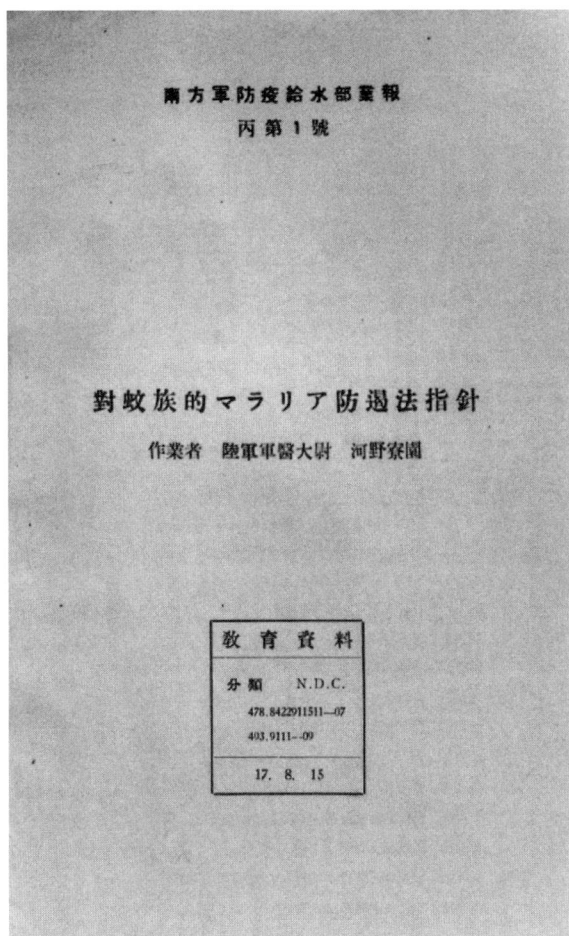

图 4 - 1　「南方軍防疫給水部業報　丙」第 1 号论文的封面，执笔者为军医大尉河野寮园

　　图 4 - 2 是河野寮园的第 37 号①论文《关于昭南岛嵌斑按蚊特点》的首两页，内容主要是有关昭南岛上的稀有嵌斑按蚊的生存状况和躯体特征的调查。如论文中的略图（编号第 1272 页）所示，他们成功捕获嵌斑按蚊的地段，是在新加坡市区东部边缘的梧槽河（Rochor River）河口附近，那里到处

---

① 《丙》第 37 号。日本亚洲历史资料中心，编码 C13120620900，件名：「南方軍防疫給水部業報　丙　　第 37 号　昭南島に於けるA. Tessellatus　Theobaldに就て」。

都是积水和浅滩，当时是一片让大型木船停靠和修理的地方，河口周边还有大木工场、煤气工厂和马来村落，欠缺良好的排水系统，河水污浊不堪呈黑色。图 4-3 是根据该论文略图的地理位置，配对上当年该地段的档案照片（林少彬藏），以供参考。

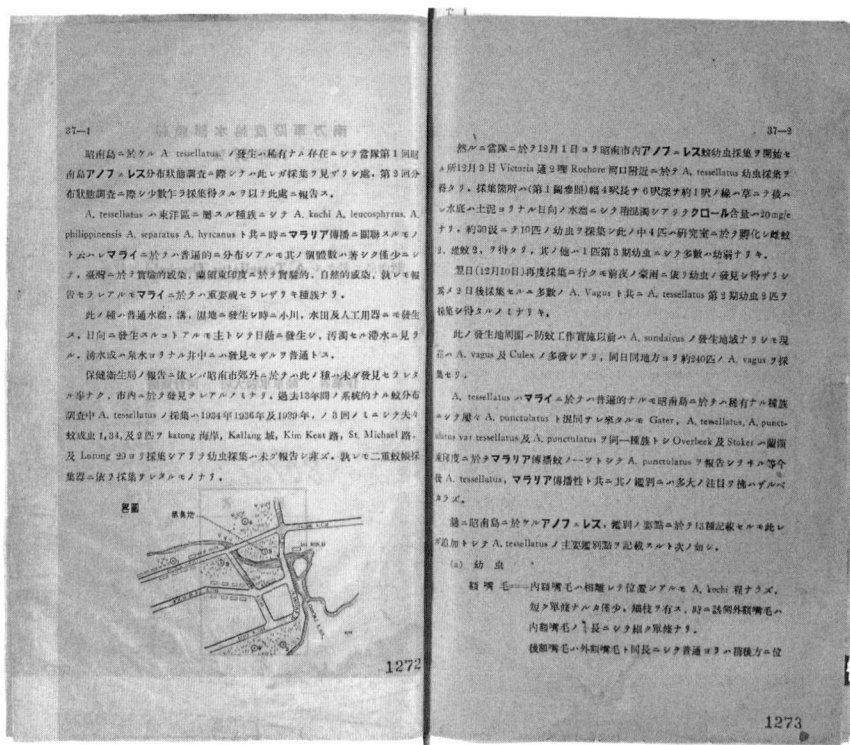

图 4-2　河野寮园的《丙》第 37 号论文中的采样地区略图，编号第 1272 页

　　被委任为马来（淡杯）支部队长的贵宝院秋雄有一篇调查报告，为《丙》第 49 号①，该论文为《栖息在马来半岛和鼠疫流行有关的啮齿动物》（「マライ半岛に栖息するペスト流行に関係ある主なる喫齿类」），总结并且列出了栖息在马来半岛和鼠疫流行有关的主要啮齿类动物，主要引用了新加坡著名的莱佛士博物馆所藏 29 尊鼠类动物标本和战前的研究文献。这篇论文

---

① 《丙》第 49 号。日本亚洲历史资料中心，编码 C13120621500，件名：「南方軍防疫給水部業報　丙第 49 号　マライ半島に栖息するペスト流行に関係ある主なる齧齒類」。

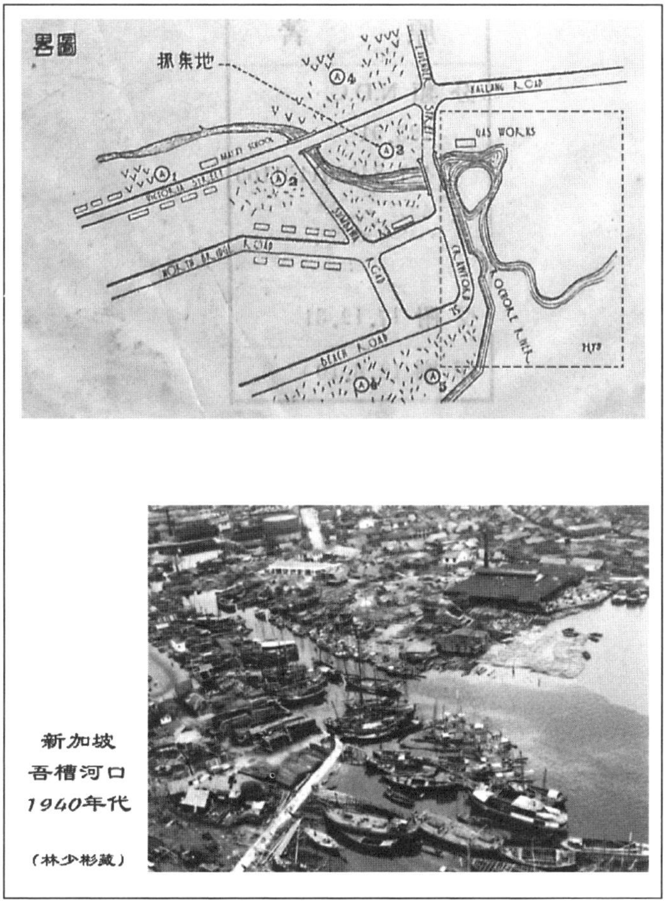

图 4 - 3 根据河野的《丙》第 37 号论文里略图的地理位置，配对当年该地
区的实景档案照片，虚线长方格为笔者林少彬标示的以下照片中的地段

的发现，也弥补了新加坡国家博物馆在日本占领时期一页失落的记录。这
篇论文的受理日期为 1943 年 8 月 13 日，图 4 - 4 为该论文封面（编号第 1371
页），图 4 - 5 和图 4 - 6 为贵宝院秋雄论文附录中的部分标本照片。贵宝院
秋雄另有两篇研究蚤的论文（第 26 号和第 27 号，题目等请参见附录 4），目
前还没发现这两篇论文的本文。

根据大快良明的证言，获准进出内藤良一"红瓦小屋"的一位是军医少
尉高安宗显，目前发现其在《丙》中发表 3 篇论文，此外《2 部》里也有 1 篇
（385），合计 4 篇论文，两篇关于饲养动物的研究，两篇鼠类研究。

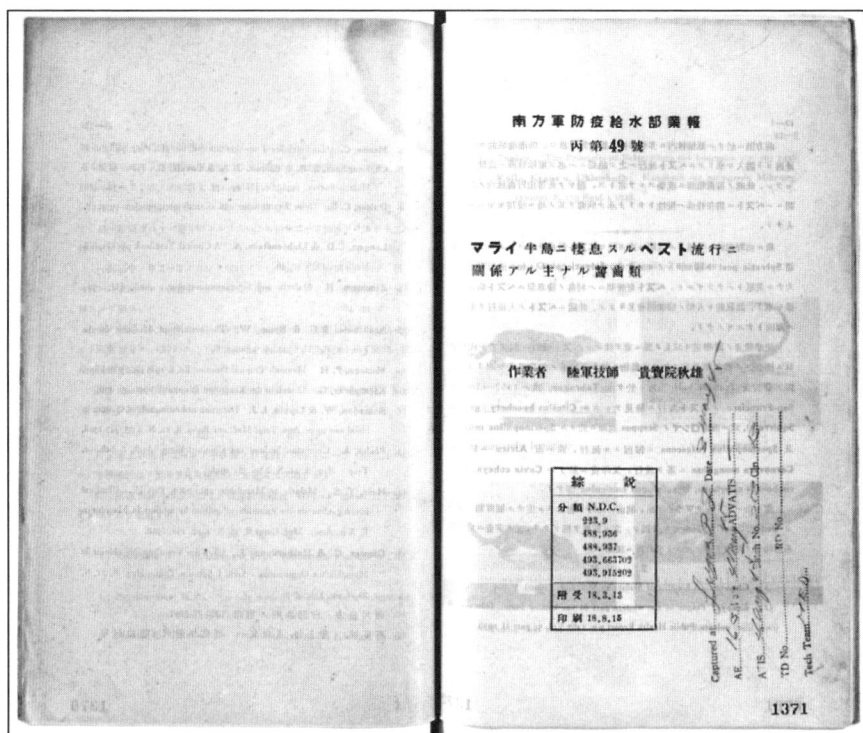

图 4 - 4　贵宝院秋雄论文《丙》第 49 号封面,编号第 1371 页

这里简单介绍高安宗显《丙》第 61 号论文[①],他的研究比较了整个南方圈的鼠和蚤的生态状况,题为《南方圈内栖息的鼠族调查研究　第二报　生态》,受理日期为 1943 年 3 月 5 日。该论文研究蚤的各种繁殖统计数据,图4 - 6 的左侧是三个包括不同月份的蚤指数(寄生在老鼠身上的蚤的数目)的统计结果,从上至下是,不同月份的差异(研究 9 月至 12 月的数据,9 月份最高值),不同生活环境(文中比较市镇和村落)的蚤指数,和 4 种鼠类身上的蚤指数。图 4 - 6 右侧是六张蚤的放大照片。

值得注意的一点是,这篇论文把印度也包涵在"南方圈"里,这跟金子顺一论文的研究战略方向是吻合的。而且,贵宝院秋雄和高安宗显两人联手

---

① 《丙》第 61 号。日本亚洲历史资料中心,编码 C13120621700,件名:「南方軍防疫給水部業報　丙第 61 号　南方圈内に棲息する鼠族の調査研究　第 2 報　生態に就て」。

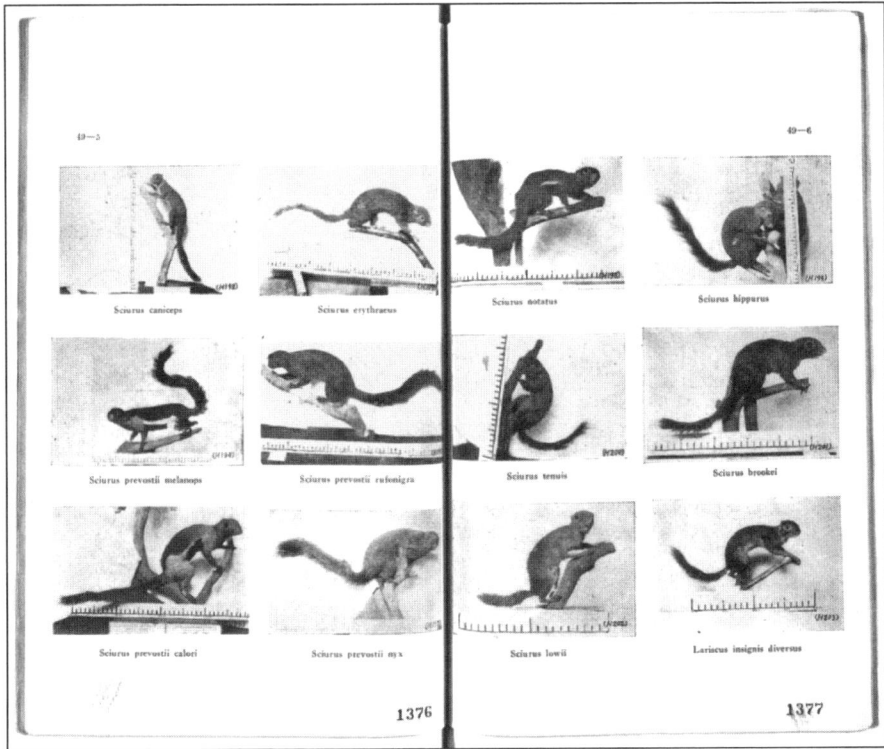

图 4‑5　贵宝院秋雄在《丙》第 49 号论文中，采用了由莱佛士博物馆在战前所收集到的栖息在马来半岛的啮齿动物标本照片（二），编号第 1376 页和第 1377 页

在昭南岛期间 1943 年 9 月写的论文《印度及南海方面敌况判断》并未收入《2 部》和《丙》，但是出现在金子著名的论文·第 1 部·第 60 号《PX 效果略算法》的《第 8　结及参考文献》中，①可见高安宗显在鼠疫跳蚤方面的研究有一定的业绩。

从这篇论文得知，虽然热带常被人说是"常年都是夏"，但是对寄生蚤而言，9 月最旺盛，10 月最低迷，9 月的指数值 2.6 是 10 月份 1.1 的 2.36 倍，是论文所调查的 4 个月份之中的最大数值（参见图 4‑6 的左侧，图中的第 6 表）。高安宗显少尉还比较了村镇之间的环境差别对寄生蚤指数的影响，结

————————

① ［日］近藤昭二、王选主编《日本生物武器作战调查资料》第二册，社会科学文献出版社，2019 年，第 499 页。

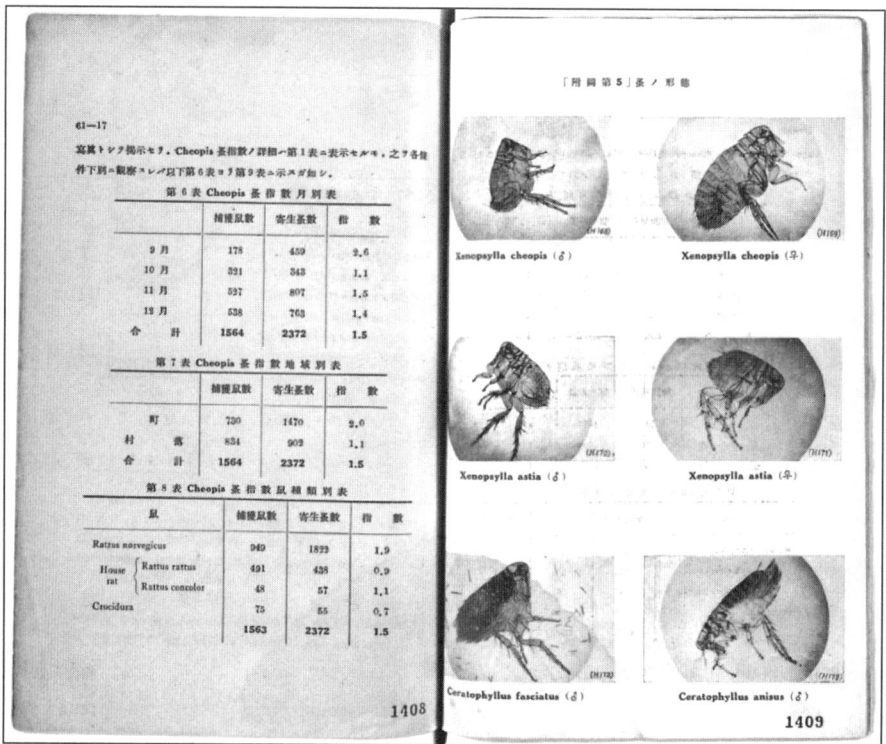

图 4‑6　日本陆军军医少尉高安宗颢执笔的「南方圈内に棲息する鼠族の調査研究　第 2 報　生態に就て」《丙》第 61 号，编号第 1408 页（左页）是蚤指数的各种统计数值，编号第 1409 页（右侧）是六张跳蚤的放大照片

果发现镇（2.0）比村（1.1）高出 1.8 倍（参见图 4‑6 的左侧，图中的第 7 表）。可以看出冈九四二〇部队在为大量生产鼠疫跳蚤所做的应用研究以及他们为争取大量生产的最优化的努力。

一、昭南岛上的热带恙虫病疫情调查试验

南方军防疫给水部《业报　丙》里，有三篇主题为《关于昭和一九年六月昭南郊外发生的热带恙虫病》的论文，内容是关于发生在 1944 年 5 月至 7 月之间，在新加坡市郊北部的英国人拘留营（Sime Road Camp，规模约 800 人）发生热带恙虫病（Tropical Tsutsugamushi）传染病。该传染病导致 17 人入院，其中 3 人死亡。

冈九四二〇部队一共派遣三名将校级研究人员对以上昭南疫情进行了

调查研究,帆刈喜四男军医少佐在绪方规雄医学博士和早川清军医中佐的指导下提交了《丙》第 107 号、第 108 号和第 109 号三篇研究论文(见表 4-3),它们的受理日期都是在以上疫情发生后的第四个月,即 1944 年(昭和一九年)10 月 4 日。

表 4-3　昭南案发后由冈九四二〇部队研究者执笔的三篇调查研究论文

指导者	执笔者	论文编号	论文题目(日文)
无	早川清、帆刈喜四男、市川利一、吉井策郎	《丙》107 号	昭和一九年六月昭南郊外に発生したる熱帯型恙虫病に就て
绪方规雄、早川清	帆刈喜四男	《丙》108 号	昭和一九年六月昭南郊外に発生したる熱帯型恙虫病に就て 第二篇　病原体保有動物の検索並野鼠より分離する熱帯型恙虫病病原体に就て
绪方规雄、早川清	帆刈喜四男	《丙》109 号	昭和一九年六月昭南郊外に発生したる熱帯型恙虫病に就て 第三篇　病原体媒介 Trombicula 検査

已发现的《丙》和《2 部》论文中,一共找到 22 篇和恙虫病有关的论文,按照论文的研究内容分成以下四类:

第一,表 4-4 立克次体研究:有关恙虫立克次体的生存保存法　(共 7 篇)

第二,表 4-5 昭南案:热带恙虫病调查和研究　　　　　　　　(共 4 篇)

第三,表 4-6 爪哇案:热带恙虫病调查和研究　　　　　　　　(共 5 篇)

第四,表 4-7 无地域指向,一般性的恙虫病研究　　　　　　　(共 6 篇)

(注:以下表中《2 部》之后的圆括号里的三位数字是论文编号)

表 4-4A　立克次体研究:恙虫立克次体的生存保存法研究清单(共 7 篇,按受理日期顺序排列)

序	受理日期	部长/指导	执笔者	论文编号	论文题目(日文)
1	1944 年 3 月 13 日	石井四郎/绪方规雄 内藤良一	帆刈喜四男	《2 部》(881)	凍結真空乾燥法に依るリッケッチア病毒(恙虫病毒)の生存保存方法の研究 至適メデウムの選定

序	受理日期	部长/指导	执笔者	论文编号	论文题目（日文）
2	3月20日	石井四郎	竹川信也	《2部》（824）	【秘】超音波に依るリッケッチア・ツヅガムシの生活細胞外への誘出法に之に付随せる二三の実験に就て（第1報）
3	3月20日	石井四郎	帆刈喜四男	《2部》（831）	【秘】凍結真空乾燥法に依るリッケッチア病毒（恙虫病毒）の生存保存方法の研究　凍結温度及乾燥時間と病毒量との関係
4	3月20日	石井四郎/緒方規雄	帆刈喜四男	《2部》（895）	リッケッチア・ツヅガムシのマウス感染試験及臓器切片標本よりのリッケッチアの検出並に其の病理組織学的所見に就て
5	3月25日	石井四郎	帆刈喜四男	《2部》（833）	【秘】凍結真空乾燥法に依るリッケッチア病毒（恙虫病毒）の生存保存方法の研究　乾燥各種リッケッチア病毒の生存期間（使用冻结真空干燥法研究立克次体病毒（恙虫病毒）的生存保存方法　第3篇　干燥下各种立克次体病毒的生存期间）
6	1944年？月		早川清、田中市造、市川利一、吉井策郎	《丙》第95号	熱帯型恙虫病媒介虫（Trombicula）の病原保有鼠との関係　（其一）マライTrombiculaの研究（热带型恙虫病媒介虫（Trombicula）与病原体保有鼠之间的关系（其一）马来亚Trombicula的研究）
7	5月25日		早川清、帆刈喜四男、田中市造、市川利一、吉井策郎	《丙》第98号	熱帯型恙虫病媒介虫（Trombicula）と病毒保有鼠との関係に就て　其の二　病毒保有鼠の研究（热带型恙虫病媒介虫（Trombicula）与病原体保有鼠之间的关系（其二）病毒保有鼠的研究）

　　表 4－4B 是将上表根据研究重点和指导执笔人物的关系,重新排列。可以清楚地看出,石井四郎少将领头的冈九四二〇部队对恙虫力克次体的研究,是有计划进行的项目,由帆刈喜四郎执笔第一至第三篇,第四、五篇由竹川信也执笔。此后 5 月,竹川即被派去爪哇调查疫情。

表 4－4B　立克次体研究:恙虫立克次体的生存保存法研究人员分工一览

论文编号	《2 部》 (881)	《2 部》 (831)	《2 部》 (833)	《2 部》 (824)	《2 部》 (895)	《丙》 第 95 号	《丙》 第 98 号
受理日期	1944 年 3 月 13 日	3 月 20 日	3 月 25 日	3 月 20 日	3 月 20 日	? 月? 日	5 月 25 日
研究重点	论文冠以"部长　陆军军医少将　石井四郎"					热带型恙虫病媒介虫与病原保有鼠之关系	
	冻结真空干燥法			超音波			
	恙虫病毒生存保存法（第一篇）	恙虫病毒生存保存法（第二篇）㊙	恙虫病毒生存保存法（第三篇）㊙	活细胞诱出法㊙	恙虫病毒感染各藏器切片标本	(其一)马来恙虫的研究	(其二)热带带病毒鼠的研究
绪方规雄	指导				指导		
内藤良一	指导						
早川清						执笔	执笔
帆刈喜四男	执笔	执笔	执笔				执笔
竹川信也				执笔	执笔		
田中市造						执笔	执笔
市川利一						执笔	执笔
吉井策郎						执笔	执笔

　　上表中值得注目的是三篇论文获得加盖㊙章,说明其在军事上具有的重要性。

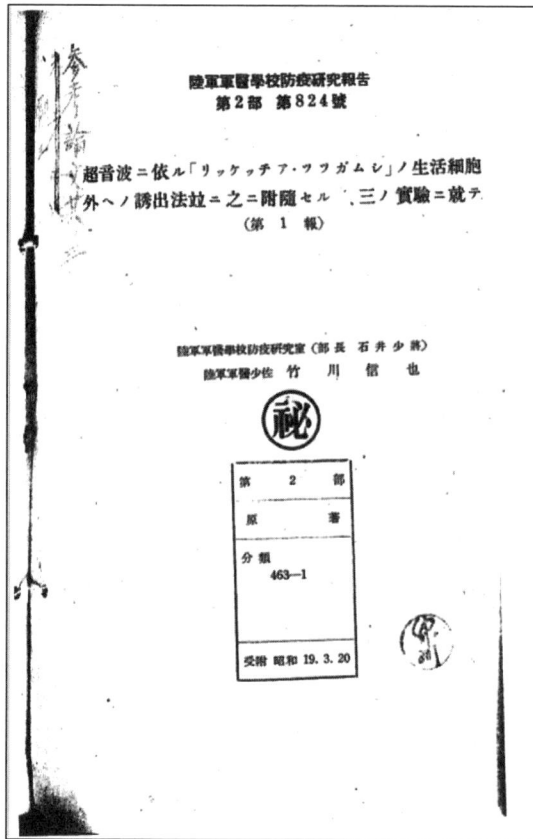

図 4 - 7　表 4 - 4B 中《2 部》论文封面加盖㊙章的第 824 号

此外，表 4 - 4B 中立克次体研究中，《2 部》(881) 帆刈喜四男执笔的论文第 4 页（图 4 - 8 左上角 "881 - 4"）"1 年式血清干燥机"的介绍文中该机所使用的电源为 "200 伏特,50 赫兹"（图 4 - 8 右下角），这是英国殖民地（新加坡和马来亚）通用的电源规格。这台机器，不知是否为内藤良一在新加坡用来研究干燥血使用的其中一台。

在另一篇由早川清和帆刈喜四郎执笔的《丙》第 98 号论文的第 8 页《第三章　考察》中，发现了两段意味深长的文字，译文如下：

（1）本实验实施中的（昭和一九年，1944 年）2 月上旬，收到一封来自缅甸方面某军医部长栗田军医大佐属下某卫生机关饭田少佐的私函，喜闻他目前正在研究从野鼠分离热带恙虫立克次体；

図 4 - 8　《2 部》(881)论文第 4 页里的"1 年式血清干燥机"简介,右下角为
该机器所使用的英式电源规格

　　(2) 5 月 24 日僚友竹川军医少佐等,更进一步的,在对西爪哇的苏加武
眉(Sukabumi)①地方皇军中发生的热带恙虫病进行调查研究之际,成功地
从野鼠身上把恙虫立克次体分离出来,带回昭南。

　　从(1)可以得知,日军缅甸军很早就开始研究热带恙虫立克次体。根据
《丙》竹川信也执笔的第 101 号论文《绪言》,日军在侵入缅甸之后,就开始患
上热带恙虫病,病情尤其以北缅的伊洛瓦底江(Irrawaddy River)流域(滇缅
战场)最为严重,1943 年 9 月共计有 800 至 900 名士兵患病。另一方面,同

───────────────
① 苏加武眉,位于西爪哇地区,雅加达南面 112 公里,万隆西面 96 公里处。

年的 4 月至 5 月,占领苏门答腊(Sumatra)东海岸的日军也出现 70 至 80 名
病患。使热带恙虫病的防疫和治疗成了日军的一项棘手任务。值得注意的
是,日军军医在前线军队中进行流行疾病——恙虫病研究这一军事医学科
研的能力。

　　上述的《丙》第 101 号论文说明了竹川等人为何 5 月 24 日被派遣到爪哇
去研究热带恙虫病:驻扎西爪哇(West Java)苏加武眉市(Sukabumi)的日军
警备队从 1944 年 3 月下旬开始到 5 月 20 日之间,共有 25 名病患入院,其中
一人死亡。竹川信也就是在这个背景下被派到爪哇来调查的。

　　上述《丙》第 98 号论文第 8 页译文(2)中重要的讯息是:第一,冈九四二
〇部队已经在 1944 年 5 月末成功地把恙虫立克次体从野鼠(媒介)身上分离
出来,使热带恙虫立克次体的研究可以步入下一个阶段,比如开发疫苗等;
第二,冈九四二〇队员把成功分离出来的恙虫立克次体,于 5 月末带回了新
加坡。

　　昭南疫情案发后的相关调查论文列入表 4 - 5。

表 4 - 5A　昭南热带恙虫病疫情后的相关调查和研究(共 4 篇,按受理日期排列)

序	受理日期	指导	执笔者	论文编号	论文题目(日文)
1	7 月 23 日		早川清、竹川信也、室勇三	《丙》114 号	南方熱地圏域に於ける Trombidiosis (毛だに皮膚炎)に就て
2	10 月 4 日		早川清、帆刈喜四男、市川利一、吉井策郎	《丙》107 号	昭和 19 年 6 月昭南郊外に発生したる熱帯型恙虫病に就て
3	10 月 4 日	绪方规雄早川清	帆刈喜四男	《丙》108 号	昭和 19 年 6 月昭南郊外に発生したる熱帯型恙虫病に就て 第二篇　病原体保有動物の検索並野鼠より分離する熱帯型恙虫病病原体に就て
4	10 月 4 日	绪方规雄早川清	帆刈喜四男	《丙》109 号	昭和 19 年 6 月昭南郊外に発生したる熱帯型恙虫病に就て 第三篇　病原体媒介 Trombicula 検査

　　把表 4 - 5A 按照调查人重新排列为表 4 - 5B。

表 4‑5B　昭南热带恙虫病疫情后，由早川清和帆刈喜四男主导的调查研究

论文编号	《丙》114 号	《丙》107 号	《丙》108 号	《丙》109 号
受理日期	1944 年 7 月 23 日	10 月 4 日	10 月 4 日	10 月 4 日
研究重点	南方热带圈的毛螨皮肤炎	昭和 19 年 6 月昭南郊外热带型恙虫病		
		昭南郊外热带型恙虫病（第一篇）	第二篇：带病原体动物的检查，以及从野鼠分离热带型恙虫病病原体	第三篇：病原体媒介 Trombicula 之检查
绪方规雄			指导	指导
早川清	执笔	执笔	指导	指导
帆刈喜四男		执笔	执笔	执笔
竹川信也	执笔			
室勇三	执笔			
市川利一		执笔		
吉井策郎		执笔		

由军医中佐早川清和少佐帆刈喜四男两人联合执笔的《丙》第 107 号论文，《第一章　患者发生状况及其原因的考察》的"第一项　患者发生状况"的第三行写得很清楚："当时昭南其他地区里没有发生本病。"

《丙》第 107 号论文也提供了昭南疫情案中具体的发病时间，即从 5 月 16 日开始，经过约两个月时间，在 7 月 7 日结束。患病入院者共有 17 人（及病患的英文名字），其中 3 人死亡。

该论文的《第 2 章　临床症状及经过》"第十项　死亡率"中，记录为 18％（论文第 5 页）。

以上论文中除此以外的唯一的该病患死亡人数记录是发生在西爪哇苏加武眉的"病患 25 人中 1 人死亡"，换算成死亡率的话是 4％。昭南英国人拘留营疫情对比之下，死亡率竟然高出 4 至 5 倍。不知是什么原因造成。

帆刈喜四男在《丙》第 109 号对昭南疫情案调查所下的结论是（论文第 6 页）：该传染病是拘留营的野鼠及其寄生的恙虫病原虫所引发的。帆刈喜四郎和早川清执笔的《丙》第 98 号论文中提及："5 月 24 日僚友竹川军医少佐……在苏加武眉……对热带恙虫病进行调查研究之际，成功地从野鼠身

上把恙虫立克次体分离出来，带回昭南。"这件事帆刈喜四男在《丙》论文第
109 号中没有提及。

　　同年 5 月，在日本，负责指导帆刈喜四郎和早川清的"先辈"绪方规雄在
日本医学界知名的《日本医学》上发表了三篇有关登革热的研究论文。

　　日本的精神科医疗史研究会的冈田靖雄在《十五年战争和日本的医学
医疗研究会会志　第 7 卷 2 号》(2007 年 6 月)的论文《精神病院的登革热实

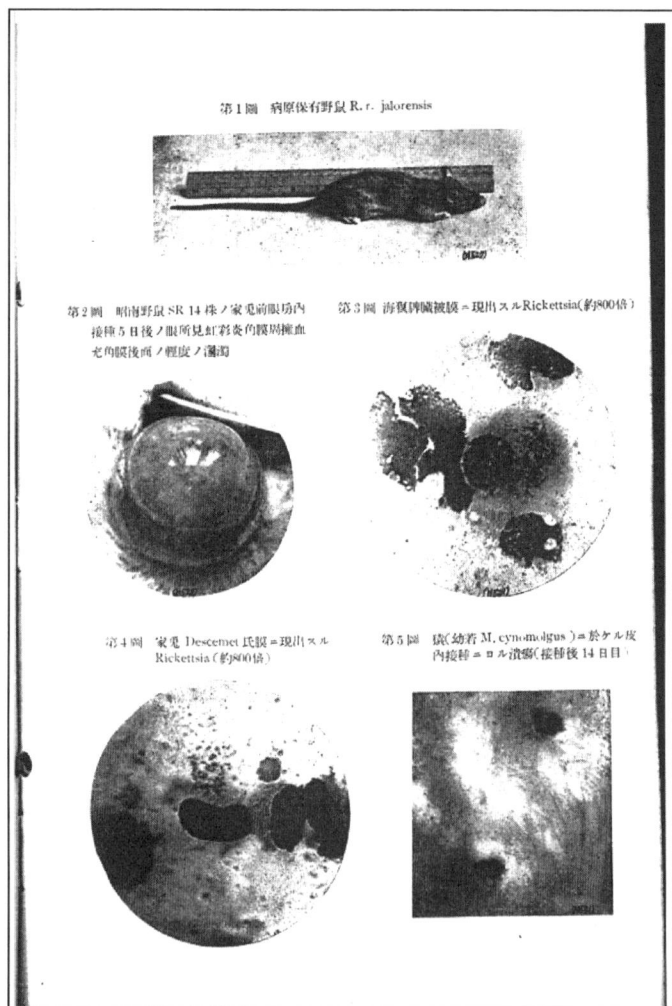

图 4-9　帆刈喜四郎的(丙)第 108 号论文中的档案照片：带有病原体
的野鼠，患病的家兔和豚鼠

验》中指出,绪方规雄在 1944 年 5 月发表三篇(《日本医学》第 3379 号:17—19、22—25,第 3377 号:19—22)关于登革热的研究论文,是绪方在松泽精神病院(Matsusawa Mental Hospital)使用数名精神病患者进行的人体试验。

1944 年 5 月昭南英军俘虏营热带恙虫病疫情暴发,17 人感染其中 3 人死亡的异常死亡率引人注目。期间,"受教"于绪方规雄的帆刈喜四郎和早川清,会不会也利用英军俘虏搞了人体试验呢? 暂时还不得而知,期待将来能够发现这方面的文献资料。

昭南英军俘虏营热带恙虫病疫情(1944 年 6 月)发生之后发表于南方军防疫给水部的《业报 丙》的论文,一共 11 篇,根据其内容可以分成两类,一类是针对爪哇地区恙虫病的调查研究(表 4 - 6),另一类是一般的恙虫病研究(表 4 - 7)。

表 4 - 6 爪哇的热带恙虫病调查研究(按受理日期顺序排列)

序	受理日期	指导	执笔者	论文编号	论文题目(日文)
1	10 月 7 日		早川清、竹川信也、市川利一、吉井策郎	《丙》第 101 号	爪哇に於ける熱帯型恙虫病の感染機転に関する調査研究 第一篇 スカブミ駐屯皇軍に発生せる熱帯型恙虫病に就て
2	11 月 25 日	绪方规雄 早川清	竹川信也	《丙》第 102 号	爪哇に於ける熱帯型恙虫病の感染機転に関する調査研究
3	12 月 5 日	绪方规雄 早川清	竹川信也	《丙》第 103 号	第二篇 爪哇に於ける熱帯型恙虫病病原体保有動物に就て
4	12 月 5 日	绪方规雄 早川清	竹川信也	《丙》第 126 号	爪哇に於ける熱帯型恙虫病の感染機転に関する調査研究 第五篇 爪哇に棲息する一新毛壁虱幼虫に就て
5	1945 年 3 月 8 日	绪方规雄 早川清	竹川信也	《丙》第 104 号	爪哇に於ける熱帯型恙虫病の感染機転に関する調査研究 第四篇 爪哇に於ける熱帯型恙虫病の媒介虫たる毛壁虱よりリッケッチアの分離試験

共 5 篇论文,指导教官为绪方规雄和早川清,后 4 篇的研究发表者均为竹川信也。

表 4-7　一般性的恙虫病研究（共 6 篇，表中有 3 篇受理日期不详）

序	受理日期	指导	执笔者	论文编号	论文题目（日文）
1	10 月 9 日	早川清	帆刈喜四男、市川利一	《丙》第 116 号	沈降反応を以てするリッケッチア病診断具に就て
2	11 月 11 日	绪方规雄 早川清	帆刈喜四男	《丙》第 106 号	Proteus OXK 菌の抽出抗原を以てする沈降反応に依る恙虫病の一新診断法に就て
3	1944 年 ? 月		早川清	《丙》第 82 号	所謂 K 型熱帯チフス（熱帯恙虫病）とビルマ，スマトラ，馬来地方の日本軍隊に流行せる発疹熱に就て
4	1944 年 ? 月		早川清	《丙》第 100 号	熱帯型恙虫病と内地恙虫病の比較研究（R. orientalis var toropica）
5	1945 年 4 月 6 日	早川清	帆刈喜四男 市川利一	《丙》第 134 号	熱帯型恙虫病患者血液及罹患動物材料を以てする其の診断法
6	1945 年 ? 月		早川清	《丙》第 115 号	熱帯型恙虫病に関係あるTrombicula deliensisの季節的消長

表 4-7 中的 6 篇论文的研究无特定地域。

上述 22 篇论文，在研究恙虫立克次体的生存保存法的阶段，7 篇论文（《2 部》）之中有 5 篇封面冠有"部长　石井少将"，而且其中 3 篇获得加盖㊙字印章，足以显示日军高层对此研究的重视。然而，按照日军入院病患人数来看的话，疟疾和登革热远高于恙虫病。此外，恙虫立克次体研究加盖㊙字印章的原因，还有待将来进一步的资料发掘。

目前发现的南方军防疫给水部《丙》研究报告只有近半数，有关恙虫立克次体的研究全貌的了解，还有待进一步的史料发现。

目前已经发现的南方军防疫给水部人员发表的研究报告总共 91 篇，其中《丙》69 篇，《2 部》22 篇。其中有关热带型恙虫病最多，为 22 篇，其次是疟疾 20 篇。疟疾是日本军队在南洋入院就医的头号疾病，患者数以千计，影响日军的有效战斗力。

研究鼠疫跳蚤的有关论文不多，共 9 篇。从当时战场情况来看，1940年，七三一部队和中国各地的防疫给水部已在基础研究的基础上，进入了实战试用阶段，正如第二和第三章所揭示，冈九四二〇部队在马来亚、印尼和缅甸各地都分布了饲养老鼠和跳蚤的网点，形成了一条跨国跨地区的鼠疫跳蚤生产链。应该说鼠疫和跳蚤的生产链是细菌武器的准备。

《陆军军医学校防疫研究报告　2 部》刊载的南方军防疫给水部的 22 篇论文有以下三点值得注意（以下括号里的三位数字是《2 部》论文编号）。

第一，论文题目里，明确记述了研究对象的国名或地域名称的有 8 篇，分别为马来亚（394、457、465、475、875），缅甸（435），南方（505、591），印度和锡兰（今斯里兰卡，875），其中没有南方军防疫给水部设置有支部的越南和菲律宾的研究论文，相反的，出现了不在南方军占领区域的印度和斯里兰卡。

第二，南方军前线部队也有防疫给水研究能力。《2 部》中有 1 篇来自缅甸派遣军的弓第六八三四部队长莲见武尔的翻译文章第 436 号：《英军工兵操典（1936）中第 13 章　给水》，这是从一部被日军缴获的英军《1936 年皇家工程师袖珍书》（*Royal Engineers Pocket Book 1936*）里选出有关饮用水提供的操作及设备的内容。可是，《丙》第 98 号论文（早川清和帆刘喜四郎执笔，第 8 页《第三章　考察》）所记述的缅甸方面某军医部长下属卫生机关饭田少佐，正在研究从野鼠分离热带恙虫立克次体，这需要拥有一定的技术实力与精密设备。

第三，翻译他国的研究论文（内容有关南方军防疫给水部的研究课题），再加些日军研究者的考察分析而成的论文有 5 篇，分别来自 3 个国家：缅甸（436），马来亚（407、457、465）以及苏联（763）。当时缅甸和马来亚都是英国的殖民地，4 篇译文主要介绍了缅甸英军不良的给水设备，马来亚医学研究所曾发表的有关恙虫病的研究，还有一篇霍乱的预防和治疗（763）是冠以"陆军军医学校防疫研究室（部长石井四郎少将）"之名的少数论文之一，由陆军军医少佐浅见淳和委托村田礼二两人翻译来自苏联的防疫研究部门对东南亚的类鼻疽疾患的统计和实验的论文 *Melioidosis*（《类鼻疽》）。七三一部队的炭疽菌专家大田黑猪一郎也被派到南方军防疫给水部,他在《丙》发出的第一篇论文第35号的题目正是《关于类鼻疽》。目前还未挖掘到大田黑猪一郎发表在《丙》的其他论文。两篇文章的时间先后顺序是,大田黑的《丙》第35号在先,其受理日期是1942年12月25日。苏联的这篇译文是在约一年之后的1943年11月15日受理。大田黑猪一郎在冈九四二〇部队期间是否还有炭疽菌或类鼻疽菌的研究发表,有待未来的发现。

二、用椰子做细菌培基

日本亚洲历史资料中心上还有一篇南方军前线部队人员的研究论文,没有发表于《2部》或者《丙》。档案名称是《有关南方利用所获当地物资作为新培养基的研究(第一报)》,日期为昭和一九年二月一五日。①

1943年末1944年初,日本战场形势恶化,当时日本海军已经无法有效地为自己的运输船队护航,驻屯印度尼西亚东端的斯兰岛(Seram Island,距离新加坡约2 900公里)的第5师团已经开始陷入缺乏后方定期供应食物和药物的困境,大本营给他们的对策只有两个字:"自活"(意即自己想办法活下去)。在这样的背景下,该师团下属第二防疫给水部陆军军医中尉小岛正典(图4-11),在他的上司军医部长青柳万次郎的鼓励下,在1944年2月15日作出这部论文,内容是如何利用椰子水和鱼肉汁来取代既往的肉汁培基(以下简称"椰子培基研究报告"),并且用六种肠道病原菌进行了实验,分别为斑疹伤寒、甲型和乙型副伤寒、Y型和F型痢疾和大肠杆菌。请参照图4-11的第二段"移植菌"。

小岛正典中尉对自己的研究所下的结论是:"实验成功,期待下一步的临床实验。"

小岛中尉的所属部队是第五师团步兵第十一联队,当时他们被派驻斯兰岛(Seram Island)。第五师团在日本投降前夕的1945年8月3日,奉命把所属步兵第十一联队第一、第二大队,步兵第四十二联队1个中队,官兵总共

---

① 日本亚洲历史资料中心,编码C13120684100,件名:「南方に於ける現地取得物資利用の新培養基に関する研究(第1報)」,日期为昭和一九年二月一五日。

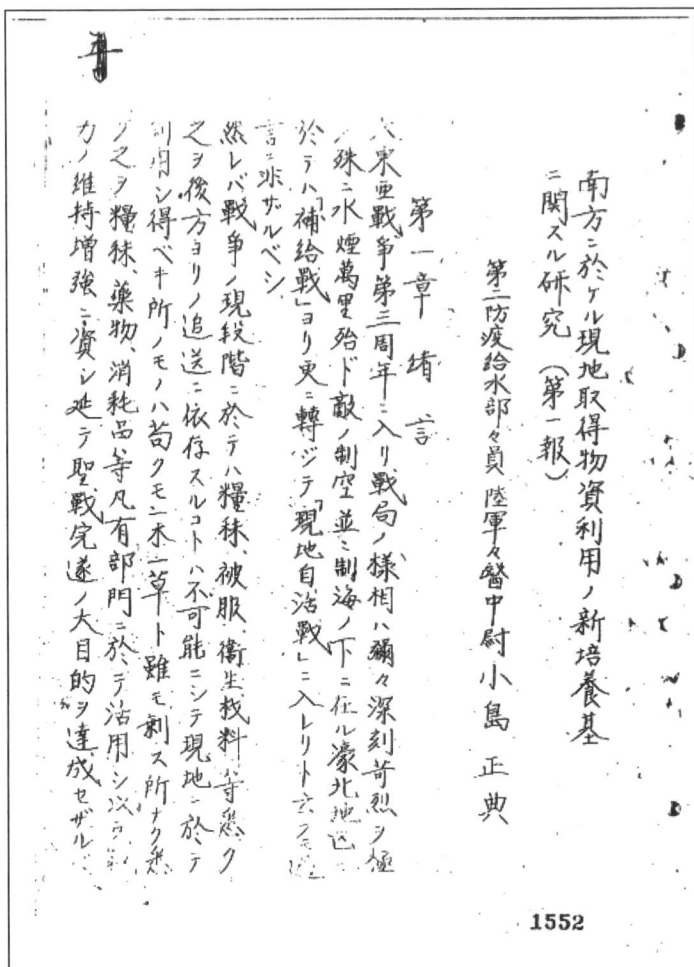

图4-10　第五师团第二防疫给水部陆军军医中尉小岛正典研究报告首页（编号第1552页），在《第一章　绪言》的第三行写明了日军当时的处境"已经从'补给战'转变成'现地自活战'"

1500多人假扮成病人，把武器和军服包裹在红十字徽章的箱子里，乘坐日本医院船橘丸（Tachibana Maru）想要把部队偷偷转移去新加坡，用以防御英军即将展开的反攻。但是他们离港不久就被美国海军的两艘驱逐舰拦截且被登船检查，被识破的日军由于违反了《日内瓦公约》而被移送至印度尼西亚的摩罗泰岛（Pulau Morotai），然后押送到菲律宾马尼拉的文珍俞巴（Muntinlupa）战俘集中营。

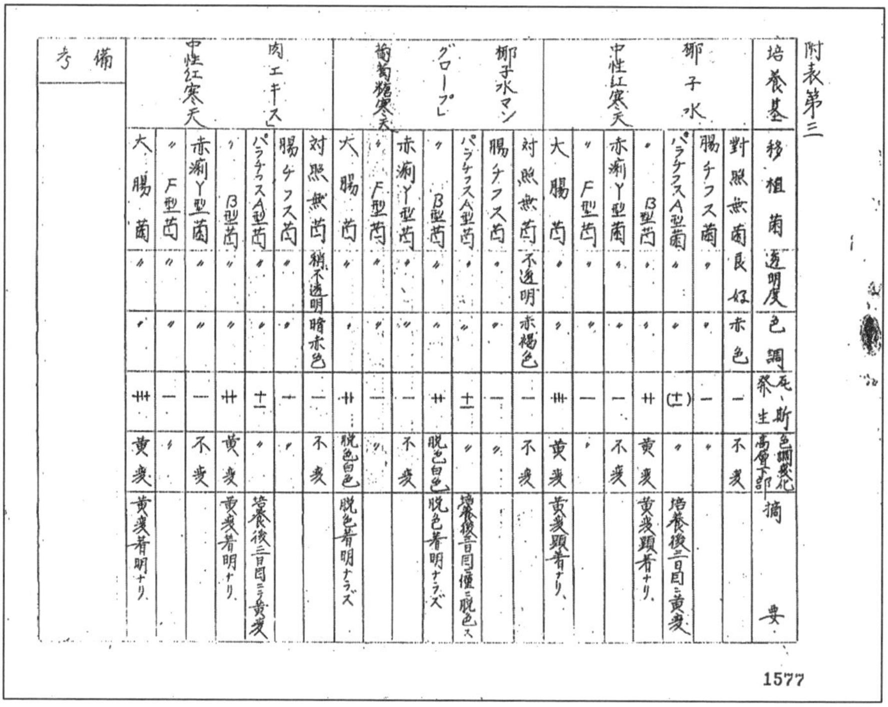

附表第三

培養基	移植菌	透明度	色調	瓦斯發生	色調変化 高層下部	摘要
椰子水中性紅寒天	對照無菌	良好	赤色	—	不変	
	腸チフス菌	〃	〃	—	〃	
	パラチフスA型菌	〃	〃	(±)	〃	培養後三日目ニ黄変
	〃B型菌	〃	〃	++	黄変	黄変顕著ナリ
	赤痢Y型菌	〃	〃	—	不変	
	〃F型菌	〃	〃	—	〃	
	大腸菌	〃	〃	+++	黄変	黄変顕著ナリ、
椰子水マングロープレ葡萄糖寒天	対照無菌	不透明	赤褐色	—	不変	
	腸チフス菌	〃	〃	—	〃	
	パラチフスA型菌	〃	〃	±	〃	培養後三日目僅ニ脱色ス
	〃B型菌	〃	〃	++	脱色白色	脱色著明ナラズ
	赤痢Y型菌	〃	〃	—	不変	
	〃F型菌	〃	〃	—	〃	
	大腸菌	〃	〃	++	脱色白色	脱色著明ナラズ
肉エキス中性紅寒天	対照無菌	稍不透明	暗赤色	—	不変	
	腸チフス菌	〃	〃	—	〃	
	パラチフスA型菌	〃	〃	±	〃	培養後三日目ニテ黄変
	〃B型菌	〃	〃	++	黄変	黄変著明ナリ
	赤痢Y型菌	〃	〃	—	不変	
	〃F型菌	〃	〃	—	〃	
	大腸菌	〃	〃	+++	黄変	黄変著明ナリ、

備考

1577

图 4-11 小岛正典中尉使用椰子水做培基，并且用六种病原菌做培养实验的对比结果一览（编号第 1577 页，附表的其中一页）

由于这是日军整建制的联队被俘，因此除人员和军火之外，所有军事机密文件也被美军缴获，包括小岛的“椰子培基研究报告”。几天之后日本投降，其他日军部队都把机密文件尽数烧毁，只有这几个联队的文件因为被美军缴获得以留存了下来。这份文献是在日本亚洲历史资料中心二战后期的“卫生关系来函”档案中发现的。

二战战史中称此事件为“橘丸事件”①，它不仅是日军违反国际公约的事件，也创下日军一个联队大部建制 1 500 人被俘虏的记录。战后该部队指挥官曾遭军事法庭审判：南方军司令寺内寿一元帅病死，第五师团团长山田清一中将自杀，因此两人免于起诉，南方军总参谋长沼田多稼藏中将获刑 7 年，

① 橘丸事件：二战中日本陆军最大的成建制被俘事件。林博史『華僑虐殺：日本軍支配下のマレー半島』、株式会社、1992 年、29 頁。

副总参谋长和知鹰二中将获刑 6 年,第二军军长丰岛房太郎中将获刑 3 年,第五师团第十一联队第一大队长安川正清少佐获刑 1 年半,其余被起诉军官无罪释放。

小岛正典中尉的这篇"椰子"论文就是这么"偶然"地被保存了下来。

第二节　人体实验

案例一:1943 年 9 月,缅甸/兴威

前缅甸军第十五军第五十六师团的军医大尉石田新作在 1982 年出版的从军回忆录《恶魔的日本军医》①第 171 页至 184 页,描述了一段自己被人带去观看了一场同僚的"剖杀活人秀";那是 1943 年 9 月,地点是在中国畹町南面缅甸境内一个被日军占领的小镇兴威(Hsenwi)。具体地点请参考图 4 - 12,为笔者林少彬利用日本第五十六师团②1942 年 7 月《战时月报》中的《师警卫区边界轮廓图》③添加中文地名绘制。

石田新作身为第五十六师团第四野战病院的值班医生,有一天晚上,被带到医院外头东南角的一座野战帐篷里头,同僚×中尉④带领着三名卫生兵,把两名被判死罪的重庆情报员,蒙上眼睛,把他们的四肢绑死在两张手术台上,嘴里塞满了布块。

×中尉一声"开始啦!",就在没有注射麻醉之下,用手术刀把第一名犯人的两粒睾丸切割出来,接着从犯人的颈项下方剖开胸脯,掏出里头的内脏,丢弃在垃圾桶中。接着,×中尉把 30 毫升的空气注入第二名犯人的静脉,按照常理人体是无法接受超过 0.5 毫升的,犯人开始痉挛,而×中尉继续又注射三轮(共 120 毫升),观察和记录整个活体死亡的过程。

---

① 石田新作『悪魔の日本軍医』、山手書房、1982 年。有关作者亲眼看到的杀人的描述刊载于该书第171—184 页。

② 日军第五十六师团:编组于九州的久留米市,兵源主要来自福冈、佐贺和长崎。兵团文字符号是"龙"。1942 年 3 月开始参加缅甸攻略中的第十五军,目标是要切断海外支援重庆政府的滇缅公路。

③ 日本亚洲历史资料中心,编码 C14060434200,件名:「師団警備地域境界要図(昭和一七年七月)」。

④ 注:石田新作的原著使用"×",×战后自杀身亡。

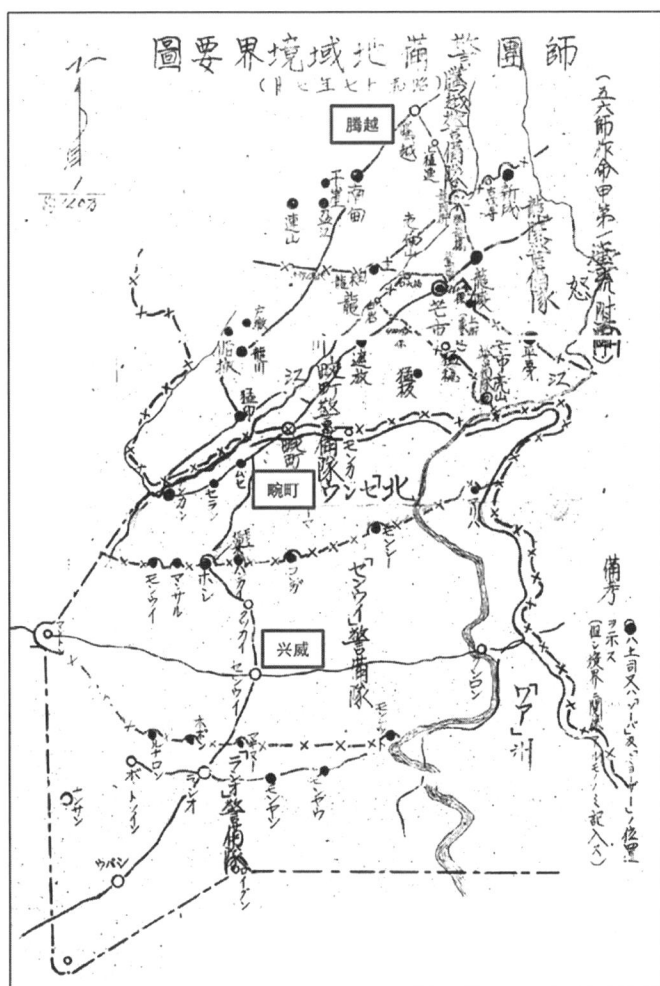

图 4 - 12　位于中缅边境的缅甸兴威小镇位置图（中文地名为林少彬添加）

石田新作最后写道：我要向世界告白，这里有干下惨无人道罪行的医生，和目睹惨案却无法阻止的医生。①

这是发生在中日双方绝命搏斗的滇缅战场上的人间惨剧。

案例二：1944 年 9 月，巴布亚新几内亚/拉包尔

远在太平洋边缘，被日军占领的巴布亚新几内亚新不列颠岛上的拉包

---

① 石田新作『悪魔の日本軍医』、山手書房、1982 年、183、184 頁。

尔(Rabaul,距离新加坡约 5 400 公里)和科科波(Kokopo)之间,有一座澳大
利亚战俘营,管理这座战俘营的是隶属于第八方面军的第六野战宪兵队(6th
Field Kempei Tai)。

1944 年 9 月或 10 月初,第六野战宪兵队的军医大尉伏田茂熊(FUSHI-
TA Shigeo)利用 13 名战俘做了一个为期 60 天的饥饿极限试验,结果 4 名战
俘饿死。接着,剩下的 9 名战俘被一位来自第八方面军的某个防疫给水部的
大尉平野(HIRANO)"招募"去进行抗疟疾治疗试验,结果造成 2 人死亡。
澳大利亚国家档案馆(National Archives of Australia,NAA)公开当年的
BC 级战犯记录,包括本案的记录(调查报告)。①

《死亡工厂:1932—1945 年日本细菌战与美国的掩盖》作者哈里斯教授
在他的论文《日本在第二次世界大战期间的生物医学实验》②中,记述了这些
"为研究目的而进行的人体实验"(Experiments for Research Purposes),并
指出上述两类试验显然是不道德并致命的。根据以上澳大利亚国家档案馆
的相关史料内容整理成表 4 - 8。

表 4 - 8 拉包尔的日军使用澳大利亚战俘进行的两项人体试验概略及其结果

人体试验	使用澳军战俘人数	试验简述	死伤人数
E1 -饥饿极限		1944 年 9 月,第六野战宪兵队军医大尉伏田执行	
第 1 回合	13 人	每餐 660 克无皮木薯根,1/4 品脱③的汤,1/2 品脱的水。连续 30 天	2 死
第 2 回合	剩余 11 人	每餐 660 克无皮木薯根,1/4 品脱的汤,1/2 品脱的水。连续 30 天	2 死

① 澳大利亚国家档案馆。NAA:MP375/14,WC51(可以在"World War II war crimes"的一览中,
找到 Series number＝MP375/14,然后找到 Control symbol＝WC51)。

② Sheldon H. Harris, Japanese Biomedical Experimentation During World-War-II Era,2003 年(英
文版)。文章首页为第 463 页,最后为第 506 页。记述拉包尔人体试验的部分为第 488 页和第
490 页。

③ 品脱(Pint)乃是英国的容量单位,1 英制品脱等于 568 毫升。

人体试验	使用澳军战俘人数	试验简述	死伤人数
E2-抗疟疾治疗法		1945 年中旬,某防疫给水部大尉平野执行	
第 1 回合	剩余 9 人	把日军疟疾患者的血,输给健康战俘,观察	"失败"
第 2 回合	9 人	把原住民疟疾患者的血,输给健康战俘,观察	2 死

　　战时印度尼西亚以东广大的太平洋岛国群(包括新几内亚、所罗门等)虽然是英国的殖民地,但是实际上派到前线扛枪卖命的是英国殖民地澳大利亚子民,战后的接管事务也是由澳军执行,战犯调查和审判也由澳军实施。

　　该案调查报告中的主要证人是澳军大尉墨菲(John Joseph Murphy),他于 1943 年末被日本海军捕获沦为战俘。他提供了亲身经历过的两项人体试验中的细节。其中,重要的是,平野曾经安慰墨菲说,他已经使用日本人、中国人和原住民测试过了同样的抗疟疾治疗法,就是还未在白种人身上试过。[①] 日军用白种人做抗疟疾试验的原始记录至今尚未发现。

　　2019 年,NAA 请 Narrelle Morris 医生为二战研究学者们编排和出版了一本可以免费下载的战争犯罪导览《太平洋的日本战犯 澳大利亚的调查和起诉》[②],共 404 页。我们可以查阅到在系列编号 MP375/14 之下列有六宗罪案:WC1,WC2,WC3,WC6,WC7 和 WC10(WC 为 War Crime 战争犯罪缩语),可是导览中未列入 WC51,也没有找到表 4-8 中 E1 和 E2 的有关资料。

　　Narrelle Morris 在以上导览序言中有简略的解释:当年情况复杂,条件不足,查案艰辛,常常由于无法找到已经逃回日本的罪犯而无法定罪等。

　　从共有 66 页的本案调查报告(档案编号 MP375/14 WC51)中,也可以看得出当年澳军束手无策的窘态:第一,调查官无法确定大尉平野(姓)的名

----

① 澳大利亚国家档案馆。NAA:MP375/14,WC51。PDF 版,第 40 页,第一段。

② 澳大利亚国家档案馆。Narrelle Moris, 2019, *Research Guide*, *Japanese War Crimes in Pacific, Australia's investigations and prosecutions*. Published by National Archives of Australia.

字,所属的防疫给水部队的名称。调查书称他为平野医生,来自第八方面军(代号"刚")的防疫给水部(BOEKIKYUSUI)。根据资料:当时驻守"中部太平洋"战区有两个野战防疫给水部队(见表4-9),分别为第二十四野战防疫给水部(刚2627)和第二十七野战防疫给水部(刚2626):

表4-9　驻守在中部太平洋战区(含拉包尔)的野战防疫给水部档案

亚洲历史资料中心文献编号	野战防疫给水部	补充担任军师管补充部队	番号	指挥官
C12121477800① C12122484300②	第24野战防疫给水部	无	刚2627	板仓中佐 早川大尉 森中尉 黑川中佐
C12121477800 C12121199800③	第27野战防疫给水部	近卫步兵三补	刚2626	军医大尉 富永武雄

据表4-9文献资料②(1238、1239页),1943年,日军第八方面军组建了一支"疟疾工作队",部队长军医大佐渡边,级别相当高。同年8月上旬于拉包尔登陆。主力兵分两队,分别由椎名中佐率60名,朝仓中佐率86名,从事疟疾防疫。

战后以来,日本陆续公开了大量各部队的履历、名册等相关资料,可以作为追查以上所及战争犯罪的参考。

第二,两名重要嫌疑战犯平野和伏田都顺利地在1946年上旬和1947年3月逃离"现场",回到日本。过后日方以"无法和他们取得联络"为理由,使澳军调查官无法取证和展开调查。

---

① 日本亚洲历史资料中心,编码C12121477800,件名:「中部太平洋(ラバールを含む)」。这个文件是留守业务部使用的《通称号表　昭和》里头的一份资料。编号第1497页:刚2627及刚2626。

② 日本亚洲历史资料中心,编码C12122484300,件名:「東部ニューギニア方面部隊略歴(7)」(东部新几内亚方面部队略历(7))。编号第1226页至第1227页。第24野战防疫给水部是隶属于第八方面军的防疫给水部队。

③ 日本亚洲历史资料中心,编码C12121199800,件名:「第27野戰防疫給水部」。这个文件是「濠北方面部隊兵力及編成資料　其3」里头的一份资料,第27野战防疫给水部是隶属于第二军的防疫给水部队。

日军嫌疑犯也有可能得到特殊"安排",使其逃脱军事法庭的追究。

案例三:1945 年 3 月,马来亚/太平

以下是南方军的一宗 BC 级战争犯罪案,是目前东南亚唯一有官方记录的人体实验罪案,四名日军被告之中的三名军医被判终身监禁。马来西亚学者 Marina Abdul Majid 在 2018 年 6 月发表的研究论文[①],以及大英档案馆的档案[②]记载了当年罪案发生的始末。

案情发生于 1945 年马来亚霹雳州太平市(Taiping),被害者是一名被判了绞刑(死刑)的陈姓华裔男子,英军档案中的姓名是:Chan Pak。

当时的太平市是日军第二十九军司令部所在地,司令官为石黑贞藏中将。

在马来亚,有一称为"沙盖族"的少数民族,善于利用一种当地人俗称"太平树"的树液来当毒药,涂抹在吹镖之上,用来猎取小鸟(图 4 - 13)。

图 4 - 13　马来亚的少数民族,沙盖族在吹镖猎鸟(笔者林少彬藏新加坡 1920 年代明信片)

---

① Marina Abdul Madji, A Japanese War Crime: Human Experimentation with poison in Taiping, Malaya during World War II. *International Journal of Law, Government and Communication*, Jun 2018, 3(9), pp. 24 - 25.

② 英国国家档案馆:https://discovery. nationalarchives. gov. uk/WO235-Judge Advocate General's Office: War Crimes Files, Second World War. Subseries within WO 235-War Crimes in the Fast East. Reference: WO 235/1101.

陈氏于 1945 年 3 月 16 日在霹雳州被日军法院判绞刑之后,被送往太平监狱(Taiping Jail)等待执行。3 月 23 日,根据目击证人 A. C. Kathigesu 医生证词,日军把一个木制十字架和医疗器具搬入了行刑室。在行刑室里已经摆好了一张桌子和显微镜,接着,被害人就被带了进去。

四名被告为第二十九军 M. 大坪大佐、H. 本条少佐、D. 宇都宫大尉和 T. 袴田大尉。其中。袴田大尉和宇都宫大尉两人都承认他们是这项人体实验的负责人,并且供述被害者是在被注射"太平毒"之后 20 分钟内死亡。可是整个人体实验时间为三至四个小时,而且有目击证人看到日军军官拿着有血的试管来回进出行刑室。

人体实验结束之后,负责把陈氏尸体搬运去太平间的两名医生,监狱医 Arasaradnam 和 Kathigesu 两人均供述:并不见一般绞刑之后遗留在死者颈项下的痕迹,却在腕关节和踝关节发现有挫伤,皮肤上和窝肘有刺孔等,这些痕迹令两位医生都认为被害者的死因是大量失血所致。

1947 年 11 月 27 日英军 BC 级战犯法庭判处三名被告 H. 本条少佐、D. 宇都宫大尉和 T. 袴田大尉以终身监禁,M. 大坪大佐无罪释放。

将上述三宗惨案再加上昭南的恙虫病案,按照案发日期排列整理成表 4 - 10。

表 4 - 10　东南亚二战中已知的日军人体试验及战犯审判结果

	国或地域	年月	人体实验 (人数)	军医个人 或有组织罪行	罪案被 立案调查	被 BC 级 战犯法庭 判罪
1	缅甸 兴威镇	1943 年 9 月	活体解剖 (人数不详)	军医个人	无	无
2	昭南岛	1944 年 6 月~	疑似人体试验 (17 人,3 死)	冈部队?	无	无
3	新几内亚 拉包尔市	1944 年 9 月	疟疾输血治疗法 极限饥饿试验 (数人死)	军医个人	部分 (MP375/14 WC51)	无
4	马来亚 太平市	1945 年 3 月	太平毒人体试验 (1 人)	军医个人	有(WO235/1101) 3 人终身监禁	

　　表4-10显示,第一,所知的三件日军人体实验零星地出现在整个南方军占领区。第二,只有其中一件受到战犯军事法庭的审判,其他两件都未得到追究。

　　图4－14为南方军防疫给水部的据点分布及南方军人体实验案发地点。

图4－14　南方军防疫给水部的据点分布及南方军人体实验案发地点

　　从图4-14来看,除了昭南岛的恙虫病案,其他三宗人体实验案发地点和冈九四二〇支部之间,并没有组织上的关系,属于日本陆军军医个别的任意的暴行。据《日本帝国主义侵华档案资料选编第五卷:细菌战与毒气战》中日军俘虏供述,华北战场各地也多有发生日本陆军活体解剖中国军人的犯罪事例。

第三节　日本海军的"特设防疫班"

　　时至今日,还未发现南方军防疫给水部人体试验的档案记录。不过,这几年来,在印度尼西亚有学者怀疑一宗发生在1945年1月泗水(Surabaya)监狱里的囚犯患上破伤风而死亡的案件和日本海军有关联,目前各方学者正在努力考证之中。1943年2月20日,日本海军大臣岛田繁太郎在同一天连发数道海军内部军令(海军史料中简称为"内令"),设立"特设防疫班"和"望加锡研究所"(Makassar Research Institution)。望加锡是当时日本海军管控之下的荷属西里伯斯(Celebes,现称苏拉威西,Sulawesi)的首府。西里伯斯岛并不在南方军爪哇军（陆军）军政监部的管辖范围之内，而是在日本海军省南方政务部之下的七个"海军主担任地区"之一（其他六区是新几内亚、塞兰、婆罗洲、新不列颠、关岛和安达曼）。

　　以下简单介绍上述相关海军内部军令，以考察特设防疫班在海军主担当地区内的迅速发展。

　　1943 年 2 月 20 日的《内令第二百八十二号》①（图 4 - 15）第二十二章第九十四条里，允许特设防疫班在"有必要的地方"设置如第一防疫班、第二防疫班。同第九十五条里要求特设防疫班"掌握作战地等防疫相关事务"。

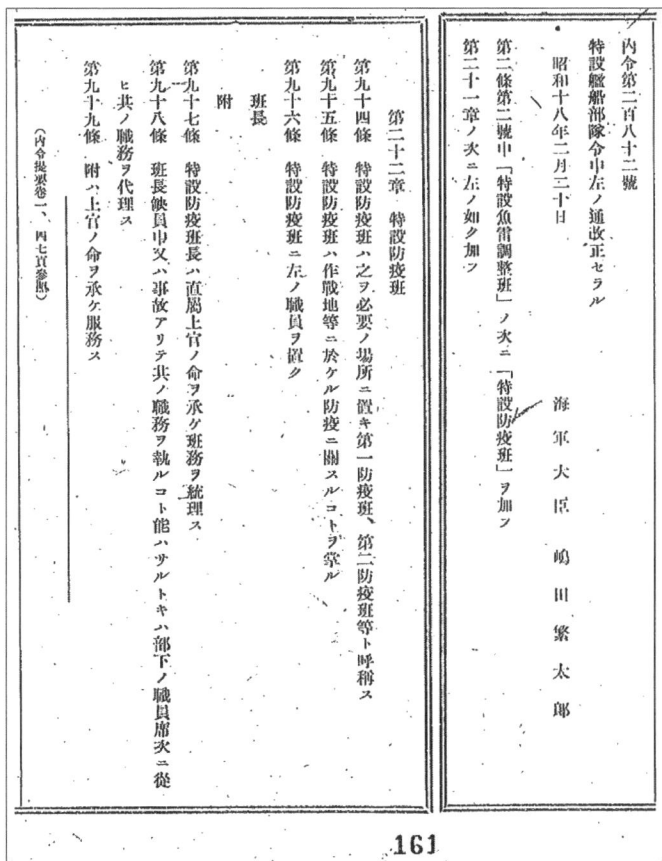

图 4 - 15　海军大臣发出的《内令第二百八十二号》：设立"特设防疫班"

---

① 日本亚洲历史资料中心，编码 C12070184500。件名：「内令第 282 号」，编号第 1614—1615 页。

《内令第二百八十三号第五十一表》[①]有《特设防疫班定员表》(图 4－16),指定班长为军医科佐尉官员,带领甲乙两个小队。备考中说明:甲小队 23 人主要负责疟疾和登革热的防疫,乙小队 22 人主要负责急性传染病及预防细菌武器受害。

第五十一表

特設防疫班定員表

(昭和十八年内令第二百八十三號)

	甲	乙
班長　軍醫科佐尉官	一	一
附　軍醫科尉官	二	二
附　中少尉(水)、(機)	一	
附　衛生中少尉	一	二
計　士官	三人	三人
計　特務士官	二人	二人
兵曹	二	
衛生兵曹	三	五
主計兵曹	一	一
水兵	三	
衛生兵	七	十
主計兵	二	一
計　下士官	六人	六人
計　兵	十二人	十一人

備考

一　本表中甲ハ主トシテ「マラリヤ」及「デング」熱防遏、乙ハ主トシテ急性傳染病及細菌兵器ノ被害防止ニ充ツルモノニ之ヲ適用スルモノトス

二　本表ノ外附トシテ軍屬(甲ニ在リテハ百人以内、乙ニ在リテハ二十人以内)其ノ他ノ人員ヲ置クコトヲ得

三　特修兵ハ適宜トス

四　兵曹及水兵ハ機關兵曹及機關兵ヲ以テ代フルコトヲ得

1617

图 4－16　海军《内令第二百八十三号》《特设防疫班定员表》

① 日本亚洲历史资料中心,编码 C12121199800,件名:「第 27 野戦防疫給水部」,「内令第二百八十三号」(海军),编号第 1617 页。

　　8个月之后的1943年10月，在海军内部文件中，出现"第三防疫班"的名字，又再过了十个月之后的1944年8月，又出现"第十一防疫班"和"第二十一防疫班"的名字，显然是在各地开设了一班又一班，而且开设的速度越来越快。

　　海军大臣岛田繁太郎发出的内令编号第二百八十七号①，设立"望加锡研究所"，由六大部门组成：总务部、地质矿物部、农林水产部、热带卫生部、环境科学部和惯行调查部。该所的所长以下，设部长和所员，定员为152人。参见图4-17，第二条（日文）。

　　日军把荷兰殖民政府的医院改称为"望加锡研究所热带卫生部诊疗所"，为日军及家属提供医疗服务。还在热带卫生部之下，开设训练所，培养医护助手以解决人手不足问题。在广袤的"南西方面海军民政府"管辖区里，对于疟疾、腹泻、麻风、肺结核和性病等提供医疗服务。

　　目前还未发现有关望加锡研究所和二十几个特设防疫班之间关系的资料。

　　海军的军医学校采用的是一套独自的研究论文编号系统②，首先是《研究调查报告编号》，编号下有复数③不同课题的论文，论文编辑为每一篇论文加上一个"研究调查编号"（称"节"）。"章"是顺序的序列，从1号开始；"节"的顺序排列方法目前不详（档案里没有说明），如"章"14号下有4个"节"，分别为120号、31号、15号和121号。

　　目前已知"节"的最大值是144号，可是公开的论文仅有29篇，其中28篇是昭和十九年（即1944年）的论文，离开要掌握"全貌"的目标相距甚远。这29篇论文中有4篇与疟疾有关，3篇有关X光摄影。有关蚊子、肺结核、

---

① 日本亚洲历史资料中心，编码C12121199800，件名:「第27野戦防疫給水部」,「内令第二百八十七号」（海军），编号第1619页。

② 日本亚洲历史资料中心，编号A03032178600，件名:海军军医学校研究部「研究調査成績報告（綴）」,共133页。

③ "复数"表达看到的奇异现象：在海军，同一个《研究调查报告编号》，如123号之下，可以包含霍乱、疟疫、白内障。124号之下，可以包含贫血和霍乱。如何统计和管理"霍乱"？在陆军里没有这种混乱。

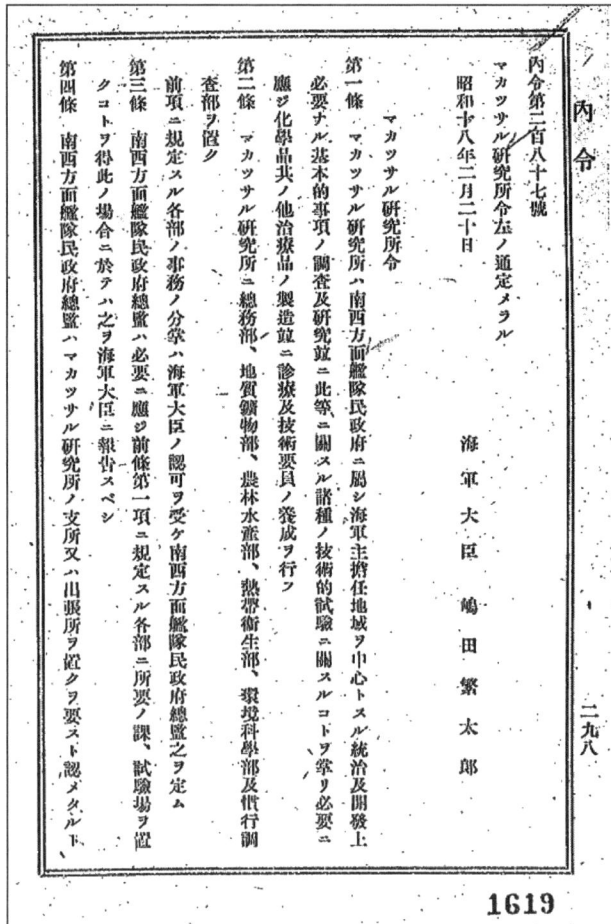

図 4 - 17　日本海军大臣岛田繁太郎在 1943 年 2 月 20 日发出
的设立望加锡研究所《内令第二百八十七号》

热伤、消毒和杀虫剂的各 2 篇,其他都是 1 篇,如登革热、霍乱、维他命、冻伤。

　　在消毒药的研究中,出现了"军商合作"的案例:报告第 22 号研究番号第
144 号的论文提及海军在为武田(Takeda)药品的消毒产品验证其杀菌能力。
将来更多的论文公诸于世,也许还会有类似的案例。

　　仔细观察海军的论文,会注意到与日本亚洲历史资料中心公开的其他
文献不同,这些论文的各页页面上没有日本亚洲历史资料中心一般文献上
带有的 4 位数序列编号。也就是说,日本亚洲历史资料中心公开的这批论

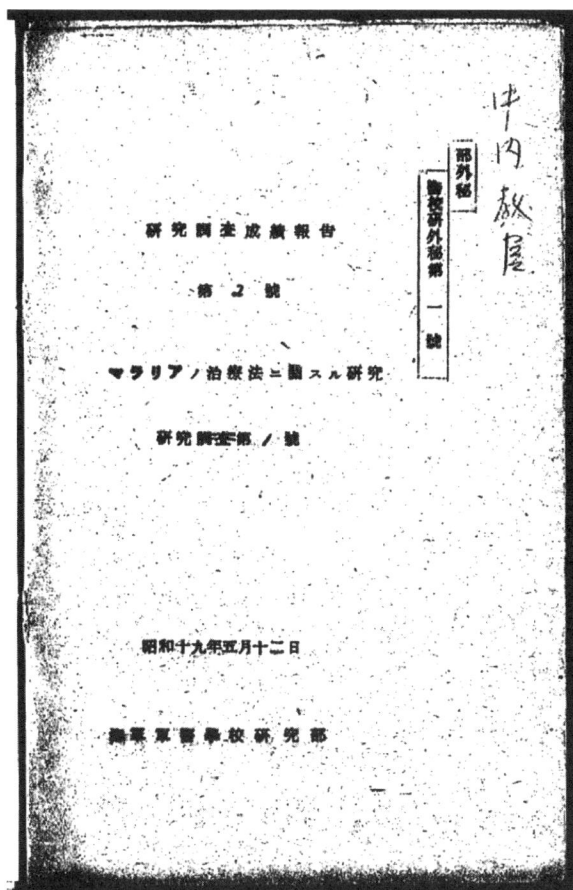

图 4 - 18   日本海军军医学校研究部的《研究调查成绩报告》的封面设计及其独特的编号系统

文,有可能并不包括在驻日美军缴获,后又归还日本的资料中。

第四节 "ホ号作战"准备

据 1943 年金原节三大佐的《陆军省业务日志摘录》[①],南方军防疫给水部曾参与日军细菌作战项目,代号为"ホ号作战"(日语片假名,发音为 ho),具体如下。

---

① 吉見義明・伊香俊哉『七三一部隊と天皇・陸軍中央』、岩波書店(岩波ブックレット)、1995 年、44 頁。

　　据金原节三《陆军省业务日志摘录》，真田参谋本部作战课长参加的"老鼠补给恳谈"记录显示，参谋总部于 1943 年 4 月 17 日召开了"ホ号商讨会"，要求各地的防疫给水部以及军医学校一起展开大量生产栗（跳蚤的代号）和饼（老鼠的代号）。并且计划在日本，以埼玉县粕壁（春日部）市为中心，生产老鼠 74.45 万只，埼玉县 47.5 万只，其周边茨城县 20.4 万只以及栃木县 6.45 万只。[①]

　　会上，南方军防疫给水部的报告有以下几个要点：

　　（1）从 1942 年 9 月开始研究栗和饼。

　　（2）鼠疫跳蚤在柏油路面上（摄氏 45 度）只能存活 1 分钟。

　　（3）捕鼠器能捕捉到的老鼠约是捕鼠器数量的 1 成（1 整年同机率）。

　　（4）（东南亚）只要能够避开雨水和阳光，到处都能成为饲养场。

　　（5）驯化从北方输入的老鼠需时 1 个月。

　　（6）种饼（即种鼠）只需输入 1 次，过后就能自然繁殖。

　　（7）需要人员 265 名，就能生产 50 公斤（跳蚤）。

　　据日本陆军省医务局医事务课长大塚文夫大佐备忘录[②]中 1944 年 5 月 23 日的"ホ号作战"笔记，石油罐可以用来取代培养（鼠蚤）罐。原冈九四二〇部队军属大快良明提供的证词[③]中也提到，他曾经收购 5 万个空的石油罐来饲养鼠蚤。据日本亚洲历史资料中心的一份日军"极密"报告《船参报第 449 号　九月上旬分还送军需品调查表送付之件通牒》，船舶司令部于 1942 年 9 月提呈陆军省[④]（图 4 - 19），文件里有"运送 426 个空罐给南方军"的记录，图 4 - 20 左起第 4 栏："四二六"。

---

① 吉见义明・伊香俊哉『七三一部队と天皇・陆军中央』、岩波书店（岩波ブックレット）、1995 年、44 頁。

② 吉见义明・伊香俊哉『七三一部队と天皇・陆军中央』、岩波书店（岩波ブックレット）、1995 年，1944 年 5 月 23 日的记录。

③ 大快良明亲笔证言，日本七三一部队・细菌战资料中心研究员奈须重雄提供。

④ 日本亚洲历史资料中心，编码 C01000702500，件名：『船参报第四四九号　九月上旬分還送军需品调查表送付の件通牒』。昭和 17 年 9 月 25 日。编号第 1567 页—图 4 - 19；编号第 1579 页—图 4 - 20。

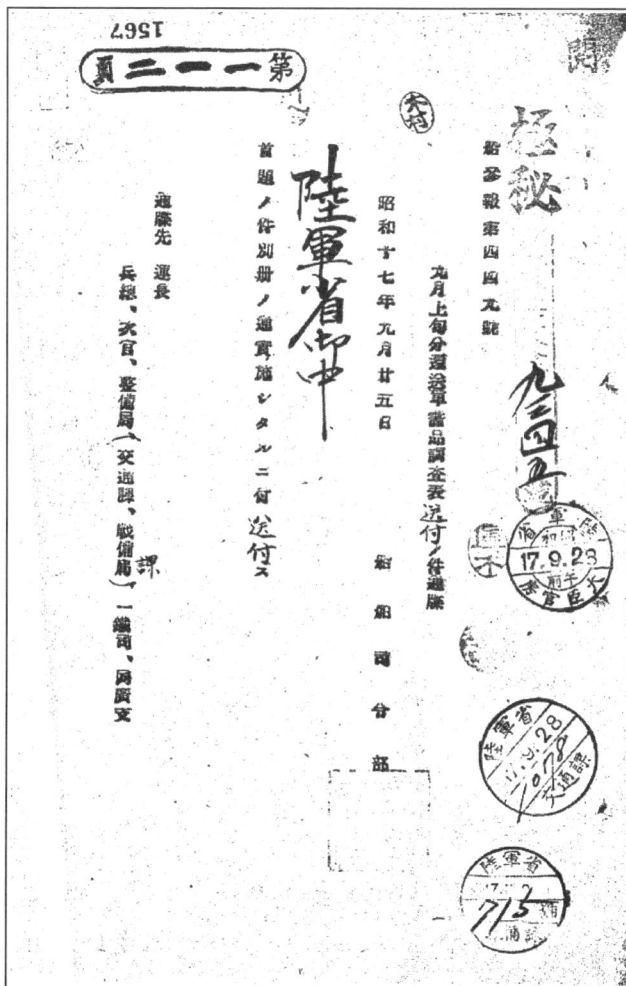

图 4‑19　南方军船舶司令部极秘电报之首页：昭和十七年
（1942 年）九月廿五日「船参报第四四九号　九月上旬分还送军
需品调查表送付の件通牒」，编号第 1567 页

　　1993 年左右，大快良明受邀到春日部市（Kasukabe，埼玉县）参加证言集
会时，以《一只老鼠好比一辆装甲车》[1]为题，公开作证：

　　1944 年 10 月，大快听闻大本营要求制造 5 吨跳蚤以准备对美国展开细

---

[1]　吉見義明・伊香俊哉『七三一部隊と天皇・陸軍中央』、岩波書店（岩波ブックレット）、1995 年，
1944 年 5 月 23 日的记录。

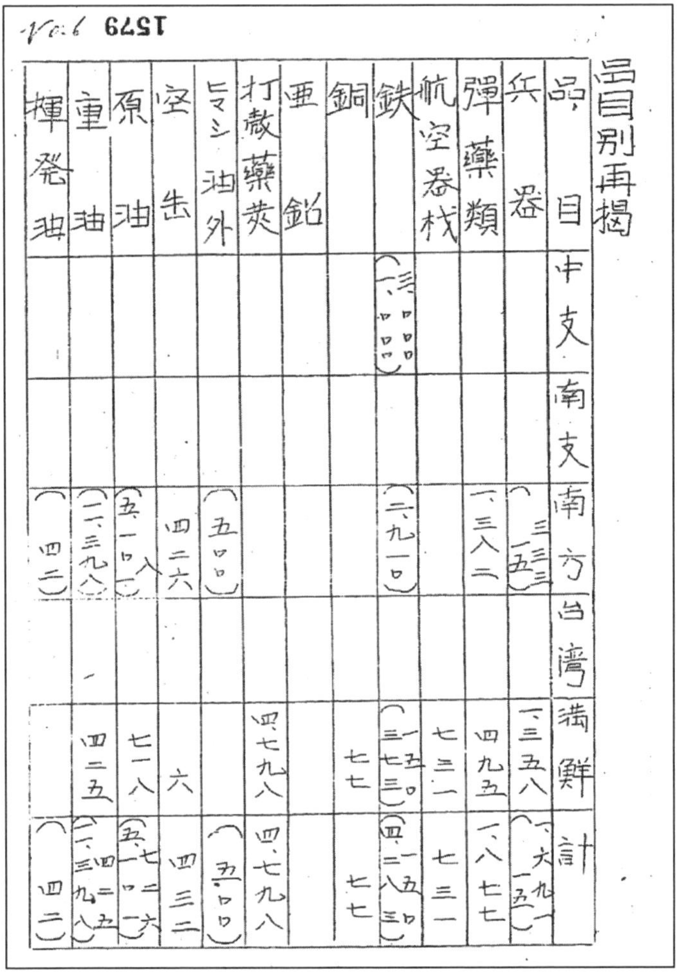

No.6　1579

品目別再揭	兵器	彈藥類	航空器材	鉄	銅	亜鉛	打殻藥莢	ヒマシ油以外	輕油	原油	重油	揮發油
中支			〇三四八									
南支	一五三	三五三	二九一〇				五口	五口	四二六	四二六	一三五九二	四二
南方	四九五	七三一	三七五三	七七	四七九八	四七九八	六	七一八	四二五			
台湾	三五八	五二一	二一五〇	七七								
滿鮮	大九一五	八八七七	二一五〇三〇	七七	四七九八		四三二	五七一二六	五三四九二五	四二		
計												

图4-20　南方军船舶司令部的《九月上旬分还送军需品调查表送付之件通牒》的品目一览中，从左算起第4项"空罐"，共有"四二六"个被送往"南方（军）"。编号第1579页

菌战。没多久，就接到大本营发过来的"领取卫生材料"的军令，带领了两位同是军属的柴田和冈野，一起乘坐飞机，从新加坡起飞，途经西贡，在台北停了一夜之后，于10月24日抵达东京立川机场，然后乘车直奔陆军军医学校。归途是从立川机场起飞，停机坪上排列着三架七三一部队专用的97Ⅱ式重型轰炸机，老鼠都被装满在一个纵深40厘米、横宽30厘米、高度30厘米的铁丝笼里头，在轰炸机的肥大的机舱里笼子堆得像一座山似的，不过每架轰

炸机只载五千只老鼠,结果飞抵新加坡时,老鼠死了三分之一。

根据大快良明的证词,他们从日本埼玉县春日部把老鼠空运到新加坡,然后用卡车运往南方军防疫给水部总部和柔佛的淡杯医院,以及马来半岛中部小镇瓜拉庇劳的一所英国中学,最远的是在赤道以南的爪哇万隆支部。大快他们在 10 月和 11 月,一共搬运了两次老鼠,原定计划是要搬运 5 万只,但是最后只运了 3 万多只。

在瓜拉庇劳,大快良明所在支队从离开市区 4 公里外的山村,雇用了上百名原住民、马来人、印度人和中国人,开垦了一大片菜园,种植各种蔬菜,用来做老鼠的饲料。

瓜拉庇劳支部的队长为卫生中尉高贝安次郎,还有卫生曹长星子定、5 名军属、兽医村井芳夫(技术员)和翻译稻叶太郎(技术员)等。

根据《大塚备忘录》①的记载,1945 年 1 月 8 日"大臣决济、ホ号作戦はやらぬ",即(陆军)大臣决定停止"ホ号作战"。大快良明等所干的一切看来归了零。

---

① 吉見義明・伊香俊哉「七三一部隊と天皇・陸軍中央」、岩波書店(岩波ブックレット)、1995 年、54 頁。

第五章 隐姓埋名

第一节 日本投降后的东南亚状况

"终战"这个词是日本人的表达,和"投降"的意思不同,就是宣布战争终止,不打了。所以,从"终战"这个词衍生出来的词汇,都带着这个意思,比如"终战日""终战诏书""终战处理""终战纪念",等等。不过,这个词只通用于日本国内,日本以外的国家都说是"日本无条件投降"。这个用语也在某种程度上显出了日本和周边国家对战争历史认识上存在的差异。

"终战处理"就是这么一个专用日本词语之一,用于表述 1945 年 8 月 15 日之后日军战俘在东南亚各地被关押入战俘营的状况,把各支部队的伤残状况呈报给盟军等。这段时间他们在白天被派去当壮丁,修补在战争中被破坏的大楼和桥梁,晚上则等候遣送自己回日本的船只的到来。可是,同样是"终战处理",在中国、在日本国内,和在海外其他国家和地区可有天壤之别。

日本投降后,盟军把残留东南亚的约 73 万[1]日本军人及军属划归 5 个军管区,新加坡和马来亚归属于"英国与荷兰军管区"管理。英军的军靴重新踏上"英属马来亚"的土地是在 9 月 5 日,从新加坡港口上岸。因此,从日

---

[1] 日本亚洲历史资料中心,编码:C15010262100,件名:《附表　南方军人员比较一览表》,第 1 復员局资料課,昭和 21 年 10 月。

本投降后的第二天 8 月 16 日开始，直到英军登陆为止整整三个星期，自大的英军从遥远的印度远东大本营傲慢地用电报吩咐日军"自律"，并且要求日军"自我申报"自己部队的名称、任务、人数、所持军火和医疗药品等。

可是日军哪里有这么乖顺守法，于是就发生了郁达夫苏门答腊遇害、马六甲海峡的沉冤等惨案。

以马六甲为例，英军舰队重返新加坡港是 9 月 4 日，5 日上岸，12 日才正式举行受降仪式，而相对偏远的马六甲直到 16 日英军才踏入甲城。这就让马六甲出现了一段"无政府状态"。可是爱国的华侨地方领袖们不但已经出头带领群众庆祝抗战胜利，还主动协助光复日常秩序，救济失业者，废除日军多种苛政，当地日军尤其是宪兵们既胆战心惊又疑神疑鬼。9 月 3 日马六甲的华侨社团在马来亚共产党的带领下，召集各阶层代表，选举并成立"马六甲人民委员会"，并且在第二天 9 月 4 日出版马来亚光复后的第一份华文报纸《大众报》。9 月 5 日早上，日军见报十分愤怒，警备第三大队长龟泽松年上尉和宪兵队长大本清范少尉密谋之后，于晚上 7 点半率领 9 名士兵突击包围并逮捕在鸡肠街（俗称文化街）琼州会馆开会中的人民委员及平民共 14 人，未经审问就押送马六甲海峡的五屿岛，企图杀害，途中有人成功逃脱，结果 9 人惨遭杀害。战后 BC 级战犯法庭判处龟泽上尉及大本少尉死刑（绞刑），并于第二年，即 1946 年，同月同日于马六甲监狱执行。[①] 1946 年 2 月 15 日，新加坡沦陷纪念日，马六甲及麻坡的人民委员会联合在马六甲通往麻坡 7 英里处的五屿岛对岸埋葬了 9 名烈士并竖立"一九四五年九·五殉难史志"纪念碑。

英军一回到曾丢失三年半的新加坡，立刻宣布在新加坡和马来亚实施英国军政管理体制（British Military Administration of the Straits Settlement，简称"BMA"）[②]，为期 7 个月。代表英女皇的蒙巴登元帅应该是太小

---

① 英国国家档案馆检索编号：WO 235—875[7298]。

② 英军政管理体制（British Military Administration of the Straits Settlement，简写为 BMA）以蒙巴登元帅（Lord Louis Mountbatten）为首领（相当于总督），从 1945 年 9 月 12 日至 1946 年 3 月 31 日，为期 6 个月 19 天。

看了遣送 10 万名日军战俘回日本的工作难度,结果 7 个月很快地就过去了,干了还不到一半,不得不于 1946 年 4 月 1 日将相关事务移交给英国派驻新加坡的首任总督金逊(Franklin Charles Gimson)。当日军的最后一名战俘离开新加坡时,已经是又过了两年之后的 1948 年 1 月。

所以,从日本投降的 1945 年 8 月 16 日开始,直至日军战俘完全离开为止,新加坡一共经历了三个不同管理制度时期:(1)日军"自律"管理,(2)英军政管理,(3)英国总督管理。

目前,日本亚洲历史资料中心所提供的南方军"终战处理"文献,只有第七方面军有详细报表,整理如表 5-1 所示。

表 5-1　日本亚洲历史资料中心公开的南方军"终战处理"文献

南方军的部队名称	占领地区	详细报表
缅甸方面军	缅甸	无
菲律宾	菲律宾	无
第七方面军	新加坡、马来亚、爪哇、苏门答腊	有
第三十七军	婆罗州	无
第二军	澳大利亚北部	无
第十八军	新几内亚南部	无
第三十八军	法属印支(越南、老挝、柬埔寨)	无
第十八方面军	泰国	无

第二节　英军要求日军"自律"期间

8 月 15 日英军在印度的远东总部接到战争胜利的喜讯,可是要从印度收拾行李拉队到新加坡,估计需要二十来天,所以发电要求驻新加坡日军"自律"。当时英军最急于掌握的情报,并不是日军各种部队的残存状态,如人数、伤患数、武器、物资包括药品等,更不是新加坡人民的温饱问题,而是过去三年半里被日军蹂躏的英军战俘的健康状况以及新加坡能够承担的医疗负荷。

不了解日本人的英国人总是从自己的角度来判断异种文化的日本人的

言行举止。对英军的军医部来说,他们当时的关注重点在于日本军医部人员数量、拥有几间医院、多少伤残者、药品残存量等,基本上就是一般医疗卫生部门的事项。他们想要查的,若是在他们英国老家的话,只要发出一两张问卷,就能轻易把情报弄到手。所以,他们也就习惯性地发问卷给南方军军医部,根本没有想到竟然会有一支秘密的细菌研究部队藏身在新加坡中央医院园内,在柔佛海峡对岸的淡杯精神病院里。

那么,从军医部那儿接到英军问卷的冈九四二〇部队,如何"自我申报"呢?

从挖掘到的日本亚洲历史资料中心文献来看,发现他们采取了"偃旗息鼓"的策略,就是把石井四郎的细菌部队的面目藏起来,作为军医部里的一个部门——防疫给水部,把军医部推到台前去面对英军的审问。用今天的商业环境来比喻的话,就是原本是一间在东南亚各地拥有分店网络的跨国商社,突然间变成了一家本土商社里的一个部门了。

英军面对用心叵测的日军医部,没有丝毫心理准备,走进办公室,迎面而来的是日军"大量生产"出来的手写日文报表,竖着写,从右到左,翻译需请医学专家,小山般地堆放在他们桌上,英军不可能有足够的时间和人力物力去查证。

日本亚洲历史资料中心,在《南方军·第七方面军①等终战处理关连》这个档案名目之下,可以查阅到几百页的资料,从《资料1》至《资料33》。不过还有少部分未被公开,比如输入文献检索编号之后会出现日文"簿册非公开",或者在文献上某些句子或文字被涂上黑色。

《南方军·第七方面军等终战处理关连　资料1》②(以下简称《资料

---

① 第七方面军是日本陆军在太平洋战争后期编组而成的一个"方面军",编成日期是1944年3月19日,总部设置于昭南岛(新加坡),主要功能是防止盟军的反攻,是一支"守军",总司令是土肥原贤二大将和板垣征四郎大将。辖第十六军(爪哇的雅加达),第二十五军(苏门答腊的哥达丁怡),第二十九军(马来亚的太平)等。

② 日本亚洲历史资料中心,文献《南方军·第七方面军等终战处理关连　资料1》包括编码C16120001500至C16120003500的资料。其中,编码C16120001500的封面题为:《南方军·第七方面军等终战处理关连　资料1,卫生材料报告控(南方军总司令部)军一部》。

1》，图 5－1 为其封面）共有 20 份文件。主要内容是投降的日本陆军[①]军
医部所占用的医院设施的规模、残存药物数量、入院病患的疾病类别及人
数等状况。

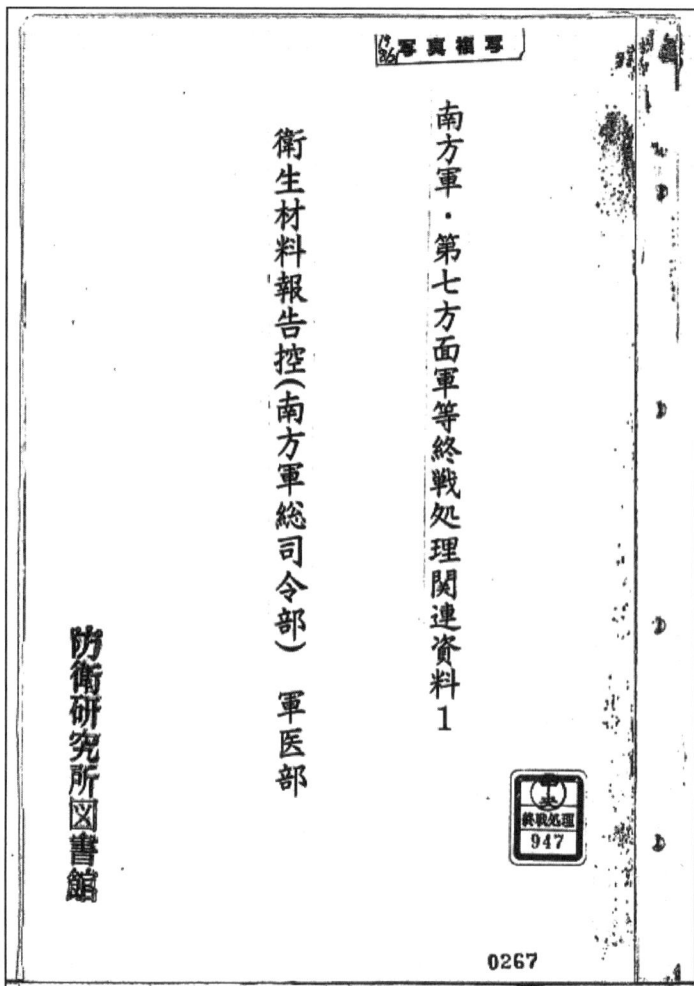

图 5－1 《南方军·第七方面军等终战处理关联资料 1》。南方军总司
令部军医部向英军提呈的卫生材料报告，简称《资料 1》之封面，编号第
0267 页

---

① 在日本亚洲历史资料中心，至今仍未发现南方军海军或昭南海军的终战处理资料。

　　冈九四二○部队"自我申报"的文献被深藏在一份题目为《卫生材料报告控》的文件里。《卫生材料报告控》①（图 5 - 2 为其封面）包含了很多日军投降前后的重要数据。

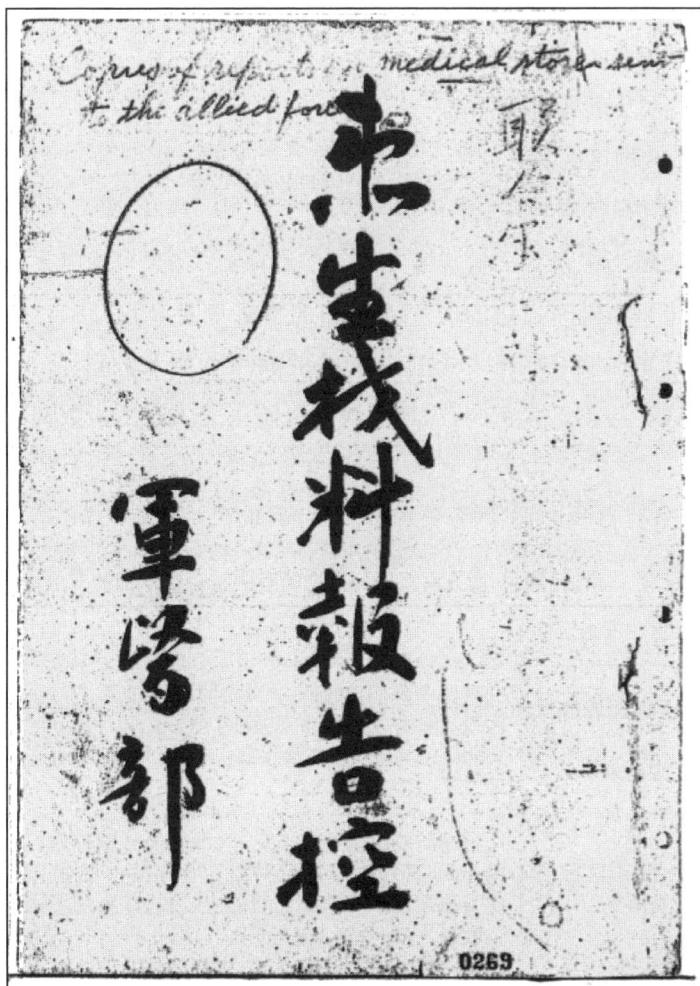

图 5 - 2　日本投降后，日军军医部提交给盟军的《卫生材料报告控》封面，编号第 0269 页。右上角可以看到用铅笔书写的日文"联合军"（日语中盟军的意思）三个汉字

---

① 日本亚洲历史资料中心，编码：C16120001700，件名：《卫生材料报告控　军医部(1)》。包含多页文件，从编号第 0269—0308 页。

（1）昭南地区主要医药品仓库的库存数量和位置地图；

（2）缅甸卫生材料消耗状况；

（3）南方圈医药品生产及储藏量；

（4）卫生材料输入数量；

（5）昭南地区陆军医院；

（6）马来及离岛地区医院；

（7）爪哇地区医院；

（8）苏门答腊地区医院等珍贵的情报。

以上文献当中包含三份与冈九四二〇部队有关的"自我申报"表格：第一张是申报日本陆军占用的医疗器械和药物的库存状况（图5-3）；第二张是申报陆军医院在昭南和柔佛各分院的病床种类及数量（图5-4）；第三张申报内容与第二张雷同，添加了淡杯医院医务人员的人数和职务类别（图5-7）。

以上三份"自我申报"内容整理成表5-2如下。

表5-2　"自律"期间，南方军军医部提交的有关防疫给水部的三份资料

日期	名称	内容	图序
9月1日	《昭南地区保有卫生材料现况表》	共有四个部门：(南方军)医药库，南方第一陆军医院，南方第三陆军医院（General Hospital Johore），南方军防疫给水部。（编号第0278页至第0279页）	图5-3
9月1日	《陆军医院一览表》	南方军防疫给水部马来支部（即前淡杯精神病院Tampoi Hospital）被改称为"南方第三陆军医院"，出现在军医部提交的最后一栏，还附加了床位数目。（编号第1087页）	图5-4
9月4日	《陆军病院》	军医部提交的表中的"南方第三陆军医院（Tampoi Hospital）"，除了床位数目之外，还增添了医务人员数和病患数等数据。（编号第1086页）	图5-7

仔细分析表5-2的三份报告，可以看出以下几个特点。

第一，第一份和第二份文献都来自《资料1　卫生材料报告控（南方军总司令部）军医部》，都是9月1日的文件。第一份的名称是《昭南地区保有卫生材

料现况表》①（见图 5 - 3）。

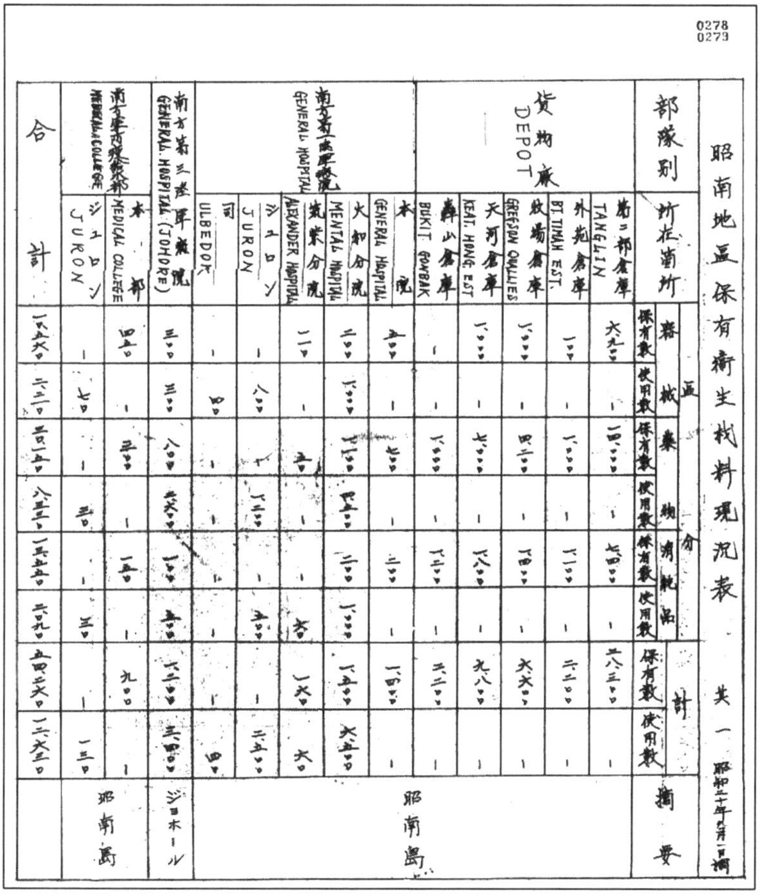

图 5 - 3　南方军军医部所呈报的《昭南地区保有卫生材料现况表》,此报表的日期为昭和二十年 九月一日,南方军防疫给水部申报在最左端。编号第 0278 和 0279 页

从图 5 - 3 可以发现,南方军防疫给水部以很低调的身份登场:既是"卫生材料持有者"之一,又是"医疗部队的一员",而且所持有的药物数量又是四者之中最少,是最不起眼的部队。

直至今日为止,我们只知道南方军防疫给水部占用医学院大楼(College of Medicine Building),但是这个表里头却首次出现了另一个叫"Joron"的地

---

① 日本亚洲历史资料中心,编码:C16120001700,件名:《卫生材料报告控　军医部(1)》,编号第 0278 和 0279 页,报表名为《昭南地区保有卫生材料现况表》。

名(今天的裕廊,Jorong。当时是沼泽地),令新加坡本地学者大惑不解。目前能够肯定的是,除总部大楼之外,冈九四二〇部队在新加坡西南部还有一个小支部,并且贮存有药物。

第二,同样为 1945 年 9 月 1 日的另一份题为《陆军医院一览　1.昭南地区》①,参考图 5-4,在柔佛州的新山市(Johore Bahru),日军报了两座医院,均称为"南方第三陆军医院",右栏的综合医院(General Hospital),以及左栏的淡杯医院(Tampoi Hospital),淡杯的床位规模只是综合医院的几分之一,有床褥和只有铁床的普通床位各 500。

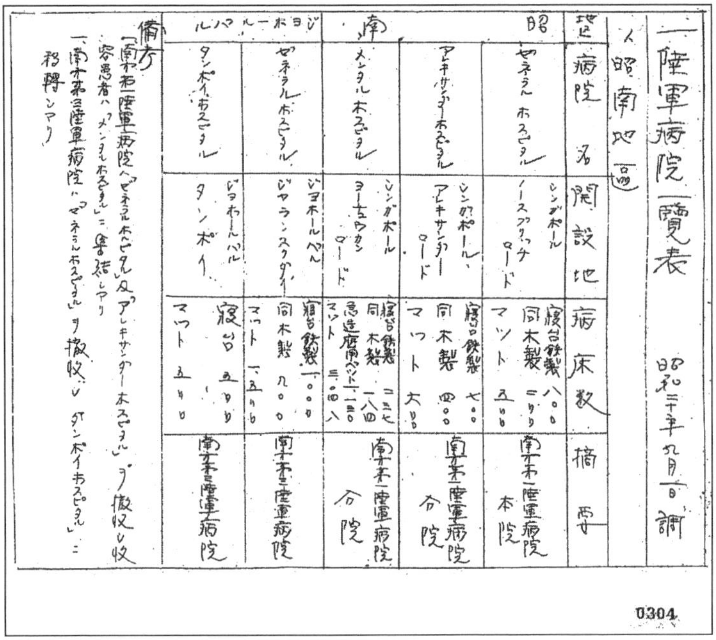

图 5-4　昭和二十年(1945 年)九月一日《陆军医院一览　1.昭南地区》

从这份报表可以看出,军医部将南方军防疫给水部马来支部的鼠疫菌生产基地"改头换面"为一所陆军医院。

这份"第七方面军终战处理"文献,内容包括了第七方面军属下所有军

① 日本亚洲历史资料中心,编码:C1620001700,件名:《卫生材料报告控　军医部(1)》,编号第 0304 页,报表名为《陆军医院一览　1.昭南地区》。

管区的陆军医院,图5-4里的"1. 昭南地区"是第七方面军的总司令部所在地,其后是"2. 爪哇地区","3. 苏门答腊地区","4. 马来及离岛地区",一共包括四大占领区。

可是,以上四大占领区,除昭南之外,其他都没有"防疫给水部"。比如新加坡总部之下的各地支部。看来各地支部的一两百名队员都被转换身份和归属部门了。

第三,第三份档案文献,是来自《资料2　昭南地区现况表　军医关系》,图5-5为其封面①,编号第0918页。

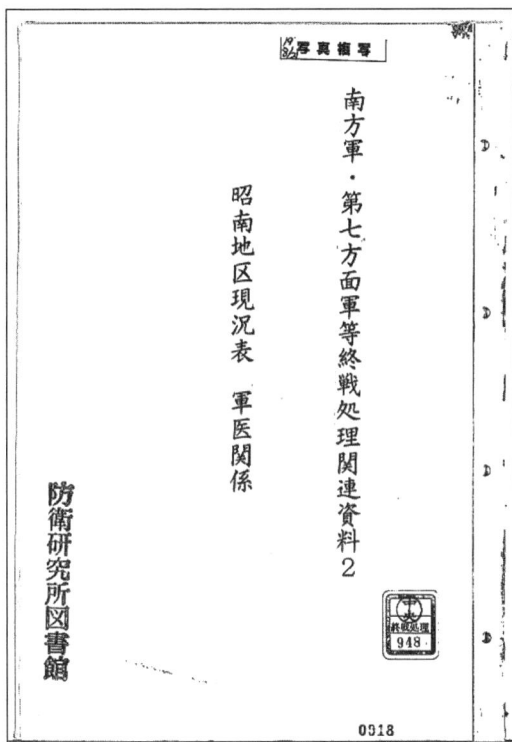

图5-5　《南方军·第七方面军等终战处理关联资料
2　昭南地区现况表　军医关系》之封面

① 日本亚洲历史资料中心,文献《南方军·第七方面军等终战处理关连　资料2》,包含编码从C16120003700至C16120004300。其中,编码C16120003700的封面题目:《南方军·第七方面军等终战处理关连资料2　昭南地区现况表　军医关系》。

这份拥有好几十页的文献夹子里,有一份名为《昭南地区现况　军医关系(5)》的文献,图5-6为其封面①,其中有一份标记着"洋上提出资料"(意即英军还未登陆,还在海洋中的船舰上的时候,日军所提呈的资料),参见图5-7右下角。这一份文件,提供了第三病院医务人员以及住院病患种类等的数据。(图5-7的左下方)

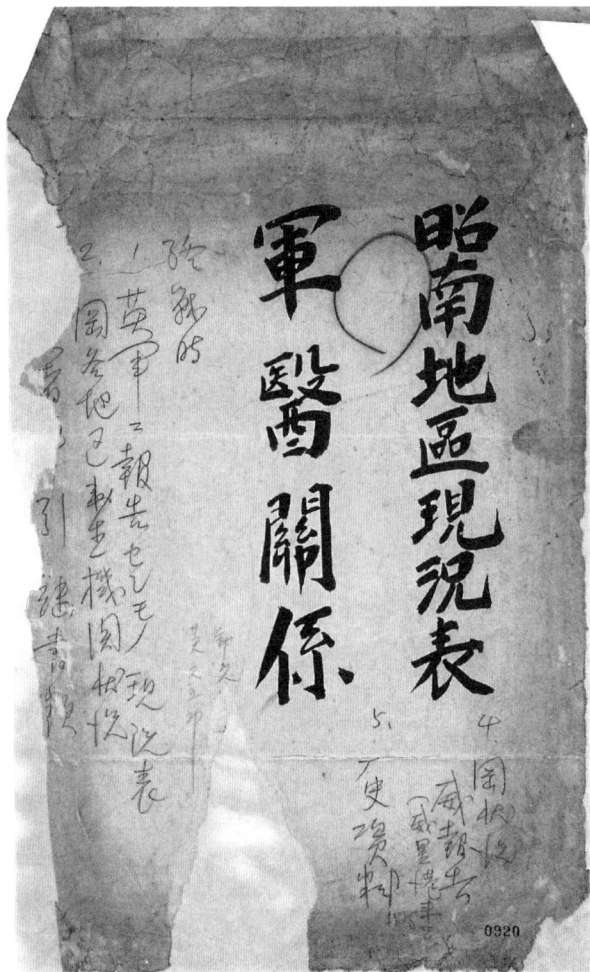

图5-6　《昭南地区现况表　军医关系》封筒

---

① 日本亚洲历史资料中心,编码:C16120004300,件名:《昭南地区现况表　军医关系(5)》,编号1086页。

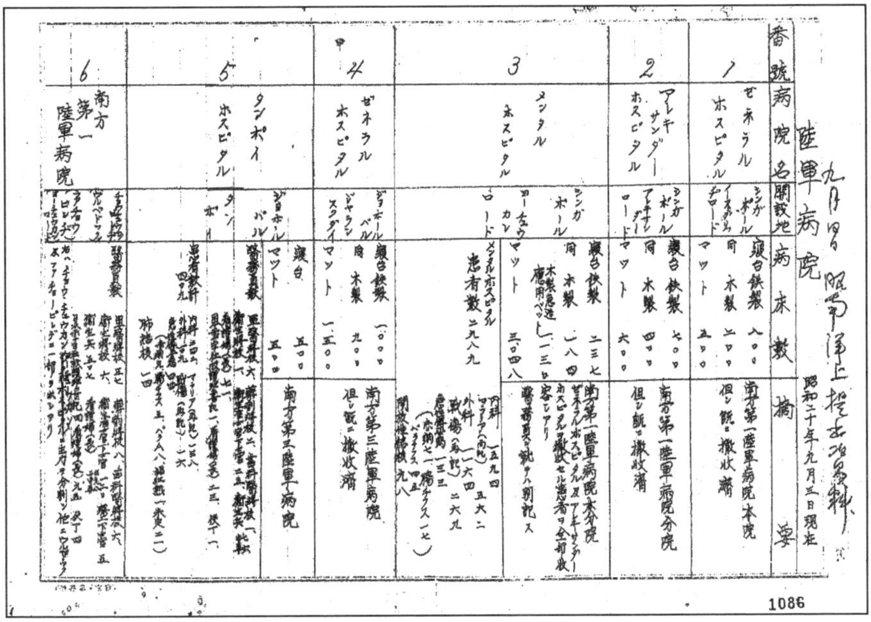

图 5-7　9 月 4 日提交给英军的"陆军病院一览表"。最右端标记着"昭南洋上提出资料",而且,重点是日军军医部已经利用英军不在场的真空期间,把原本是冈九四二〇鼠疫菌生产基地的前淡杯精神病院改装成了番号 5:"南方第三陆军病院"

根据图 5-7 中第 5 栏淡杯医院也即南方第三陆军病院,右下方的"医务员数"整理成表 5-3 如下。

表 5-3　淡杯医院医务人员的军阶与人数

军医将校	6
药剂将校	2
齿科医将校	1
卫生将校	1
卫生准士官下士官	25
卫生兵	76
女护士(长)	71
日本红十字社救护班书记	1
日本红十字女护士(长)	23
杂役	1
合计	207

第三节 英军的军政管理期间

1945 年 9 月 5 日起，新加坡进入了英军政管理(BMA)阶段。一方面，面对十万战俘，英军处理日军战俘的部门问题重重，新加坡面积太小，要找地方来安置这些俘虏，还需要提供粮食和医药服务等。另一方面，英军也想要尽量利用这批劳力资源，清理和修复战争中遭到破坏的基础建设等。

因此，英军的首要任务是掌握在新加坡以及附近各地的日军战俘的卫生状况：健康与伤残病患、药物库存和消耗率等，以便快速地设置战俘营，安排劳作等。图 5－8 为英军上岸时准备的《待讯问者(传唤)调查表》的讯问事项。①

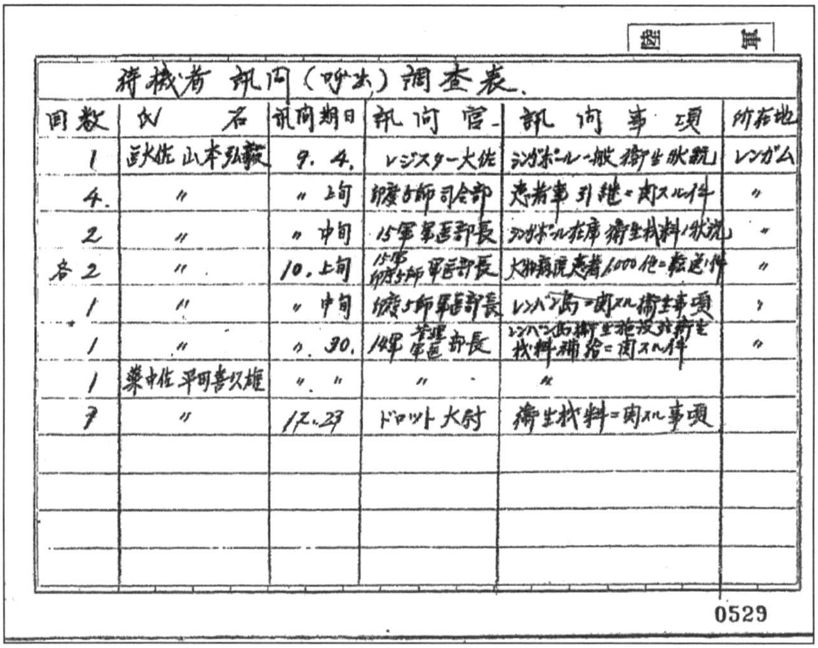

待機者訊問(呼出)調査表

回数	氏名	訊問期日	訊問官	訊問事項	所在地
1	軍医大佐 山本弘毅	9. 4.	レジスター大佐	シンガポール一般衛生状況	レンガム
4.	〃	〃 上旬	印度5師司令部	患者等引継ニ関スル件	〃
2	〃	〃 中旬	15軍軍医部長	シンガポール在庫衛生材料ノ状況	〃
各2	〃	10. 上旬	15軍 印度5師 軍医部長	大和病院患者1000他ニ輸送ノ件	〃
1	〃	〃 中旬	印度5師軍医部長	レンバン島ニ関スル衛生事項	〃
1	〃	〃. 30.	14軍 管理 軍医 部長	レンバン島衛生施設設備ト材料補給ニ関スル件	〃
1	薬中佐 平田喜久雄	〃. 〃	〃	〃	
7	〃	12. 23	ドロット大尉	衛生材料ニ関スル事項	

0529

图 5－8 英军军医部通知投降日军(军医部)的讯问调查表

从图 5－8 可以得知，英军军医部 1945 年 9 月主要讯问的内容是以下三件事项：(1) 9 月 4 日讯问新加坡一般卫生状况；(2) 9 月上旬讯问战俘病患

① 日本亚洲历史资料中心，编码：C16120002200，件名：《卫生材料报告控 军医部(6)》，编号 0529 页。

比例和战俘接管相关事宜；（3）9 月中旬询问新加坡药物库存及卫生药物状况。

英军以新加坡为中心，在邻近的马来亚柔佛州（新加坡北面）和荷属印度尼西亚廖内群岛（新加坡南面）设置了以下大型战俘（POW）集中营：

（1）柔佛州西海岸居銮县新邦令金镇（Simpang Renggam）；

（2）柔佛州东部三板头（Jemaluan）；

（3）柔佛州新山市东部哥打丁宜（Kota Tinggi）；

（4）位于新加坡以南廖内群岛瑞邦岛（Rempang Island）；

（5）瑞邦岛南面加兰岛（Galang Island）。

笔者林少彬利用 1944 年日本国际地理协会出版的《精密世界地图帖——南方共荣圈篇》第 10 图《马来半岛地图》，加笔标注了以上大型战俘营的分布，参见图 5-9。行政区域上，包括了今天的新马印三个国家。

在这段英军忙着分批遣送日军战俘回日本，遣送英军回英国的繁忙时期，冈九四二〇部队又向英军提交了什么报告呢？请看日本亚洲历史资料中心所藏四份相关文献（见表 5-4）。

表 5-4　英军政管理期间南方军防疫给水部提呈的相关资料一览

序号	日期	概要	图
文献 1	1945 年 10 月 15 日	《卫生机构的现况并运用计划》：冈九四二〇部队以战俘身份出现，总人数约 360 名，分成 6 支劳役队。	图 5-10
文献 2	1945 年 10 月下旬	日本陆军省提呈给麦克阿瑟的报告中，把冈九四二〇更名为"威九四二〇"，而保留了其他七三一部队的兵团文字符（甲、荣、波）。	图 5-13
文献 3	1945 年 11 月~1946 年 1 月 20 日	《昭南地区现况表　军医关系（2）》：军医部为南方军防疫给水部呈报了五个支部的简历，分别为爪哇、马尼拉、泰国、印度支那和马来	表 5-6
文献 4	1946 年 1 月 16 日	在南方军军医部文献中，被称为《C. 防疫给水部》的报表里，人数减少至 247 人。这是目前南方军防疫给水部最后一份人数报表。	图 5-15

图 5 - 9　英军为了收容 10 万名日军战俘,于新加坡邻近的
马来亚和印度尼西亚设置的大型战俘营的分布图

　　文献 1 来自文献名称为《卫生材料报告控　军医部(3)》①的一叠文件之
中,一份题为《一、卫生机关之现状并运用计划》的报表(图 5 - 10,编号第
0362 页)。这个题目是维持体面的表达,从报表的内容来看,应该是有关"被
分配在战俘营中的日军卫生机关战俘之现况,以及接下来的劳力运用计
划"。这个报表一共由 4 页组成,图 5 - 10 是它的首页,第二页是题为《二、卫
生材料现况维修保养及改善》的报告,文中提到防疫给水部需要滤水器和消
毒车辆。言下之意是防疫给水部就是个防疫给水部门。第三和第四页是日
军向英军提出的追加要求事项(要求改善战俘待遇),此报表的日期和地点
为:1945 年 10 月 25 日,令金(俘房营)。

_____

① 日本亚洲历史资料中心,编码:C16120001900,件名:《卫生材料报告控　军医部(3)》,编号 0362 页。

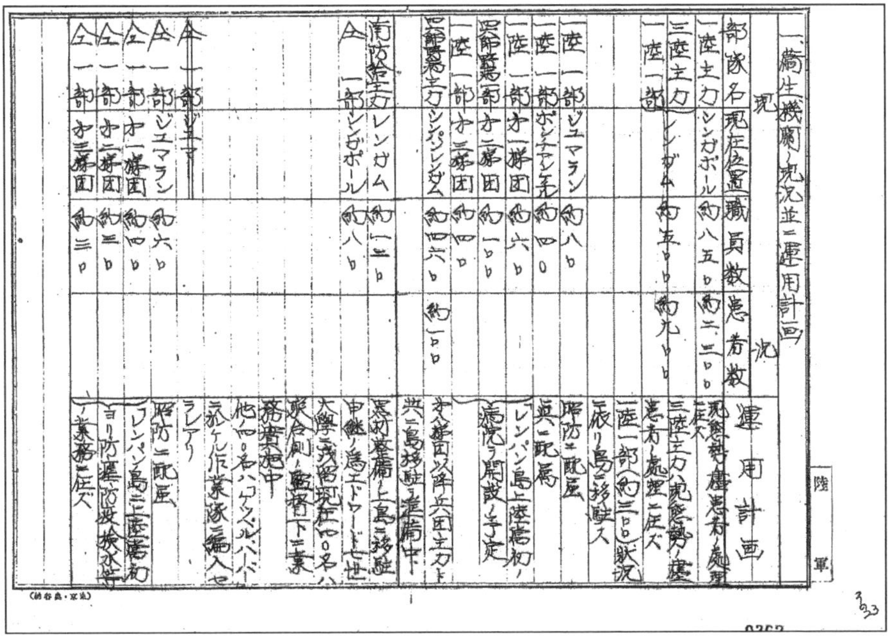
一、衛生機関ノ現況並ニ運用計画

部隊名	現在位置	職員数	患者数	運用計画

图 5－10　日军军医部呈报给英军的《一、卫生机关的现况并运用计划》。左半页是作为战俘的南方军防疫给水部队员，被分成 6 支劳役队的记录（编号第 0362 页）

该资料的第一页（如图 5－10 所示），它的右半边是各种陆军医疗部队，而防疫给水部则是独占了表格的整个左半页。然而右半页的卫生机关共有约 3 300 名战俘，南方军防疫给水部战俘为约 360 名。

根据图 5－10，把南方军防疫给水部被分配到不同的俘虏营之状况整理成表 5－5。

表 5－5　南方军防疫给水部队员被配置的战俘营和劳作计划表（1945 年 10 月 15 日）

部队	日军营	人数	劳役计划
南方军防疫给水部队主力	（新邦）令金	约 120	维修器材之后，将移至岛上俘虏营
同上之一部	新加坡	约 80	为了延续在爱德华七世医科大学的工作，在联军的监督之下留下 40 人； 其他的 40 人被编入吉宝海港劳役队
同上之一部	三板头	约 60	被配置于昭南防卫队之下

续表

部队	日军营	人数	劳役计划
同上之一部	瑞邦岛第一梯团	约 40	自从登陆瑞邦岛以来,从事预防疟疾和检查水质等业务
同上之一部	瑞邦岛第二梯团	约 30	
同上之一部	瑞邦岛第三梯团	约 30	
总计		约 360	

可是,总人数约 360 人这个数字对比日本国立档案馆所公开的《冈第九四二〇部队留守名簿　昭和二十年九月一日南方军防疫给水部调制》[①](图5-11),就会发现名簿的人数是 398 或约 400 人。造成人员统计数字差异的原因目前不明。

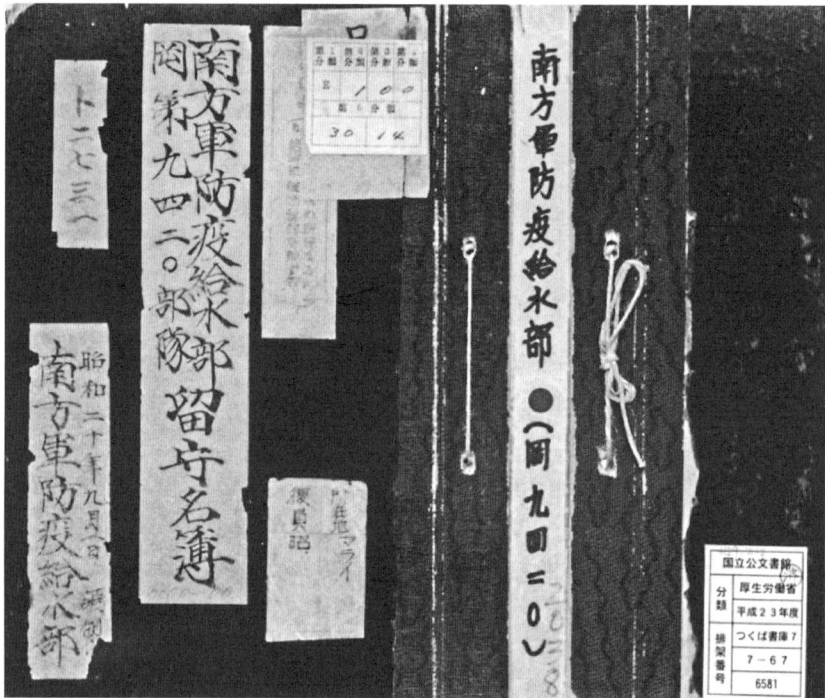

图 5-11　南方军防疫给水部冈第九四二〇部队留守名簿。昭和二十年九月一日南方军防疫给水部调制

---

① 日本国立公文书馆提供阅览,《留守名簿(南方)军防疫给水部冈九四二〇部队　マライ》,请求番号:平 23 厚劳　06581100,作成部局:厚生省,资料生成时间:1945 年 9 月 1 日。

制作该名簿的日期是在投降后"英军不在"的日子,看来正忙着把鼠疫菌生产基地淡杯支部的内部"改装"成第三陆军病院,还得替原淡杯支部的队员寻找能够藏身的部门。

这里还有个关于《南方军防疫给水部留守名簿》名单的小故事:作为冈九四二〇前军属的大快良明,他从南京编队时期加入冈九四二〇一直到日本投降,为部队提供了三年又六个月的服务,但是以上名簿里没有他的名字。可是作为日军俘虏却有他的份,日本投降后,大快被关押在瑞邦岛第一梯团里(见表5-5第四行),直到1946年5月才被遣返名古屋。但是由于他的名字不在名簿之内,无法领取军人抚恤金。[①] 大快良明九四二〇部队队员的身份显然是被弄丢了,或者被转换了。还有没有和大快良明战后遇到同等情况的原九四二〇部队老兵,还有待调查。

《文献2》日本《终战处理》文献夹里有一份由陆军省提呈给美军司令麦克阿瑟(Douglas MacArthur,日军简称「マ」,发音ma)的报告,题目为《昭和二十年十月下旬「マ」司令部提出　帝国陆军部队调查表　集成表　日本陆军省》[②],它共有表1、表2之1和表2之2三个部分,约770页。图5-12为表2之2的封面。

在其中一份称为《397.防疫给水部・其他》[③]的报告中,日本陆军省把南方军防疫给水部队的"冈九四二〇"更改为"威九四二〇"(图5-13),而保留了其他七三一部队的兵团文字符:甲(北京)、荣(南京)、波(广州)。同时,该文件中南方军防疫给水部的编成年月日为"昭和十七年三月二十六日",根据第一章第一节所述日军资料记载应该是5月5日。

但另一方面,我们已经知道,从1945年9月,美国军方即派遣调查官赴日本东京开展第一回合的细菌战调查。日本方面派去为美军调查官桑德斯中校(Lt. Col. Murray Sanders)担任翻译的,正是曾在新加坡冈九四二〇部

---

① 据1998年大快良明在东京东葛七三一部队展集会上的演讲证词。

② 日本亚洲历史资料中心,编码:C15011231900,件名:《封面　昭和20年10月下旬　"マ"司令部提出　帝国陆军部队调查表　集成表(原簿)List2—(2)日本陆军省》

③ 日本亚洲历史资料中心,编码:C15011240900,件名:《397.防疫给水部・其他》,编号0561页。

图 5‐12　日本陆军省提交给「マ」司令部的陆军部队调查表，表 2 之 2 的封面

队的内藤良一。但是，桑德斯在他的报告中说"内藤的英语很差"①。

　　《文献 3》《昭南地区现况表　军医关系（2）》，这份文献共有 39 页，从笔迹来看，可能有数人负责撰写，没有章没有节也没有标题。其中关于南方军

---

① ［日］近藤昭二、王选主编《日本生物武器作战调查资料》第三册，6.1 Murray Sanders 调查，第一
　段：Lt. Col. Naito, a Japanese Medical Officer. It was written in very poor English, difficult to
　understand，社会科学文献出版社，2019 年，第 916 页。

List 2 — 3?7							
C.No. 通稱番號	C.N. 兵團文字符	n.u. 部隊名	w.o. 編成年月日	W.l. 補充擔任部隊所在地	C.No. 通稱番號	w.o. 後章年月日	05563 05580
1644	榮 Sakae	Central China a.I.w.S.B. 中支那防疫給水部	14.4.18	Shimoshizu 下志津	Shimoshizu a. Hosp. 下志津陸軍病院		
1655	甲 Kō	North China 北支那 ″	15.2.9	Chiba 千葉	Chiba a. Hosp. 千葉		
2604	波 Nami	South China 南支那 ″	14.4.18	Kashiwa 柏	Kashiwa a. Hosp. 柏		
9420	威 J.	South Army 南方軍 ″	17.3.26	Nagoya 名古屋	Nagoya a. Hosp. 名古屋		
3170	勢 Ishisi	2nd. 第2 ″	13.7.29	Chiba 千葉	Chiba a. Hosp. 千葉		
2605	″	8th. 第8 ″	″	″	″		

图 5‐13　为图 5‐12 日本陆军省提交给「マ」司令部的陆军部队调查表文件中编号第 0561 页的上半部，被列在第 4 行的部队：南方军防疫给水部，其兵团文字符标注为"威"（即"威 9420"），其编成年月日为"17.3.26"（即昭和十七年三月二十六日）

防疫给水部 5 个支部的概况，整理为表 5‐6 如下。

表 5‐6　1945 年 11 月至 1946 年 1 月之间，南方军防疫给水部呈报英军的 5 个支部概况

支部名	城市名	支部队长	人数
爪哇	万隆、雅加达、泗水	中佐河内太郎	77 人
马尼拉	马尼拉（后移至碧瑶）	少佐帆刘喜代四（＊）	约 98 人
泰国	曼谷	少佐竹川信也	105 人
印度支那	西贡、大叻、他曲	大尉安东清（图 5‐14）	105 人
马来派遣队	瓜拉江砂	大尉谷信正	32 人
		合计人数	约 417 人

（＊：资料原文有误，应该是帆刘喜四男）

　　图 5‐14 是南方军防疫给水部印度支那支部的文献，其他四处支部的写法也一模一样。可是，从日军被要求"自律"期（1945 年 8 月 16 日）开始，南方军的军医部一直将南方军防疫给水部低调处理成军医部属下一个防疫部门，图 5‐14 这份资料里却出现了印度支那支部，根据这份资料，南

方军防疫给水部的印度支那支部设于西贡,队长是军医大尉安东清,约有100人。

　　然而,可能英军没有时间翻译这份文件,目前没有发现英军对此有任何反应。

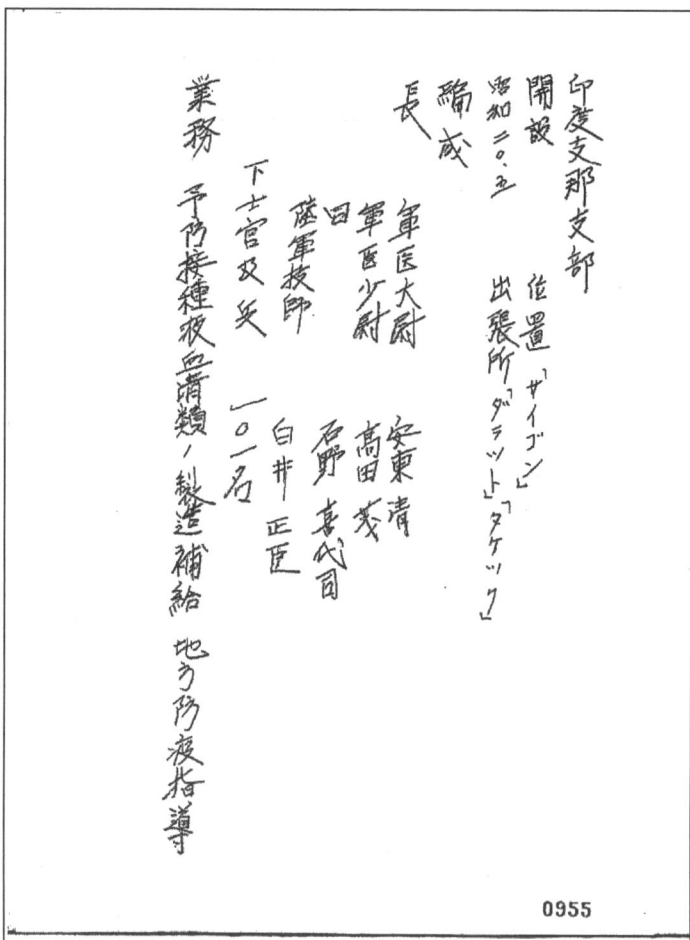

图 5-14　南方军防疫给水部印度支那支部的资料,编号第 0955 页

　　《文献 4》在一份被称为《状况报告资料》[1]的文献里,有三份报表,为日军医疗部队在 1946 年 1 月 16 日所提呈的战俘分布状况。

根据三份报表的内容整理成表5-7如下。

表5-7　日军医疗部队在1946年1月16日提呈的三份战俘状况报表

报表名称	俘虏部队/部门/驻在地	俘虏信息
A 司令部及联合军涉外机关	第七方面军,南马来军,第二十九军,第二十五军,第十六军	军队; 军医将校姓名,卫生士官人数,卫生士兵人数
B 病院	新加坡和马来亚,瑞邦岛,加兰岛,海军,爪哇,苏门答腊	院长姓名,军医将校人数,医务人员数目,医院收容人数
C 防疫给水部	南方军防疫给水部,第十二防疫给水部	战俘营名称,负责将校姓名,卫生士官人数,卫生士兵人数

　　以上三份报表分三类:报表 A 是投降的日军陆军部队人员,可以看到,在东南亚地区,日军投降时一共有五大部队。

　　报表 B 是日军医院人员,从中可以得知,日军在新加坡周边有不少医院,其中还包括海军的医院。

　　报表 C 是关于防疫给水部,这是本研究的重点,这份文件是目前日本所公开的"终战处理"文献里,时期最后的一份有将校人名和部队人数记录的报表(见图5-15)。表5-8为报表 C 中有关南方军防疫给水部的内容整理,不包括第十二防疫给水部。

表5-8　1946年1月16日南方军防疫给水部战俘营配置状况

地区	南方军防疫给水部				
	马来亚	新加坡	瑞邦岛		爪哇
病院名称	令金给水队	新加坡残留队	南方军防疫给水总部	第一派遣队	爪哇支部
所在地	令金俘虏营	新加坡	瑞邦岛	瑞邦岛	(万隆)
病院长姓名	军医中尉勅使河原守(*)	军医中佐早川清	军医中佐早川正敏	军医大尉井村东司三	军医中佐河内太郎
军医将校人数	0	2	8	1	4
卫生职员人数	23	另有(35)	88	29	72
			总人数	227(或262)	

(*:另有两位将校:军医少将羽山良雄和药剂中佐梶原政木)

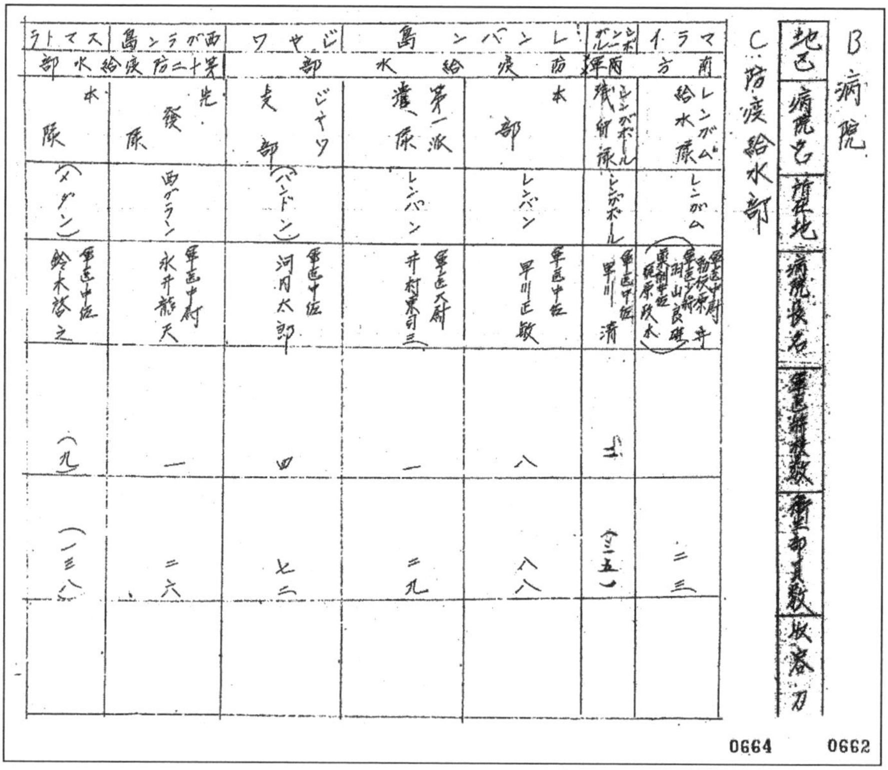

图 5 - 15　《状况报告资料》档案里的《C. 防疫给水部》报表,编号第 0664 页

表 5 - 9 为表 5 - 8 和表 5 - 5 中各个战俘营人数的变化对比。

表 5 - 9　日军战俘营中的冈九四二〇部队战俘人数的变化

战俘营名称	表 5 - 5 1945 年 10 月	表 5 - 8 1946 年 1 月	战俘人数的变化	两表之间的差异
令金	约 120	23+2	少 95 人	
新加坡	约 80	2+35	少 43 人	
三板头	约 60	无记录	(60 人?)	少 172 人
瑞邦岛	约 100	126	多 26 人	
爪哇	无报告	无报告		

表 5 - 9 显示,从 1945 年 10 月(表 5 - 5)到 1946 年 1 月(表 5 - 8)的三个月之间,俘虏营中的冈九四二〇部队战俘人数减少了约 170 人。

第四节　美国调查官桑德斯的报告

此时,美军派遣日本调查细菌战的桑德斯刚刚完成了他对日本细菌武器的第一份调查报告——《桑德斯报告》[①],关键性的讯问者之一就是增田知贞。不过,在这个第一回合,日本细菌部队人员一致否认人体试验。在这份厚达百多页的报告书中,日军相关人员有两次提到在新加坡设有支部,第一次出现在第 919 页(见图 5-16),第二次出现在第 950 页最后一行,"e. Singapore(Malaya States)"。

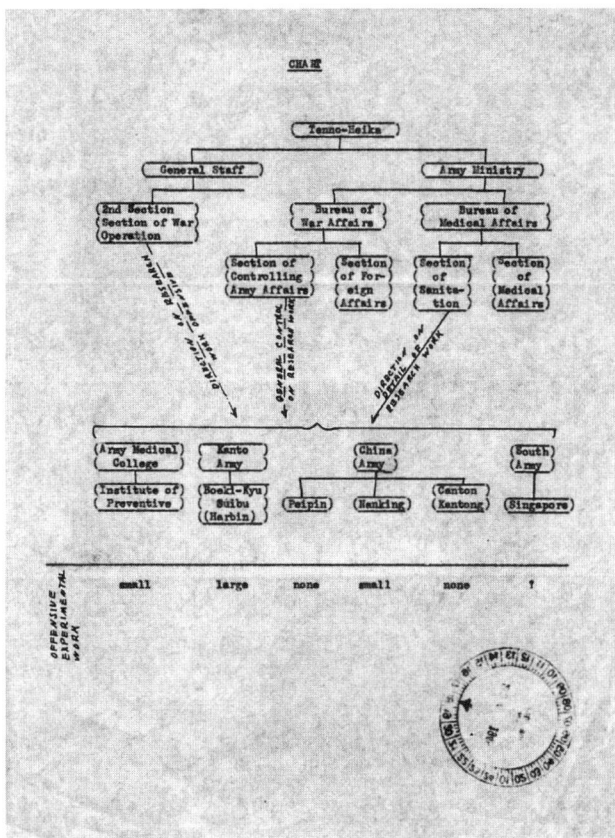

图 5-16　《桑德斯报告》里的七三一部队组织图,新加坡出现在右下侧

——————————————

① [日]近藤昭二、王选主编《日本生物武器作战调查资料》,第三册,6.1 Murray Sanders 调查,第 891 页—1049 页。

《桑德斯报告》中的这一页是至关重要的一页证词,是由内藤良一制作的"七三一部队组织结构和分布图"。图中高高在上的"天皇殿下"和各层之间的上下关联被清楚地描绘出来,一直到最下一层的新加坡。

图中部从左到右一字排开的,是七三一部队的永久性基地(permanent fixed stations),左起分别为:陆军军医学校防疫研究室(Army Medical College Institute of Preventive),关东军防疫给水部(哈尔滨)[Kanto Army Boeki-Kui Suibu(Harbin)],支那派遣军(China Army),派遣军分北平(Peipin)、南京(Nanking)、广东(Canton Kantong)三处;最右端为南方军(South Army),以下为新加坡(Singapoe)。

图 5-16 最下面,也就是以上"永久性基地"下有一条横线,横线下的左边是一行竖着的手写文字攻击性实验工作(offensive experimental work),指的是攻击性细菌武器实验性研究;横线下面有一排打印英文文字对应上面一行机构:小规模(small),对应"陆军军医学校防疫研究室";大规模(large),对应"关东军　防疫给水部(哈尔滨)";没有(none),对应"北平";"小规模"对应"南京";"没有"对应"广东";"?"对应"新加坡"。

图 5-17 是参照图 5-16 整理绘制的《防疫给水部·细菌部队指挥系统图》。①

此后,很快时间就到了 1946 年 4 月 1 日,英军结束了他们对新马地区的军政管理(BMA),新加坡从此进入英国总督管理的时代。

本研究查阅了新加坡国家档案馆所藏 BMA 时期的档案,没有发现新加坡国家档案馆藏有关于日军俘虏的记录。

第五节　东南亚各地设施

日本方面的文献资料,关于南方战场的部分,从太平洋战争爆发前后开始至 1942 年为止,目前公开了不少。可是从昭和 18 年(1943 年)开始的就

---

① 摘引自全国政协文化文史和学习委员会编:《侵华日军细菌战文史资料选编》,中国文史出版社,2020 年,第 648 页。

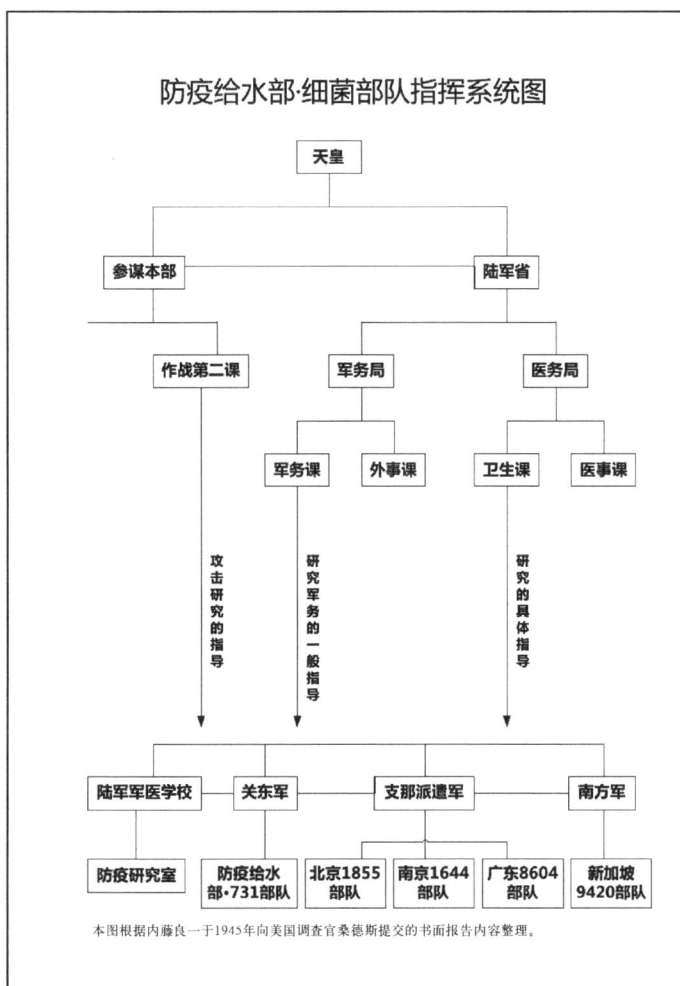

图 5 – 17　根据内藤良一于 1945 年向美国调查官提交的书面报告内容整理

寥寥无几,日军战局进入败势的 1944 年和 1945 年的就更是稀少。至于投降后的终战处理部分,目前也还看不到第七方面军以外的记录,比如,缅甸方面军(第十五军和第三十三军),菲律宾方面军(第十四军)。"濠北",即澳大利亚北部的第二军,南部新几内亚的第十八军,等等。要继续深入探索的话,得尝试从美国和英国的档案馆寻找相关资料。

根据以上四章的内容,将冈九四二〇在东南亚各地的设施分布状况梳理成表 5 – 10,配上中英文地名,以方便参考。

表 5 - 10　冈九四二〇在东南亚各地设施一览（不含一般的防疫给水部队）

地区/国家	总部	支部	各种设施	英文地名
英殖民地新加坡	爱德华医科大学			Outram
		裕廊		Jurong
			（玻璃管车间）	(unknown)
英殖民地马来亚		淡杯精神病院		Tampoi
			拉央拉央	Layang Layang
			拉美士	Labis
			瓜拉庇劳	Kuala Pilau
			马六甲	Malacca
			瓜拉江沙	Kuala Kangsar
荷属东印度		万隆		Bandung
			雅加达	Jakarta
			泗水	Surabaya
美殖民地菲律宾		马尼拉		Manila
			碧瑶	Baguio
法属印支:越南		西贡		Saigon
			大叻	Dalat
法属印支:老挝			他曲	Thakhek
泰国		曼谷		Bangkok
			北碧	Kanchanaburi
英属缅甸		仰光		Yangon

　　除表中的 20 个地点之外,还有用椰子做培养基的印度尼西亚塞兰岛(Seram Island)、在英属巴布亚新几内亚的新不列颠岛、所罗门群岛上的布干维尔岛(Bougainville),都有"防疫给水"活动的二次记录等,但是记述残缺不全,还有待今后的研究。

　　表 5 - 10 的 20 个地点之中,最为重要的是拥有细菌研究能力的新加坡、淡杯、万隆和仰光。

　　在马来亚、新加坡和万隆的"点和点"之间,日军建立了"跨国供应链",

以达到鼠疫跳蚤的大量生产,在当时可说是非常先进的生产管理系统。还巧妙地运用"内制"(日语发音 naisei,凭自身的产能制造),如淡杯的设施;以及"外注"(日语发音 gaichu,委托他人代为生产),如拉央的养鼠农家。两种方式互补,值得研究。

第六节　南方军防疫给水部留守名簿和人数

目前为止发现的南方军防疫给水部的留守名簿一共有以下三种。

第一种为昭和 20 年 1 月 1 日版,当时战争已经进入末期,前景黯淡,为正规留守组织丰桥陆军医院制作的名簿。

第二种为昭和 20 年 1 月 10 日版,为以上名簿的修订版,当时有数名人员的变动。

第三种为昭和 20 年 9 月 1 日版(参照本章第三节图 5‑11)。如前所述,1945 年 8 月 15 日日本投降后,英军尚在印度,新加坡处于"无政府"状态,此际,日军实施隐蔽,如将淡杯精神病院的鼠疫生产设施改头换面为"南方陆军第三病院",名簿中部队的总人数急剧减少了 340 名。

另有一种为昭和 21 年 7 月版的马尼拉支部的名簿,人员 9 名。

现根据目前所发现的该部队编成以来的相关文献:日本亚洲历史资料中心文献(JACAR)与以上三种留守名簿中的部队人数,整理为表 5‑11 和图 5‑18。

表 5‑11　南方军防疫给水部(冈九四二〇)人数一览

序	年月日	人数统计管理部队	JACAR搜索番号	JACAR 的文件名称(日文)	人数
1	1942 年3 月 30 日	南方总军	C12120971600	南方総軍編制人員表(南方)昭和 16 年 7 月—昭和 20 年件名:南方軍直轄各部隊(第1 行)	131
2	1942 年5 月 12 日	支那派遣军	C01000534700	昭和 17 年「陸亜密大日記 第 34号 1の3」件名:編成完結の件(現在員数)	146

序	年月日	人数统计管理部队	JACAR搜索番号	JACAR 的文件名称（日文）	人数
3	1942 年 12 月 12 日	南方总军	C12120971600	南方総軍編制人員表（南方）昭和 16 年 7 月～昭和 20 年件名：南方軍直轄各部隊（第 2 行）	211
4	1942 年末	南方军总司令部	C12121481200	昭和 17 年末に於ける南方地上兵力一覧表。軍（軍馬）衛生機関：南方軍防疫給水部（131＋軍属 77）	208
5	1943 年 4 月 13 日	南方军	C12120971600	南方総軍編制人員表（南方）昭和 16 年 7 月～昭和 20 年件名：南方軍直轄各部隊（第 3 行）	295
6	1944 年 1 月 31 日	南方军	C14060130600	件名：南方軍直轄衛生職員表昭和 19 年 1 月 31 日調	343
7	1945 年 1 月 1 日	丰桥陆军医院	（国立公文書館）	南方軍防疫給水部名簿丰橋陸軍病院調	859
8	1945 年 1 月 10 日	南方军防疫给水部	（国立公文書館）	南方軍防疫給水部名簿1 月 10 日調製	852
9	1945 年 9 月 1 日（终战）	南方军防疫给水部（俘虏）	（国立公文書館）	南方軍防疫給水部名簿	512
10	1945 年 9 月～10 月（终战）	南方军·军医部(俘虏)	C16120001900	南方軍·第 7 方面軍等終戦処理関連資料 1「衛生料報告控（南方軍総司令部）軍医部」件名：衛生材料報告控 軍医部（3）	约 360
11	1946 年 1 月 16 日（终战）	南方军·军医部(俘虏)	C16120002500	南方軍·第 7 方面軍等終戦処理関連資料 1「衛生料報告控（南方軍総司令部）軍医部」件名：状況報告資料	247
备	1946 年 9 月以降	留守业务部（第一复员）	C12121477600	留守業務部（要求第一）昭和 21 年 9 月以降	822

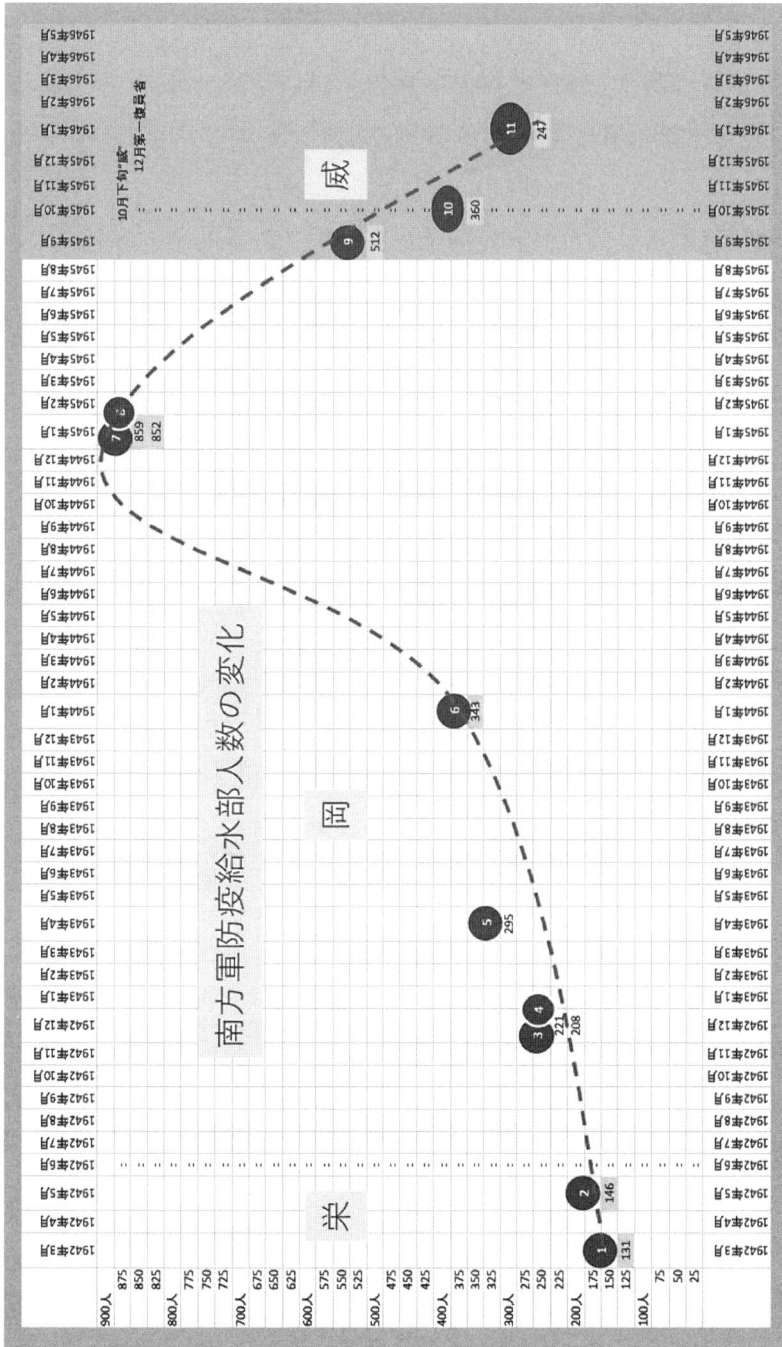

图 5-18　南方军防疫给水部人数考

第七节　台湾人和本地人

南方军防疫给水部的《支部留守名簿》目前已公开的,如上文提及有《马尼拉支部名簿》,其他支队如万隆支队、西贡支队等,目前尚未有名簿发现。

长期被日本殖民的台湾和她的子民在细菌部队里的工作和任务,由于欠缺文献,所知不多。目前只有两份《留守名簿》有台湾雇员的记录,一份为表5-11中日期为1945年1月1日由留守负责单位丰桥陆军病院编制的《冈第九四二〇部队留守名簿》,另一份为同表中1945年1月10日由南方军防疫给水部(即新加坡本部)所记录的《冈第九四二〇部队留守名簿》。

纵观两本名簿,可以发现两个特点:第一,全都是"雇员",是日军分类为"军属"之中职位较低的。军属里最高级别为技师,其次是技手、雇员和佣人。第二,和日本人的记录有别的是,他们的出生日期有一大半是空白的。

经过核对,排除重复后,一共有31人,整理成表5-12如下。

表5-12　冈九四二〇部队中的台湾人雇员名单

冈九四二〇部队中的台湾人雇员名单(抽取自昭和20年1月的留守名簿)					
序号	日音	留守至亲	本人姓名	诞生年份	本籍/州	本籍/郡
1	オ	父:冈本　清	冈本　正弘	1918	新竹州	大湖郡
2	オ	父:黄辉	黄绍华	1926	台南州	斗六郡
3	オ	母:林清子	温清炎	1922	新竹州	新竹市
4	カ	父:简石发	简锦文	1925	台北州	基隆郡
	タ	父:简石发	简　文男	空白	台北州	基隆郡
5	キ	父:许火生	许谦诚	1920	台北州	海山郡
	オ	父:许火生	大仓　谦	空白	台北州	海山郡
6	コ	父:吴万	吴春庆	1926	台中州	大甲郡
	シ	父:吴万	清水　义男	空白	台中州	大甲郡

			冈九四二〇部队中的台湾人雇员名单(抽取自昭和 20 年 1 月的留守名簿)			
7	コ	父:古娘生	古张灿	1923	新竹州	中坜郡
	フ	父:古娘生	古川　勇	空白	新竹州	中坜郡
8	コ	父:吴周元	吴文川	1922	新竹州	桃园郡
	ム	父:吴周元	村上　信博	空白	新竹州	桃园郡
9	シ	父:刘丁洪	(刘春上)	1924	高雄州	旗山郡
	シ	父:刘丁洪	重光　春治	空白	高雄州	旗山郡
10	タ	父:谢吴氏秀	(谢佑秀)	1923	高雄州	潮州郡
11	タ	父:卓金发	卓秋明	1923	新竹州	桃园郡
	ハ	父:卓金发	早川　明信	空白	新竹州	新竹郡
12	チ	父:张新西	张飞鹏	1924	台中州	员林郡
	モ	父:张新西	百川　薰	空白	台中州	员林郡
13	チ	父:陈俊玖	陈兴仁	1920	新竹州	新竹郡
14	チ	父:陈阿常	陈鑫全	1922	新竹州	新竹郡
	ト	父:陈阿常	德星　金重	空白	新竹州	新竹郡
15	チ	母:陈叶氏昭妹	陈卓河	1920	新竹州	竹南郡
	オ	母:陈叶氏昭枝	大山　卓河	空白	新竹州	中坜郡
16	テ	父:郑添寿	郑进埂?	1924	高雄州	凤山郡
17	ト	父:富田　丰次	富田　博泰	1924	新竹州	中坜郡
18	ヒ	父:广田　恒三	广田　清	1923	新竹州	中坜郡
19	ミ	父:宫原　一夫	宫原　永治	1922	台南州	曾文? 郡
20	ユ	父:游明顺	游锦漳	1925	台北州	基隆市
	ヒ	父:游明顺	平山　富基	空白	台北市	基隆市
21	ヨ	父:余惷头	余标容	1924	台北州	基隆郡
	ヨ	父:余惷头	米泽　辰容	空白	台北州	基隆郡

冈九四二〇部队中的台湾人雇员名单（抽取自昭和20年1月的留守名簿）						
22	ラ	兄:蓝锦隆	蓝庆全	1925	台北州	基隆郡
23	リ	兄:李根树	李皆得	1925	台北州	七星郡
	オ	兄:李根树	大木　茂	空白	台北州	七星郡
24	ロ	父:吕阿朗	吕荣珍	1921	新竹州	新竹郡
25	ア	父:安达　辉彦	安达　谦吉	空白	台南州	斗六郡
26	ア	兄:蓝锦隆	蓝泽　弘行	空白	台北州	宜兰郡
27	カ	妻:林清子	河内　灿一郎	空白	台北州	台北市
28	タ	母:谢吴氏妹	田村　秀雄	空白	高雄州	潮州郡
29	ヒ	父:平岛　寿夫	平岛　信雄	空白	高雄州	凤山郡
30	マ	父:陈俊改	松田　仁一	空白	台北市	空白
31	ミ	父:吕阿吕	宫本　泰雄	空白	新竹州	新东郡

　　表5-12包括:(1)拥有台湾户籍地址的日本人(如冈本　正弘);父亲是中国台湾人,但儿子是日本人姓名(如松田仁一)。(2)同一位留守至亲出现在2本名簿里,如父亲简石发,本人姓名"简锦文"及"简　文男",有可能是兄弟。

　　侵略东南亚的日军里的台湾兵,有些曾出卖东南亚华侨,他们因为长相和华侨相似,又说流利的闽南话,大战爆发之前曾经潜伏各地,混入当地华人的抗日活动之中,收集情报。一旦沦陷,他们就换上日军军装,出来为日本宪兵指认抗日分子,把数以千计的抗日华侨送上不归之路。

　　跟随着细菌部队来到新加坡和东南亚的这批"台湾皇军",具体执行了什么任务呢? 有待将来进一步的调查和研究。

　　有关冈九四二〇部队人数及规模的研究上,还有一点值得留意,从本地人助手所提供的口述历史中已经得知,在各个部门里头,都有人数多少不等的年青人,被雇为助手。但他们不是日本人,不是日本厚生省需要照顾的对象,因此并未被记入留守名簿。

根据各种证词以及口述历史资料，将冈九四二〇部队所雇佣的当地人助手人数整理成表5-13以供参考。

表5-13　冈九四二〇部队所雇佣的当地人助手人数状况

所在地	负责人/业务	记录出处	本地人助手人数
新加坡本部	Analyst Depart	Retnam	50—60①
新加坡本部	捕鼠	Othman Wok	40（临时工）
新加坡本部	小泽/细菌检验	James MJ Supra	32
新加坡本部	竹本/破伤风菌	Jeffrey Tan	6
马来亚/Layang Layang	井村/捕鼠	竹花香逸	不详
马来亚/Labis	井村/捕鼠	竹花香逸	不详
马来亚/Kuala Pilau	村井/养鼠	大快良明	10—20
马来亚/Kuala Pilau	村井/养兔	林俊田	10—20
马来亚/Kuala Pilau	高具/饲料农场	大快良明	100
马来亚/马六甲	养蚕	增田知贞录影	不详
印尼/万隆	山田/破伤风菌	山田班档案照片	约60
印尼/雅加达	实验室助手	增田知贞录影	人数不详

不难看出，被雇佣的年青助手的人数不少。粗略估计，东南亚有300—500人。也就是说，冈九四二〇部队的总人数按照名簿中的800多人以外，再加上这300—500人的当地人助手，达1 100—1 300人，规模不小。

部队每个月都得按时给雇佣者发工资，按理有当地人雇佣者的《员工名单》《员工工资表》之类的统计管理文件，通常这类文件是由会计课或总务课保管。

另外还有一点值得引起注意，从笔者林少彬采访的本地人的回忆里，还发现他们曾经被派遣到泰国北碧，参加支援给水防疫作业的记录，因此，新加坡本部所雇佣的本地人助手的业务范围，还未必只局限在新加坡岛。从

---

① Chew Yong Jack：The Oka 9420 Unit in Singapore，Bukit Brown Trails，Singapore，Apr. 2012.

管理的角度来说,这也是需要安排专人来管理的事务,比如人事、薪水、劳务安排、出入境等。

但是,战争已经结束 70 多年,这些和以上东南亚本地人息息相关的资料还没被发现。

第八节　真假证明书

2022 年 2 月,笔者林少彬在新加坡入手一份资料,[①]为冈九四二〇新加坡本部细菌检验所(微生物检查所)负责人于 1945 年 3 月初送给他的得力助手的"送别礼物"。

该"礼物"由三页文件构成。首先,是一份用日本陆军信笺写的日文《证明书》(图 5 - 19),在新加坡也称之为推荐书,一般由上司提供给属下,方便求职,并证明此人的技能水平。证明人的署名是:冈第九四二〇部队　陆军技手　小泽勇藏,日期为 1945 年 3 月 10 日。

根据 1945 年冈九四二〇部队留守名簿记载,小泽勇藏的户籍地是东京都板桥区某町某号,诞生于明治 42 年(即 1909 年)12 月某日,兵种官阶为技手。

小泽勇藏手书《证明书》所推荐的是一位印籍新加坡本地人 James Supramaniam,《证明书》中以日本片假名记述(图 5 - 18 右下角)。James Supramaniam 的全名为 James Mark Jeyasebasingam Supramaniam(1921—2008 年),印度籍,战后成为一名医学博士,并在肺结核的医学上颇有成就,被誉为"新加坡肺结核病之父"。曾在 1971 年至 1981 年间出任卫生部副常任秘书,也曾任世界卫生组织的顾问,新加坡医学研究理事会的首任主席等。新加坡沦陷时是一名还未毕业的爱德华七世医科大学学生(22 岁),受雇于冈九四二〇部队的检疫课。这张《证明书》的内容中有以下两个要点:第一,James Supra 是战前医科大学的学生,从 1942 年 10 月开始受雇于冈

---

① James Mark Jeyasebasingam Supramaniam(1921—2008),简称 J. M. J. Supramaniam,或 James Supra,印度籍。他在肺结核的医学上颇有成就,被誉为"新加坡肺结核病之父"。

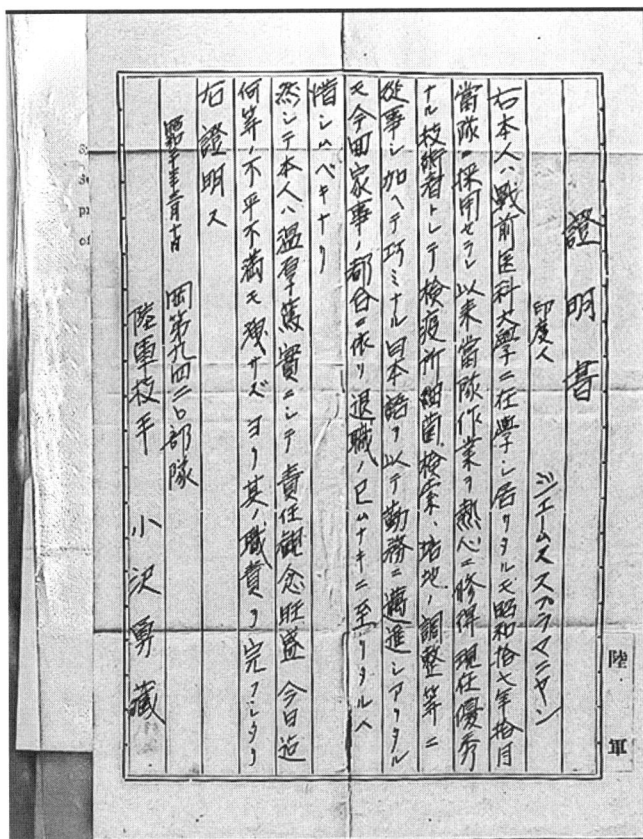

图 5‑19　冈九四二〇部队技手小泽勇藏为 James Supra 手写的《证明书》，1945 年 3 月 10 日

九四二〇部队，并且热心学习，成了一名优秀的技术人员。第二点，James Supra 在细菌检疫所里从事细菌检索和培基调配，还掌握了日语。

　　根据 James 的后人 Paul Supramaniam① 的证言，小泽勇藏是该部门的领导，一向以来都要求人们称呼他为"Captain"，即大尉。

　　文件第二页是上述《证明书》的英文版 *To whom it may concern*（图5‑20），证明对象当然还是 James Supramaniam，日期也是 1945 年 3 月 10

---

① James Supra 之子，Dato Paul Supramaniam(1957—　)于 2022 年 2 月 16 日邀请笔者林少彬到府中，首次出示他父亲遗留的冈九四二〇部队时期的文物，要求协助翻译。其子 Dato Paul 是某著名律师楼的创办人，精通马来语、印尼语和泰米尔语。

日，不过文件中以日本皇历 2605 年记述（图 5 - 20 左下）。但是，这份英文版证明书并没有使用日本军方或官方的信笺。幸好是和第一份证明书包裹在一起，由 James Supra 后人细心保存了几十年，要不然还会被误认为是造假文件。

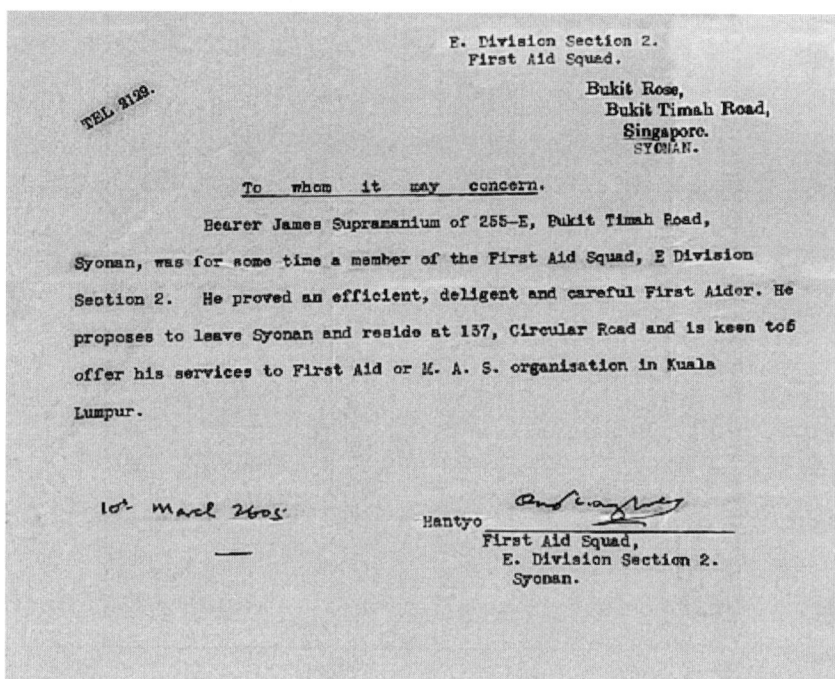

图 5 - 20　日本皇历 2605 年 3 月 10 日的英文版《证明书》，发行单位为急救队

更严重的问题是英文版证明书里，证明者单位写成昭南岛第一急救队（First Aid Squad），E 部门第二课。当我把这两份文件的矛盾之处，告知 James 的儿子 Paul 的时候，Paul 简直目瞪口呆。

英文版证明书里单位地址也写着一个其他的地址：武吉知马路 255—E 号。与冈九四二〇总部所在地址的欧南路（南方第一陆军医院）根本是两回事。

英文证明书中称赞 James Supra 是一名高效率、勤奋又仔细的急救人员。并且说 James Supra 希望能在吉隆坡（Kuala Lumpur）找到相关的工作。证明书上没有用打字机打出小泽勇藏（Ozawa Yuzo）的英文名字，签署者字迹潦草,似"Oza⋯⋯"(图5-20左下)。

为何细菌检查所的领导要如此这般的在英文版证明书中掩盖其真实的单位、地址和身份呢?

第三份"礼物",出现在两天之后的(1945年)3月12日。这一天,小泽勇藏深情地以日文书写了饯别赠言(图5-21)给James Supra。

小泽写道:"大东亚战争完结之晓,与君再会,在此立下誓言。无论身居何处,保重身体。"小泽勇藏除了写上部队称号"冈九四二〇部队",还把自己的住址写了出来,这是日本人对一名"外人"(日语发音gaijin)表示知己和信任的"最高礼仪"。

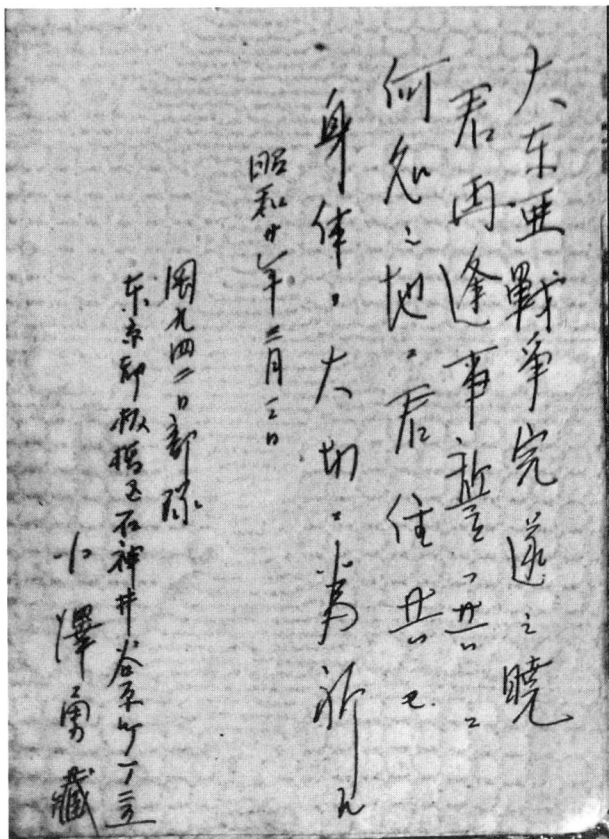

图5-21　小泽勇藏送给James的离别赠言:"大东亚战争完结之晓,与君再会"

结　语

　　1942 年 3 月 30 日,日本陆军省命令支那派遣军负责组编南方军防疫给水部,此任务下达给中支那防疫给水部,即荣第一六四四部队部队长负责执行,兵团符号为荣第九四二〇部队。6 月底,搬迁至新加坡原爱德华七世医科大学校舍,兵团符号改为冈第九四二〇部队。文献显示,该部队规模从初期的 150 人逐步发展到 1945 年 1 月 1 日的 859 名,再加上数百名本地人助手,估计整体规模有一千人以上,是中国战场以外最大规模的细菌战部队。日本投降后的 1945 年 10 月陆军省的文献中该部队已经改名为威第九四二〇部队。

　　细菌研究方面,冈九四二〇部队享有独立的论文管理体系《南方军防疫给水业报　丙》,目前共发现 69 篇论文(本体或标题),作者之中包括内藤良一、大田黑猪一郎、贵宝院秋雄、早川清等在战后日本医学界的人物。

　　新加坡冈第九四二〇部队为东南亚总部所在地,在马来亚、印尼、缅甸、菲律宾、泰国和法属印支半岛各地都设有分部或派遣队。主要任务是日本军队的防疫给水业务,同时大量生产鼠疫跳蚤,为日军细菌战战略作准备。防疫上除研究热带的流行病以外,主要是生产各种血清和疫苗,日本投降后,残留在爱德华医科大学实验室,用于生产血清的手动式离心分离器有 300 台。该部队同时利用新加坡、马来亚和万隆的热带气候,设置老鼠饲养场,大量生产鼠疫跳蚤,争取老鼠和跳蚤的最高繁殖率,根据"ホ号作战"计划,企图制造出 5 吨鼠疫跳蚤。

南方军防疫给水部——冈第九四二〇部队的历史是被掩盖和遗弃的历史，是日本上层不想为外界了解的历史，也是殖民地宗主国感到不光彩更无意去搞清楚的历史，是曾经当地独立国家不想因提起而影响经济发展的历史。本研究汇集了关于该部队的资料，力图在浩瀚的历史中留下一份记录。力量微薄，水平有限，希望有更多的研究者，特别是年轻人，进一步深入探索和研究。

附　录

附录 1　增田知贞发表《细菌战》

013

THE
BACTERIOLOGICAL WARFARE

By Tomosada Masuda.
Army Medical Colonel,
Instructor, Army Medical College

15 Dec 1942

TABLE OF CONTENTS

I Introduction

It is difficult to ascertain that EW was practiced in the past, but there have been some incidents in the past which indicate that the EW was believed to have been used. The possibilities of resorting to the EW in the future is great, and its effects dangerous.

It is a known fact that epidemics are very prevalent under the battlefield conditions. The idea of BW was emanated from the possibilities of introducing artificially created epidemics among the enemy troops.

Of course, it is erroneous to assume that mere dissemination of the artificially produced bacteria among the enemy troops will be sufficient to attain the desired results in the EW. The complexity of the problem requires highly advanced scientific knowledge.

This publication was edited with the idea of giving a general knowledge and was not intended to present a complete picture of the BW problems.

II Definition of BW

The acts of employing pathogens to destroy the living matters of the enemy and thereby attaining the more favorable position on our part are called the BW. The pathogenes include all types of bacteria as well as protozoan, rickettsia, virus, etc.

(2)

The BW can be used not only against the enemy personnel
but all living matters within the enemy territory including
the people, livestock, domestic animals, grains, and vegeta-
bles. It can be also employed against the neutral countries
which manifest signs of becoming the allies of the enemy country.

III Special Traits of BW.

A. Contagion

All living matters have different levels of resistance
against various pathogens, and this phenomenon is called
the special traits.

The degrees of resistance can be increased naturally or
artificially. Immunization is an artificial method of in-
creasing the resistance against smallpox, typhoid, cholera,
etc., and the degree of resistance varies accordingly to the
enviornmental factors involved such as, fatigue, starvation,
fear, illness, humidity, etc.

The bacteria to be used as BW weapons must be virulent,
and easily disseminated.

B. Reliableness of the Results

Since various factors, such as type of bacteria used,
characteristics, humidity, meteorological condition, phy-
sical conditions of enemy personnel, mores, areas, season,

must be considered in contagion, no assumption could be made
that dissemination of one type of bacteria will always result
in identical effect. The reliableness of the results is di-.
rectly proportional to the amount of research pursued in that
field.

C. Ability of Pathogenes to Multiply and Sustain.

The effective pathogenes will spread immediately after
they are disseminated properly, and effective prophylactic
measures cannot be carried out easily.

D. Effects on Morale

Regardless of the results, to disseminate bacteria among
the civilized people will affect their morale considerably. If
the results prove effective, the subsequent damage will be
considerable especially should the BW is successfully pursued
within the enemy country or in the real zone of the enemy
troops.

E. Economic Loss

The outbreaks of epidemics at various places will neces-
sitate the country to expend much of its man-power and materials
in bringing the epidemics under control and will greatly hinder
the nation in carrying out its war

(45)

F. Difficulty of Detection

Bacteria has a great potential power even when used in small quantities, and therefore it can be transported easily without being detected. The cause of the illness can not be found easily and for some it is very difficult to detect at all.

G. Natural Resources

For mass production of bacteria, agar-agar is essential, and it is produced in large quantities in our country. Other materials necessary are peptones, extracts of beef and fish, etc.

H. Complexity of Employment

The BW weapons cannot be stored easily and special precautionary measures must be taken to guard against the retro-activity of the bacteria towards the friendly troops.

I. Relationship with Food and Water

Since the BW weapons can be used effectively in food and water, a more knowledge regarding relationship of bacteria with food and water must be known in future war.

(5)

IV Types of BW Weapons

To be used as BW weapons, the bacteria must have the quality to be produced artificially, and though the fatality rate may not be high, if it will hinder the enemy's war efforts, it can be employed. According to the foreign publications, the following are mentioned as possible BW weapons:

By Romieu (Maj Gen, French Army Med Doctor - 1934)
　　　Plague, typhus, cholera, amebic dysentery, typhoid; as auxiliary weapons - diphtheria, epidemic cerebro-spinal meningitis, malaria, yellow fever.

By Fox (Maj, US Med Corps - 1933)
　　　1st Group - typhoid, para-typhoid, dysentery, cholera, typhus, plague; 2nd Group - gas gangrene, tetanus, anthrax; 3rd Group - botulinum toxin.

By Uilgirio Feretti (Capt, Italian Army Med Corps - 1932)
　　　Plague, cholera, typhus, hydrophobia.

By Ladioie (Maj, Yugoslavian Army Med Corps - ?)
　　　Typhoid, dysentery, cholera.

By Lutzig (Germany - 1931)
　　　Glanders, anthrax, hydrophobia, cholera, dysentery, typhoid, plague, lepre, psbhittecose.

Other scientists have added tularemia, meriordosis, undulant fever to the list.

(6)

It is not known in what actual experiments these diseases were mentioned, but they cannot be construed as merely being imaginary ones. By surmising what others have stated, we can say that the following bacteria can be used against men and horses in BW:

Bacteria: plague, cholera, typhoid, dysentery, glanders, anthrax, undulant fever, tularemia, tuberculosis, tetanus, gas gangrene, botulinum toxin, diphtheria, staphlococous, streptococous, epidemic cerebrospinal meningitis.

Protozoa: Weil's disease, recurrent fever, veheral, fran-

Rickettsia: typhus, eruptive typhus, tsutsugamushi, Rocky Mtn Spotted Fever.

Virus: Dengue fever, yellow fever, small-pox, hoofs and mouth disease, rabies, epidemic meningitis, epidemic anemia.

V. The Usage of the BW Weapons

A. Offense

Since the weapons and the targets to be used for in the BW are too complex to give a complete detail picture, the subject matter will be divided into two parts: a. sabotage b. strategy.

(7)

1. Sabotage

Since detecting the bacteria and differentiating between natural and artificial epidemics are difficult, it is not necessary to have an open warfare in order to perform sabotage, and the following targets can be selected:

    a. Concentrated military areas

    b. Important military and political personhel

    c. Cities most probably used for concentrating their troops.

    d. Cities, towns, villages located along the line of communication.

    e. The capital and other vital cities.

    f. Military plants.

    g. Ships and transportation system.

    h. Schools, theaters, and other assembly places.

    i. Water sources.

    j. Important places along the rivers and sea coasts.

    k. Military animals.

    l. Food supplies(grains, potatoes, domestic animals, etc.)

2. Offensive Tactics

    a. Direct dissemination of virulent bacteria.

      (1) To be used in large quantities.

      (2) Avoid factors which will neutralize the effectiveness.

(c)

(3) Vectors and rodents can be employed in spreading
diseases

(4) Disseminate by saboteurs

(a) Assasination of important personnel can
be accomplished by employing women spies.

c. Indirect Dissemination

(1) Contaminate the transportation system and pro-
cessed foodstuffs in the home front.

B. Essential points to be considered in Offensive Tactics.

It is vital to possess all knowledge pertaining to bacteria
and their effects, and employ them under most suitable enviorn-
ment.

1. Contamination of Water Supply

In offensive tactics the source of water supply
can be contaminated as well as the water system by
introducing bacteria directly into the pipes. The
latter method is considered more practical. Cho-
lera, typhoid, and dysentery can be used.

2. Contamination of Foodstuffs

The foodstuffs can be contaminated during the
canning process and numerous opportunities exist
during the time of transporting these goods. Cholera,
B. typhoid, dysentery, botulinum toxin can be used.

(9)

3. Rivers and Beaches

      Probably the effect of bacteria spread on rivers and beaches is not too great but can be used on those rivers and beaches which are frequently used for bathing, swimming, boating, fish hatchery, washing, etc. Cholera, typhoid can be used.

4. Public Places and Railroads(especially subways).

      To contaminate trains, ships, and buildings where the public congregate - such places are theaters, markets, railroad stations. Tuberculosis and anthrax can be used.

5. Domestic and Military Animals

      Very effective against the domestic animals especially cattle, horses, sheep, chickens, etc., since they are raised within confined areas. Fowl plague, glenders, anthrax, tularemia can be used.

C. Precautionary Measures to be followed in Offensive Employment.

1. Concealment of plans

      It must be carried out suddenly and thoroughly.

2. Preparation

      In selecting the targets the plans must be in detail and thoroughly reconnoitered. The personnel

must be well trained and versed with their missions
so they can easily penetrate into the target areas.
The organization itself should be such that even if
one of the agents~~should~~ be captured, he will unable to reveal
the total plans.

D. Strategical Employment

No plans for carrying out BW should be revealed.

1. Offensive targets

Mainly against the military animals.

2. Offensive Acts

The offensive acts must be carried out quickly
utilizing planes to disseminate bacteria and in order
to do this, it is necessary to have an airfield rather
close to the target area and must have plants to pro-
duce necessary weapons. Security measures must be en-
forced. Plague and cholera are to be used.

3. Significance of Offensive Employment

a. Through contamination, artificial barriers are
formed.

b. Nullifies the enemy strong points temporarily.

c. Hinders the enemy's tactical plans by introducing
epidemics during their tactical period in their
concentrated areas and at the vital points along
their routes of movement.

(11)

d. Diminish their political and military activities
by causing epidemics to break out in their capital
city and military plants.

e. Carry out BW offense against the enemy troops in
the immediate front.

The direct employment of BW will diminish the enemy's
fighting strength, but it can also act retroactively. In
order to defend this danger, the prophylactic measures to be
taken against the bacteria to be used must be well understood,
and the personnel must be well trained to perform the necessary
prophylactic measures.

The offensive tactics can be carried out in forms of
bacterial rain or dropping bombs or firing shells filled with
bacteria or throughepees.

One hundred percent immunization methods have not, as yet,
been discovered, but inspite of this, the offensive aspects
must be considered since to annihilate, first of all, the enemy
in the battle-field is considered the most essential tactic
in winning the war.

If the attacking forces have large quantities of serum
which is effective immunization agent for the bacteria to be
used against the enemy, it can protect the friendly troops
and inflict heavy casualties among the enemy troops.

(12)

In attacking the military horses with glanders, anthrax, and tularemia, the friendly troops must make thier movements without resorting to use of horses. By destroying the military horses of the enemy, its fighting strength will be greatly reduced.

It can be also used against the enemy not in direct contact with the friendly troops, especially against their navy by contaminating their foodstuffs with typhoid bacteria just prior to their ships leaving the port. The first symptom of the disease will appear in two or three weeks when the ships are in the middle of the Pacific Ocean and thus greatly hindering their movements.

On the other hand the surface of the sea can be contaminated by large quantities of bacteria, and thereby, the bacteria can be introduced within the ship indirectly. It is a known fact that cholera can live over a week in salt water if the climate and the current are favorable.

Defense

It is vitally important that research in anti-epidemic measures be carried on against the bacteria which might be employed by the enemy troops.

A. Methods of Defense within Japan Proper

-Out-breaks in epidemics are the ultimate results of the

(13)

To fortify against this danger, all possible angles must be
studied to carry out complete anti-epidemic measures against pos-
sible epidemics.

In preparing defense measures against BW, the following
points must be kept in one's mind:

1. Some epidemics may not be found in natural condition.

2. Outbreaks of epidemics may vary from the usual symp-
toms.

3. Epidemics may breakout in unusual season.

4. Epidemics may be spread differently from usual chan-
nels.

The following points must be remembered in planning de-
fense against the BW:

1. Plans for BW defense must be formulated.

2. Materials necessary for BW defense must be assembled.

3. Anti-epidemic water purifying units must be utilized.

4. Must organize a committee of the government and the
people.

5. Gather all information pertaining to BW.

6. Disseminate information pertaining to BW to MP's,
police officials, all medical doctors, anti-epidemic
officials, custom officials, and to those who are leaders
of group.

7. Security measures against BW saboteurs entering

Since the defensive measures which can be taken against
BW is extremely difficult, the entire nation must mobi-
lize to protect itself. One plan will be to establish
a control body directly under the Imperial GS and orga-
nize anti-epidemic units in various localities. The
district officials will be placed under the control of
the BW Defense Committee which is directed by the military
and organize a complete net-work. Tonari-Gumi (Neighbor-
hood Associations) can also be utilized. Through various
methods a maximum intelligence information pertaining to
the BW work of the unfriendly nation will be gathered.
The Welfare Dept. and the Agriculture-Forestry Dept will
carry out investigation and research work on epidemics
among people, animals, and plants and guard against any
subversive medical organizations within our own country
and must take a precautionary measures against physicians,
pharmacists, etc., within those organizations.

If there should be an out-break of epidemics as a
a result of BW attack, the following measures must be
taken immediately:

1. Segregation of patients and treatment.
2. Disinfection of the contaminated areas and objects
3. Prevention of spreading of diseases
4. Investigation of the cause.

(15)

5. Defensive measures to be taken(such as appre-
hending the criminals)

6. To acquaint the general public with the BW problem.

A plan must be made to hospitalize the patients and as-
sign the medical personnel to engage in anti-epidemic work
should an outbreak of epidemics occurs. As of 31 Dec 35, there
were only 941 hospitals handling the epidemic cases, and the
total number of beds was 22,512. It is also necessary that
material and equipment needed to carry out disinfection must
be gathered and stored.

Controlling and exterminating rodents are necessary
in order to bring the epidemic under control; and by all means
a state of panic must not prevail. In order to avoid panic,
all newspapers, periodicals, and radio broadcasts must be
placed under strict supervision.

B. Protection of Line of Communication

The line of communication must be, by all means, pro-
tected from the BW attacks. The defense measures have
been already stated, but aside from that, the morale of the
soldiers engaged in the L of C work must be kept high, a
thorough security measures must be maintained; and anti-
epidemic stations must be established.

C. Defensive measures in the Battlefield

(16)

In battlefields there are anti-epidemic water purifying units and superficially they are to perform anti-epidemic work and supply purified water to the troops, but the most important function of these units is to carryout defensive measures in case of BW attacks.

Ⅵ Incidents of BW activities in the past

Since BW is prohibited by the international law, there never has been any conclusive evidence that it was employed in any battles, but there have been some publicized incidents which appear to be related with the BW work.

A. Incident in Rumania in 1916.

A glass container filled with anthrax was discovered in the German Embassy immediately subsequent to the outbreak of the World War I.

B. One German soldier possessing a container filled with glanders was captured by the French in the Western Front in 26 March 1917. The soldier revealed that he was ordered to spread glanders among the French military horses.

C. A plot in which the Germans were contemplating to use cholera against the British and Americans was uncovered in Switzerland in 1918.

D. According to some of the German documents captured in 1934, it was discovered that their agents spread bac-

(17)

...ric in the subways of Paris and London, but the results were not successful.

5. We have captured some Russian spies possessing an-...ra, cholera, and dysentery.

VII Conclusion

Various countries have been aware of the potential danger of the BW and its usefulness, but it is far from being a simple problem. To cause a great outbreak of epidemics, various complicated influencing factors must be considered, and it is believed that each nation is engaged in extensive research work.

It is vitally essential that the BW must be a surprise attack. In defense it is almost impossible to eliminate in advance the danger of BW attacks, but more civilized nations can, through their trained scientific personnel and equipment, keep the epidemics to the minimum, but if unprepared for the BW attacks, the subsequent suffering will be great.

INCREDIBLE

附录 2　已发现的《南方军防疫给水部业报　丙》42 篇论文一览

序	刊印号	指导	陆军执笔者 1	陆军执笔者 2	受理昭和年月/日	题目（日文）
1	第 1 号		军医大尉河野寮园		昭 17 8/15	対蚊族的マラリア防遏法指針
2	第 11 号		军医少佐内藤良一		昭 17 11/1	印度に於ける「アノフェレス」分布
3	第 12 号		军医少佐内藤良一		昭 17 10/18	濾紙乾燥血滴を用ふる黴毒沈降反応（熱地用及野戦用）
4	第 13 号		军医少佐内藤良一		昭 17 12/10	濠洲及南太平洋諸島に於けるアノフェレス分布一覧表
5	第 14 号		第一科		昭 17 12/22	蘭印医学雑誌（Geneeskundig Tijdschrift voor Nederlandsche-Indie，1928—1941 中アノフェレスに関する記事の抄訳
6	第 15 号		药剂少佐冈本利夫		昭 17 10/11	透析用動物膜の製法に就て
7	第 17 号		药剂中尉上野高正		昭 17 10/11	転化糖液の製造法（南総医薬第 466 号所命研究）
8	第 18 号		军医大尉河野寮园		昭 17 10/6	戦前昭南島に於けるマラリア防遏法の概況と其の戦後対策
9	第 19 号		军医中尉井村东司三		昭 17 10/18	旧英領海峡植民地防疫法規
10	第 20 号		药剂中尉上野高正	军医中尉樋口正人	昭 17 10/29	押収英国製ゴム帽附アンプレノ理化学的細菌学的試験
11	第 35 号 ⑰		军医大尉大田黑猪一郎		昭 17 12/25	メリオイドージスに就て

序	刊印号	指导	陆军执笔者1	陆军执笔者2	受理昭和年月/日	题目（日文）
12	第37号①		军医大尉河野寮园		昭17 12/31	昭南島に於けるA. Tessellatus Theobaldに就て
13	第38号⑱		军医中尉村井圭一		昭18 1/19	緬甸に於けるアノフェレス及マラリア調査所見
14	第41号⑲		第五科		昭18 3/10	アノフェレスに関する予備知識
15	第44号⑳		军医中佐内藤良一		昭18 1/31	印度に於ける伝染病史概要
16	第48号㉑		军医中尉村井圭一		昭18 2/8	尿中キニーネノ検出法
17	第49号②		技师贵宝院秋雄		昭18 3/13	マライ半島に棲息するペスト流行に関係ある主なる喫歯類
18	第51号㉒		军医大尉河野寮园	雇员庄司正已	昭18 3/23	泰国に於けるAnopheles jamesi Thebald, 1901. の発生に就て（昭和18年2月15日）
19	第52号		冈九四二〇部队气象台		昭18 4/1	衛生気象月報昭和18年3月（昭南）
20	第53号		军医中尉樋口正人		昭18 4/10	ジャワにて捕獲せる野生文鳥(Munia oryzivora)に於けるヘモプロテウス(Hamoproteus)の自然感染状態
21	第54号		药剂少佐冈本利夫	药剂大尉上野高正	昭18 4/10	現地収得容易なる海藻よりする寒天の製造法
22	第55号		技手竹本进一郎		昭18 4/25	バンドン,バストール研究所に於ける予防接種用破傷風アナトキシンの製法
23	第57号		军医中尉樋口正人	技手儿矢野福太郎	昭18 5/1	濾紙乾血法の徽毒診断的価値及実施手技上の注意

序	刊印号	指导	陆军执笔者 1	陆军执笔者 2	受理昭和年月/日	题目（日文）
24	第 58 号		冈九四二〇部队气象台		昭 18 5/1	衛生気象月報 昭和 18 年 4 月（昭南）
25	第 59 号		冈九四二〇部队气象台		昭 18 6/19	衛生気象月報 昭和 18 年 5 月（昭南）
26	第 60 号		冈九四二〇部队气象台		昭 18 7/19	衛生気象月報 昭和 18 年 6 月（昭南）
27	第 61 号 ③		军医少尉高安宗显		昭 18 3/5	南方圏内に棲息する鼠族の調査研究 第 2 報　生態に就て
28	第 63 号 ㉓		军医中尉谷信正		昭 18 8/10	大東亜共栄圏に於ける癩の分布状況に就て
29	第 64 号 ㉔		军医中尉樋口正人		昭 18 8/12	昭南地区に於ける人体寄生虫卵検査に於ける発見せる Hymenolepis diminuta と思はるる一例
30	第 98 号		军医中佐早川清	军医少佐帆刈喜四男	昭 19 5/25	熱帯型恙虫病媒介虫（Trombicula）と病毒保有鼠との関係に就て 其の二　病毒保有鼠の研究
			执笔者一共五人，还有故技手田中市造，技手市川利一和技手吉井策郎			
31	第 101 号		军医中佐早川清	军医少佐帆刈喜四男	昭 19 10/7	爪哇に於ける熱帯型恙虫病の感染機転に関する調査研究 第一篇　スカブミ駐屯皇軍に発生せる熱帯型恙虫病に就て
			执笔者一共四人，还有技手市川利一和技手吉井策郎			

续表

序	刊印号	指导	陆军执笔者1	陆军执笔者2	受理昭和年月/日	题目(日文)
32	第102号	指2	军医少佐竹川信也		昭19 11/25	爪哇に於ける熱帯型恙虫病の感染機転に関する調査研究
		指导有2人:军医学校嘱托绪方规雄,军医中佐早川清				第二篇　爪哇に於ける熱帯型恙虫病病原体保有動物に就て
33	第103号	指2	军医少佐竹川信也		昭19 12/5	爪哇に於ける熱帯型恙虫病の感染機転に関する調査研究
		指导有2人:军医学校嘱托绪方规雄,军医中佐早川清				第三篇　爪哇に於ける熱帯型恙虫病の媒介虫(Trombicula)の調査研究
34	第104号	指2	军医少佐竹川信也		昭20 3/8	爪哇に於ける熱帯型恙虫病の感染機転に関する調査研究
		指导有2人:军医学校嘱托绪方规雄,军医中佐早川清				第四篇　爪哇に於ける熱帯型恙虫病の媒介虫たる毛壁虱よりリッケッチアの分離試験
35	第106号	指2	军医少佐帆刈喜四男		昭19 11/11	Proteus OXK菌の抽出抗原を以てする沈降反応に依る恙虫病の一新診断法に就て
		指导有2人:医学博士绪方规雄(陆军军医学校防疫学研究室部长军医中将石井四郎),军医中佐早川清(南方军防疫给水部部长军医大佐羽山良雄)				
36	第107号		军医中佐早川清	军医少佐帆刈喜四男	昭19 10/4	昭和19年6月昭南郊外に発生したる熱帯型恙虫病に就て
		执笔者一共四人,还有技手市川利一和技手吉井策郎				

序	刊印号	指导	陆军执笔者1	陆军执笔者2	受理昭和年月/日	题目（日文）
37	第108号	指2	军医少佐帆刈喜四男		昭19 10/4	昭和19年6月昭南郊外に発生したる熱帯型恙虫病に就て
		指导有2人：医学博士绪方规雄（陆军军医学校防疫学研究室部长军医中将石井四郎），军医中佐早川清（南方军防疫给水部部长军医大佐羽山良雄）				第二篇　病原体保有動物の検索並野鼠より分離する熱帯型恙虫病病原体に就て
38	第109号	指2	军医少佐帆刈喜四男		昭19 10/4	昭和19年6月昭南郊外に発生したる熱帯型恙虫病に就て
		指导有2人：医学博士绪方规雄（陆军军医学校防疫学研究室部长军医中将石井四郎），军医中佐早川清（南方军防疫给水部部长军医大佐羽山良雄）				第三篇　病原体媒介Trombicula検査
39	第114号		军医中佐早川清	军医少佐竹川信也	昭20 7/23	南方熱地圏域に於けるTrombidiosis（毛だに皮膚炎）に就て
		执笔者一共三人，第三人是（南方军测量队）军医大尉室勇三				
40	第116号	指1	军医少佐帆刈喜四男	技手市川利一	昭19 10/9	沈降反応を以てするリッケッチア病診断具に就て
		指导：军医中佐早川清				
41	第126号	指2	军医少佐竹川信也		昭19 12/5	爪哇に於ける熱帯型恙虫病の感染機転に関する調査研究
		指导2人：军医学校嘱托绪方规雄，军医中佐早川清				第五篇　爪哇に棲息する一新毛壁虱幼虫に就て
42	第134号	指1	军医少佐帆刈喜四男	技手市川利一	昭20 4/6	熱帯型恙虫病患者血液及罹患動物材料を以てする其の診断法
		指导：军医中佐早川清				

附录 3　《陆军医学院防疫研究报告 2 部》之中的南方军研究论文 22 篇

序	刊印号	指导	陆军 执笔者	受理 昭和年 月 / 日	题目（日文）
1	第 385 号		南方军防疫给水部军医少尉高安宗显	昭 17 9/22	現地産非穀植物を以てする試験動物飼育の研究
2	第 394 号		第 24 野战防疫给水部	昭 17 9/29	【秘】マレー戦線に於ける敵軍給水に就て
3	第 407 号		第 二 防 疫 给水部	昭 17 10/1	旧馬来連邦医学研究所（In-stitute for Medical research FMS）に於ける蚊族検査手技
4	第 434 号		南方军防疫给水部军医少佐内藤良（一）	昭 17 12/11	濾紙乾燥血滴を用ふる黴毒沈降反応（熱地用及野戦用）
5	第 435 号		南方军防疫给水部军医中尉村井丰一	昭 17 12/11	ビルマ西北地区に於ける「アノフェレス」分布及「マラリア」浸淫状況
6	第 436 号		缅甸弓六八三四部队长军医少佐莲见武尔	昭 17 12/12	英軍工兵操典（1936）第 13 章給水（翻訳）
7	第 451 号	军医学校主任增田大佐	军医中佐井上隆朝	昭 17 12/26	防瘧に関する二、三の卑見（昭和 17 年 11 月 16 日比島派遣軍研究会講演要旨）
8	第 457 号	军医学校主任增田大佐	军医中尉横山育三	昭 18 2/2	マレーのリケッチア症恙虫病と農村型発疹熱との関係
9	第 465 号	军医学校主任增田大佐	军医中尉吉植庄平	昭 18 2/2	マレー連邦国に於ける「コレラ」の予防並に治療
10	第 475 号	军医学校主任增田大佐	军医大尉弘冈正	昭 18 3/15	マレー連邦に於ける結核問題
11	第 572 号	军医学校主任井上大佐	军医少佐河内太郎	昭 18 6/11	デング熱病毒の実験的研究第 1 篇　前眼房内接種試験
12	第 582 号	军医学校主任井上大佐	军医少佐河内太郎	昭 18 7/20	デング熱に関する動物実験（其の1）

序	刊印号	指导	陆军执笔者	受理昭和年月/日	题目（日文）
13	第591号	军医学校主任井上大佐	军医少佐池边吉太郎	昭18 7/24	満州、华北、华中、华南及南方に於ける流行せるコレラ菌の分類に就て
14	第592号	军医学校主任井上大佐	军医少佐池边吉太郎	昭18 7/24	コレラ菌とコレラ類似ヴィブリオとの鑑別に就て
15	第594号	军医学校主任井上大佐	军医大尉山田常道	昭18 7/20	黄熱を伝播する蚊族に就て
16	第763号	军医学校部长军医少将石井四郎	军医少佐浅见淳嘱托村田礼二	昭18 11/15	「メリオイドージス」Melioidosis（類鼻疽）
17	第824号	军医学校部长军医少将石井四郎	军医少佐竹川信也	昭19 3/20	【秘】超音波に依るリッケッチア・ツヅガムシの生活細胞外への誘出法に之に付随せる二三の実験に就て（第1報）
18	第831号	军医学校部长军医少将石井四郎	军医少佐帆刈喜四男	昭19 3/20	【秘】凍結真空乾燥法に依るリッケッチア病毒（恙虫病毒）の生存保存方法の研究 第2篇　凍結温度及乾燥時間と病毒量との関係
19	第833号	军医学校部长军医少将石井四郎	军医少佐帆刈喜四男	昭19 3/25	【秘】凍結真空乾燥法に依るリッケッチア病毒（恙虫病毒）の生存保存方法の研究 第3篇　乾燥各種リッケッチア病毒の生存期間
20	第875号	军医学校部长军医少将石井四郎	军医少佐浅见淳	昭19 4/7	印度、セイロン及ビルマに於ける鼠族の種類及分布
21	第881号	军医学校部长军医少将石井四郎 指导有2人：嘱托绪方规雄，教官军医中佐内藤良一	军医少佐帆刈喜四男	昭19 3/13	凍結真空乾燥法に依るリッケッチア病毒（恙虫病毒）の生存保存方法の研究 第1篇　至適メデウムの選定

序	刊印号	指导	陆军执笔者	受理昭和年月/日	题目（日文）
22	第 895 号	军医学校部长军医少将石井四郎 指导:嘱托绪方规雄	军医少佐竹川信也	昭 19 3/20	リッケッチア・ツツガムシのウス感染試験及臓器切片標本よりのリッケッチアの検出並に其の病理組織学的所見に就て

附录 4 《南方军防疫给水部业报　丙》目前已知执笔者名和论文题目,但是还未找到论文本文的 27 篇

序	刊印号	陆军执笔者 1	陆军执笔者 2	受理昭和年月/日	题目（日文）
1	第 2 号	大森南三郎		昭 17 12/1	アノフェレスの検出法
2	第 3 号	内藤良一		?	アモック（抄録）
3	第 4 号	武内博夫		昭 17 9/10	旧英領マレーに於ける黄熱、リッケチア病、カラアザール、ババタチ熱の所在記録
4	第 5 号	河野寮园		昭 17 12/13	昭南島に於けるアノフェレス蚊鑑別の要点
5	第 6 号	高安宗显		昭 17 8/17	現地産非穀植物を用いる試験動物飼育の研究
6	第 7 号	井村东司三		昭 17 9/7	一般精神機能に及ぼす熱地悪感作 其のI 主として「熱帯神経衰弱」に関する考察
7	第 8 号	前川俊秋		昭 17 9/7	実験用小動物の熱地に於ける船舶輸送の一例
8	第 9 号	村井丰一		昭 17 8/20	昭南港外旧英国セントジョンス島検疫所の設備並運用法

序	刊印号	陆军 执笔者 1	陆军 执笔者 2	受理 昭和年 月/日	题目（日文）
9	第 10 号	井村东司三	小泽定雄	昭 17 9/17	熱地に駐留する陸軍部隊の兵食 に対する検討 （当部隊給与食を以てする試験） その1、3 養素及熱量に就て
10	第 16 号	内藤良一		?	南方軍地域に於ける予防接種液 有効期限算出法の一案
11	第 26 号	貴宝院秋雄	高安宗顕 等	昭 18 4	蚤の現地気象に於ける増殖率
12	第 27 号	貴宝院秋雄	高安宗顕 等	昭 18 3	熱地野戦に於ける蚤撲滅の一 方法
13	第 30 号	高安宗顕	高田亘啓	昭 18 4	南方圏内に棲息する鼠族の調査 研究（1） 棲息鼠と伝染性疾患 との関係
14	第 31 号	樋口正人		昭 17 11/6	厚層ギームザ染色血液塗抹標本 中偶入セルトリパノゾーマ様形 態ノ一例
15	第 46 号	第一科		昭 18 9	蘭印医学雑誌中ペストに関する 記事の抄訳
16	第 50 号	河野寮園		昭 18 8	昭南市内に於ける Anopheles 発 生状況
17	第 56 号	樋口正人		昭 18 4/25	昭南市内街路上ノ喀痰中二於ケ ル結核菌検出ノ頻度二就テ
18	第 62 号	竹内博夫	庄司正司	昭 18 10	家鴨の防癘利用価値に関する 研究
19	第 65 号	小泽定雄		?	衛生気象月報， 昭和一八年七 月（昭南）
20	第 66 号	中野真一		?	熱地給水衛生学的研究（1）熱地 衛兵の水分出納並に二三成分
21	第 68 号	小泽定雄		?	衛生気象月報， 昭和一八年七 月（昭南）

续表

序	刊印号	陆军 执笔者 1	陆军 执笔者 2	受理 昭和年 月/日	题目（日文）
22	第 82 号	早川清		昭 19	所謂 K 型熱帯チフス（熱帯恙虫病）とビルマ，スマトラ，馬来地方の日本軍隊に流行せる発疹熱に就て
23	第 93 号	吉井策郎		？	陸軍軍医学校製防虫液蚊用第 5 号恙虫病予防（Trombicula 整刺予防）効力試験報告
24	第 95 号	早川清	田中　等	昭 19	熱帯型恙虫病媒介虫（Trombicula）の病原保有鼠との関係　（其一）マライ　Trombiculaの研究
25	第 96 号	栗山	高田　等	？	マライ油椰子園に棲息する鼠族調査
26	第 100 号	早川清		昭 19	熱帯型恙虫病と内地恙虫病の比較研究（R. orientalis var toropica）
27	第 115 号	早川清		昭 20	熱帯型恙虫病に関係あるTrombicula deliensisの季節的消長

附录 5　海军军医学校研究部《研究调查结果报告》论文的明细空开状况

序	研究调查报告番号	昭和年月/日	研究番号	指导者	担当者 （执笔者）	题名 论文/成果概要/概略
1	1				中将神林美治	海軍に於ける精神・神経患者の志微別発生率に関する調査成績（成果概要）
2	2	昭 19 5/12	1	少将金井泉	中佐杉田保 少佐田口実 少佐村田春造	マラリアの治療法に関する研究（論文）
3	3	昭 19 5/13	2		中佐中内义夫 大尉横堀荣 大尉佐佐学	凍傷予防治療新薬の研究（論文）

序	研究调查报告番号	昭和年月/日	研究番号	指导者	担当者（执笔者）	题名论文/成果概要/概略
4	4				少佐桥本正己	乾燥人血漿の試製並其の効力試験（成果概要）
5	5				大佐宮尾绩 中佐刈谷一夫 嘱托小松寿子	デング熱予防液接種液の創製に其の効力試験成績（成果概要）
6	6				大佐宮尾绩 中佐刈谷一夫 嘱托小松寿子	マラリア予防に関する研究（概略）
7	7	昭19 5/26	6		大佐宮尾绩 大尉佐佐学 嘱托細谷英夫	マラリヤ治療及予防剤の生物学的検定方法（論文）
8	8	昭19 5/26	7	大佐宮尾绩	中佐刈谷一夫 少佐东贞雄 嘱托小松寿子	コレラの免疫学的簡易診断法に関する研究成績報告（論文）
9	9	昭19 8/5	8		大佐宮尾绩 中佐刈合一夫 嘱托小松寿子	結核予防接種液（BCG）製造方法に関する研究成績（論文）
10	9	昭19 8/5	77	大佐宮尾绩	大尉佐佐学 大尉林良三	前線用のマラリヤ原虫並血液標本染色液に関する研究（論文）
11	9	昭19 8/5	111	大佐富田东助	少佐福田重郎 少佐铃木一彦 少佐伊左次贤三	虫垂切除術の最簡易法試案と其の成績（論文）
12	9	昭19 8/5	112	大佐宮尾绩	中佐刈合一夫 技工士荒善吉	各種予防接種液の保存方法に関する実験的研究（論文）
13	9	昭19 8/5	113	大佐宮尾绩	嘱托桥本功	海軍軍医学校研究部創製あのふえりめつ、えーですめつの蠅族幼虫に対する殺滅力試験（論文）

序	研究调查报告番号	昭和年月/日	研究番号	指导者	担当者（执笔者）	题名论文/成果概要/概略
14	10	（昭19 3月）			中佐新藤信中佐渡边胜雄少佐池田满次郎少佐横尾立男少佐村田春造少佐守武夫	結核に対する集団検診法 其の1　初検診時の成績（論文）
15	11				A. Kawakita	黄熱の予防ワクチン製造（成果概要）
16	12	昭19 6/21	10	大佐宫尾绩	大尉佐佐学	蚊幼虫の新殺滅剤（論文）
17	13				大佐富田东助	二号繃帯包試験成績（概略）
18	14	昭19 9/6	120	中佐阵内日出二	少佐铃木一彦少佐木村政良	ギプス繃帯のガーゼ再製法に関する研究（論文）
19	14	昭19 9/6	31	少将金井泉	中佐有贺进少佐樫村实	トリモンの薬効作用の研究（論文）
20	14	昭19 9/6	15	大佐富田东助	少佐川久保义夫	熱傷に因る肝機能障碍に対するOxyanthranil酸（トリモン）の効果（論文）
21	14	昭19 9/6	121	大佐河合荣	少佐内田伦常	深尾・越野氏考案血液型判定用標準血清の保存による力価の推移（論文）
22	15				药剤少佐林良三	イオン交換剤オルガチットに依る濾過水の試験成績に就て（成果概要）
23	16				中佐福田雅男	大東亜戦争満二年の戦死傷統計（概略）
24	17A	（昭19 4/25）			主任横仓诚次郎主任长井米一主任丹波孝太郎	中型間接撮影（論文）

序	研究调查报告番号	昭和年月/日	研究番号	指导者	担当者（执笔者）	题名 论文/成果概要/概略
25	17B	（昭18 12/25）			主任横仓诚次郎	集団検診用螢光板の大サ（論文）
26	17C	（昭19 4/25）			主任横仓诚次郎 主任水岛满寿夫 主任泽田福一 主任诸泉荣	肺野領域の於けるX線照射量の相違（論文）
27	18				大佐河合荣	陽性石鹸の殺菌力試験成績について（概略）
28	19				大佐河合荣 嘱托佐藤弥代子	発光バクテリアに関する研究（成果概要）
29	20	昭19 11/29	129	中佐畠山勋	嘱托细谷英夫	マラリヤ防遏用撒粉器並撒油器に関する考案（論文）
30	20	昭19 11/29	100	药剂中佐村原正直	药剂大尉林良三	ビタミンC所要量の調査（論文）
31	20	昭19 11/29	134	大佐河合荣	技工士荒善吉	アクリジン色素の血液消毒に関する実験（論文）
32	20	昭19 11/29	135	大佐河合荣	嘱托櫻井平司	細菌培養基材としての人尿の価値に就いて（論文）
33	20	昭19 11/29	124		少佐户田弘一 嘱托土屋正 （マサ）	高濃度酸素加空気の生体に及ぼす影響に関する実験的研究（論文）
34	21	昭19 12/1	102	药剂中佐村原正直	药剂大尉林良三 嘱托武田君枝	メチレン青製造に関する研究（論文）
35	22	昭19 12/15	106	药剂中佐村原正直	药剂少佐河越信明 嘱托藤森松子	熱傷予防剤の研究（論文）
36	22	昭19 12/15	137	中佐畠山勋	嘱托桥本功	草炭より製せる除蚊渦巻線香の効力試験（論文）

序	研究调查报告番号	昭和年月/日	研究番号	指导者	担当者（执笔者）	题名论文/成果概要/概略
37	22	昭 19 12/15	143	大佐宫尾绩	嘱托桥本功	あのふえれす幼虫飼育法に水面被膜による幼若幼虫斃死防止法研究（論文）
38	22	昭 19 12/15	144	大佐河合荣	技手笠井金盛 嘱托細谷英夫	オスパン（＊）の殺菌力試驗成績（論文）（＊武田薬品）
39	23	昭 20 2/2	3	大佐河合荣	大尉桥本正己	人衣虱の駆除撲滅対策（論文）
40	24				嘱托斉藤銀次郎	ガス壊疽に対するマルフアニールの効果に関する実験的研究（成果概要）

后　记

　　在王选女士的引荐之下,本研究获得与南京大学主持的国家社会科学基金抗日战争研究专项工程"日军细菌战海内外资料整理与研究"项目团队合作的机会。这部小书的诞生,仰赖王选女士三年多来给我的支持,提供相关资料、开拓思路,不辞辛苦地逐字逐句修订,数易其稿。尤其是在我研究撰稿期间,迎来关键的转折——王选将其掌握的中国大陆日军细菌部队及其细菌武器作战的有关发现,结合本研究,调整分析框架,由此我们成为共同著者。著者名按照汉语拼音顺序排列,不分先后。

　　在"南方军防疫给水部队"的研究领域,我特别感谢日本琉球大学名誉教授高岛伸欣先生。2016年2月14日,他和他太太把我带到马来西亚柔佛州新山市郊的前淡杯精神病院,指着一整排的建筑物说:"这里就是战时日本七三一部队的鼠疫炸弹生产基地!"高岛教授的这句话,深深地刺痛了我,怎么在新加坡马来西亚的土地上,就在自己的家门前,还有这么一段大家一无所知,更是被湮没的黑暗历史呢?

　　从那天开始,深入挖掘高岛先生指出的"七三一部队基地"的史料,成为我下班后的主要活动。可是,马来西亚也好、新加坡也好,官方也好、民间也好,只有寥寥的非常零星的记录或报道。茫然之际,在东京的旧书店找到了三册《十五年战争与日本的医学医疗研究会会刊》,从书里的几篇论文,找到重要线索:七三一部队致力于鼠疫跳蚤系统的研究和鼠疫跳蚤炸弹的开发,驻屯新加坡的日军南方军防疫给水部(冈九四二〇部队)即在新加坡马来西亚大量饲养老鼠和跳蚤。后来闻知,已故前新加坡社会发展部长奥斯曼·渥有口述证言:"每三到四个月装满鼠疫毒蚤的玻璃壶用火车运去泰国。"一些线索渐渐浮出了水面!

通过高岛教授,我又很荣幸地结识了横滨"亚洲座谈会"的主办者吉池俊子女士,并且得到她的邀请,连续三年出席该座谈会。2018 年,有幸得到日本"NPO 法人七三一部队·细菌战资料中心"代表理事奈须重雄先生赠送的一张资料光碟,素昧平生的奈须先生给了我好几份日本亚洲历史资料中心的重要文献。这些资料一下子为"苦寻不获"的我,开启了一扇资料库的大门。对一般人来说,日本亚洲历史资料中心文献的检索编号也许看似一群"乱码"。可是,我在日本庆应义塾大学留学时,即开始研究"关系型数据库",可以看出这 12 位"数字"是按照"某种规律"排列出来。于是,一场"猜谜游戏"开始了,经过一两个月的揣摩,我"悟"出几个点子,虽然不完全正确,无法适用于所有主题的资料,但也挖掘出不少首次"出土"的文献,填补了二战时期日军东南亚侵略史的记录。

2018 年,我还在"亚洲座谈会"认识了庆应大学名誉教授松村高夫先生。松村先生是研究日本七三一部队细菌战历史的老前辈,曾在日本东京教育大学家永三郎教授教科书诉讼中,为家永先生方有关七三一部队细菌战历史的证人。早于 1991 年 9 月 19 日新加坡主流媒体英文日刊《海峡时报》就报道了对松村先生的采访,其中他披露了日军南方军防疫给水部队——冈九四二〇部队在新加坡的细菌战活动。可是这消息在第二天(9 月 20 日)即遭到日本外交部的否认。26 年后的 2017 年 11 月 13 日,笔者林少彬在《海峡时报》发表了冈九四二〇部队曾利用新加坡开发鼠疫武器的消息。这一回,未见日本外务省出来否认,也可算是过去 20 多年来,包括松村先生在内的新日两国七三一部队细菌战研究前辈们的努力吧。

还有一位要感谢的友人,就是日本著名记者西里扶甬子女士。2018 年 2 月 15 日她特地前来新加坡参加"第 51 届悼念日本占领时期死难人民祭礼暨全面防卫日纪念活动",当时问我可否帮她解读由增田知贞在 1942 年后亲自拍摄的新加坡马来西亚、印尼和缅甸的黑白无声影片的录像带,其中有增田视察各地各种设施的场景以及有关冈九四二〇部队在东南亚一带的活动。我非常乐意协助她。此后,在 2019 年 11 月,日本研究七三一部队细菌战的医学者学术团体"十五年战争与日本的医学医疗研究会"(近期改称"战争与日本医学医疗研究会")的秋季例会上播放了那部影片,并和西里共同介绍了其中的场景。

2018 年夏天,通过西里女士的介绍,我到哈尔滨参观侵华日军第七三一部队罪证陈列馆,结识了金成民馆长和杨彦君副馆长。杨彦君先生赠送我一份冈九四二〇部队的留守名簿和《南方军防疫给水部业报》11 册等珍贵资料。金馆长更是建议举办一个冈九四二〇部队史料展。

也正是在 2019 年 11 月"战争与日本医学医疗研究会"秋季例会上,坐在我前排的、该会干事之一的土屋贵志先生竟然转过头来告诉我:"我是你的大学同期!"真是喜出望外! 会后,土屋还亲切询问,需要什么资料? 当我说还在搜索冈九四二〇部队的业务详报时,他很豪爽地说:"明天把手上有的寄给你!"从此,土屋又成了我的后援军。

在此例会上,我将近年来资料发掘梳理情况总结成文,做了题为《南方军防疫给水部记录的发掘和探索》的发言(后发表在《15 年战争与日本的医学医疗研究会会志》,第 20 卷,2020 年 5 月)。

提到本研究主要参考史料之一——《南方军防疫给水部的业务详报》,不能不再次提及奈须重雄先生。当我告诉他,想要到东京挖掘有关冈九四二〇部队资料时,他特地抽空亲自带我到九段下的战伤病者史料馆,帮我填写阅览表格,申请查阅 8 册厚重的《陆军军医学校防疫研究报告　2 部》,耐心陪伴,让我尽情"淘宝"。果然,在短短的两个小时内,就给我"挖"到了 8 篇出自南方军防疫给水部研究者之手的研究报告。为了不让奈须先生为我过于花费时间,那天先告了一个段落。两天后我独自去"挖矿"。奈须先生对我有求必应,既是同一战线的前辈又如家里的兄长,万分感激。

还有一位我必须感激的老前辈,东京中央区乡土历史研究学者野口孝一先生,已高龄 90 了,为了我的研究,他不辞辛劳地奔波于他的住家(户塚)、日本国立公文书馆(竹桥)和防卫省防卫研究所(市ヶ谷)之间,他不但亲自带着我去查寻文献,还为我"代购"日本亚洲历史资料中心的史料,然后邮寄到新加坡给我。满头白发的野口先生最令人感动的,就是他在 80 岁之后,还连续出版了五部有关银座的战前战中和战后的发展及变迁的史书,是我"活到老写到老"的榜样,每次碰面,都能从他身上学到新的知识。由于我们都是属鸡,大我两轮的野口先生就常常笑着鼓励我说:"继续努力 24 年!"

　　总而言之,我觉得自己是一名非常幸运的研究者,由于得到了上述这么多位日本和中国学术界的著名学者、师长和同仁的扶持和鼓励,才得以完成本书所涉及的查寻和取证。

　　本研究是第一部关于日本南方军防疫给水部的历史专著,作为史料研究,著者秉承实证研究的原则,有一分史料说一分话。限于目前史料开放的现状,本研究也受到各种局限,期望将来,有更多新史料的公开和发现。期待本书出版后,能够得到各方的反馈意见和建议,以帮助我们不断推进这一研究,并使之更上一层楼。